Vorwort

Die Abitur-Vorbereitung

Wenn das Abitur näher rückt, wird die Zeit zur Behebung der einen oder anderen Wissenslücke knapper. Der Prüfungsstoff türmt sich zu einem Berg auf, der höher und höher wächst, und manchmal scheint es fast unmöglich, all das wirklich oder vermeintlich erforderliche Wissen auch nur ansatzweise zu speichern.

In dieser Situation hilft nur eins: kühlen Kopf bewahren und die noch verbleibenden Monate so arbeitsökonomisch wie möglich zu nutzen. Dabei möchte Ihnen **Fit fürs Abi Oberstufenwissen Englisch** helfen.

Keep cool!

Natürlich ist klar, dass Versäumnisse aus den vergangenen Jahren Englischunterricht sich nicht in ein paar Wochen einholen lassen. Aber gleichgültig, wie knapp die Zeit auch immer sein mag: Zielgerichtetes, systematisches Lernen und sichere Unterscheidung von wichtigen und weniger wichtigen Dingen führt in jedem Fall zu größerer Effektivität.

Nur Mut, es lohnt sich …

Zur Arbeit mit diesem Buch

Die ersten beiden Kapitel dienen der Information über die anstehenden Prüfungen und zur Orientierung bezüglich Methoden und Techniken.

- Wir beginnen mit dem Aufbau der schriftlichen und mündlichen Prüfungen und den üblichen Bewertungskriterien und Operatoren.
- Darauf folgen wichtige Methoden und Techniken.
- Sie finden Kapitel zur Grammatik, zur Landeskunde und zum aktuellen Thema Globalisierung.
- Die abschließenden Kapitel befassen sich mit der Textproduktion. Dazu gehören das Vorwissen im Bereich der Literaturgeschichte – aber auch wesentliche Begriffe rund um Stilmittel und Aufbau. Klare Hilfestellungen, von Redemitteln bis hin zum Aufbau eines eigenen Textes, runden diese Kapitel jeweils ab. Beispieltexte sollen Ihnen als Anregung und Vorbild dienen.
- Ein **Glossar** am Ende des Bandes erklärt die wichtigsten Fachbegriffe. Fürs Nachschlagen und Lernen unterwegs gibt es dieses Glossar auch als **App für Ihr Smartphone**. Einfach im *Apple App Store* oder bei *Google Play* „Fit fürs Abi" eingeben und kostenlos herunterladen. Die App erklärt wichtige Fachbegriffe nicht nur für das Fach Deutsch, sondern auch für sieben weitere Abiturfächer. Digitale „Karteikarten" erleichtern das Auswendiglernen.
- Auf westermann.de/fit-fuers-abi finden Sie **Videos** mit Prüfungstipps. Unter anderem können Sie hier einer mündlichen Prüfung beiwohnen.

Alle wichtigen Fachbegriffe auch als App

Wir wünschen Ihnen viel Erfolg bei der Arbeit mit
Fit fürs Abi Oberstufenwissen Englisch.

1 Die Prüfungen

Prüfungsstress ist kaum vollständig vermeidbar. Reduzierbar ist er aber sehr wohl.
Die „Zauberwörter“ hierzu lauten: Wissen, wie die Prüfung aussehen wird (beispielsweise sollte man die Unterschiede zwischen schriftlicher und mündlicher Prüfung kennen), die Möglichkeiten guter Vorbereitung ausschöpfen und wichtige Methoden beherrschen. Das macht zwar Arbeit, aber es lohnt sich. Und auch wer – wie wohl nicht wenige – etwas spät dran ist mit dem Start ins „Abenteuer Abitur“ kann sich mithilfe dieses Kapitels und aller weiteren erfolgsversprechend vorbereiten.

1.1 Wie sieht die Prüfung aus?

Kommunikative Kompetenz/Interkulturelle Kompetenz/ Umgang mit Texten und Medien/Erwerb von Lernstrategien

Der gemeinsame europäische Referenzrahmen für Sprache gibt vor, dass die schriftliche Abiturprüfung in Englisch im Wesentlichen aus drei Anforderungsbereichen besteht, in denen sowohl Ihre sprachlichen – als auch Ihre Methodenkompetenzen überprüft werden.

Der vorgelegte Text befasst sich mit Themen, die Sie im Unterricht ausführlich behandelt haben. Diese inhaltlichen Kenntnisse dienen Ihnen als Grundlage für die weitere Bearbeitung.

Im **Anforderungsbereich I** wird Ihr Textverständnis, also das Leseverstehen, geprüft. Dazu müssen Sie die Inhalte sowie die zentralen Aussagen oder Problemstellungen eines vorgelegten Textes entsprechend der konkreten Aufgabenstellung wiedergeben.

Beim Teilbereich Reproduktion, der hier ebenfalls geprüft wird, geht es darum, Inhalte oder Abbildungen mit eigenen Worten sprachlich angemessen wiedergeben oder beschreiben zu können. Möglicherweise ist eine dieser Aufgaben eine Mediation, d. h. Sie geben die erforderlichen Informationen auf Deutsch entsprechend der Situation wieder. (Für wen ist die Information? In welchem Rahmen oder Zusammenhang ist sie gefordert?)
Beispiel: Sum up the passage you have just seen.
Outline the situation in the given extract from “Ulysses”.

Der **Anforderungsbereich II** betrifft Analyse sowie Reorganisation und umfasst die vertiefte Auseinandersetzung mit einem Thema auf der Grundlage eines vorgelegten Textes. Es kann Ihnen auch eine größere Mediation begegnen. Die Aufgabenstellungen gehen über die Textvorlage hinaus, sodass Sie hier Ihre im Rahmen des Unterrichts erlangten Kenntnisse entsprechend einbringen und auf neue Fragestellungen anwenden sollen.

Beispiel: Analyse the way the story is told and the way the language is used; relate your analysis to the historical background and refer to the structure of the text.

In der Regel haben Sie im **Anforderungsbereich III** die Möglichkeit, aus einer größeren Anzahl von Aufgabenstellungen eine auszuwählen und diese zu bearbeiten. Hier geht es um „Werten und Gestalten". In diesem Aufgabenbereich müssen Sie anhand ihrer Methodenkompetenz komplexe Sachverhalte und Materialien strukturiert verarbeiten. Dazu gehören eigene Stellungnahmen, Deutungen, Begründungen und persönliche Wertungen. Auch hier dienen Ihnen die im Unterricht erworbenen themenspezifischen Kenntnisse aber auch Methoden und Arbeitstechniken als Grundlage.

Der Aufgabenbereich III kann sich mit dem literarischen Schwerpunktthema aber auch mit Themen der Landeskunde befassen. Denkbar ist auch eine Verknüpfung beider Gebiete.

Beispiel: Comment on the problem of "the brain drain", which developing and third world countries are experiencing.

Based on the interpretation of the following cartoon, outline the social challenges globalisation creates and the various ways in which developing and developed countries deal with them.

Hier finden Sie die Operatoren nach Anforderungsbereichen geordnet.

Anforderungsbereich I: Reproduktion und Textverstehen

Operator	Definition	Beispiel
complete	Complete the sentence with words from the text.	
describe	Give a detailed account of sth.	Describe the soldier's appearance.
fill in / fill the gaps	Fill in the gaps in the text with a letter (a – n).	
match	Match each paragraph of the text with a suitable heading.	
outline	Give the main features, structure or general principles.	Outline the author's views on love, marriage and divorce.
point out	Find and explain certain aspects.	Point out the author's main ideas on …
present	(Re-)structure and write down, quote from the text to justify your answer.	Present the situation of the characters.
state	Specify clearly.	State briefly the main developments in the family described in the text.

Operator	Definition	Beispiel
summarize, write a summary	Give a concise account of the main points.	Summarize the information given in the text about the hazards of cloning.
tick	Tick off the correct answers.	Which adjectives characterize the girl most appropriately?

Anforderungsbereich II: Reorganisation und Analyse

Operator	Definition	Beispiel
analyse	Break down a problem into separate factors, then draw a conclusion based on your break-down.	Analyse the narrative perspective in the given excerpt.
characterize	Describe somebody's character and provide suitable examples.	Characterize the protagonists in the given excerpt.
compare/contrast	Point out and analyse similarities and differences, use concrete examples.	Compare the protagonist's attitude with the idea of the "melting pot".
contrast/ juxtapose	Describe and analyse the differences between two or more things.	Contrast the two forms of imperialism mentioned in the text.
delineate	Present the central elements of a line of action or line of argument	Delineate the concept of integration.
describe	Give an account in words, present a picture with words.	Describe the situation the protagonist finds himself in.
examine	Systematically describe and explain in detail certain aspects and / or features of the text.	Examine the author's use of language.
explain	Describe and define in detail, make clear and plain; give the reason or cause.	Explain the symbolic meaning of the black Madonna in the given excerpt.
illustrate / show	Use examples to explain or make clear.	Illustrate the character's narrow-mindedness.
outline	Present the main features, structure or general principles of a topic omitting minor details.	Outline the author's views on love, marriage and divorce.
point out	Identify and explain certain aspects.	Point out the author's main arguments in the article.
put into the context of …	An incident, statement or argument is linked to relevant historical or topical knowledge (on the basis of knowledge gained in class).	Put this speech into the context of the Hispanic experience in the U.S.
relate	Take an aspect/aspects of one text and establish a meaningful connection to an aspect/aspects of the text of reference. Show the relationship between concepts.	Relate the protagonist's principles to a text read in class Relate the photo to the overall situation in the USA.
summarize / sum up	Condense the main points, use relatively few and your own words.	Sum up the main points of the newspaper article.

Anforderungsbereich III: Werten und Gestalten

Operator	Definition	Beispiel
assess / evaluate	Form a carefully considered opinion after presenting advantages and disadvantages, include all the important aspects of a question.	Assess whether the statement applies to all migrants. Evaluate the chances of the protagonist's plan to succeed in life.
comment on / state	State clearly your opinions on the topic in question and support your views with evidence.	Comment on the future of multiculturalism in the USA.
contrast	Emphasize the differences between two or more things.	Contrast the author's idea of human aggression with the theories of aggression you know.
discuss	Consider and analyse all sides of an issue, give reasons for and against and come to a justified conclusion by providing relevant arguments and concrete examples.	Discuss advantages and disadvantages of globalization.
interpret	Analyse the text and establish its meaning in a wider context. Interpret the message the author wishes to convey. Explain the meaning or purpose of something.	Interpret the author's use of stylistic devices. Interpret the drawing.
justify	Show adequate grounds for decisions or conclusions.	Justify the position the protagonist holds on to.
write a + text type	Compose a text in line with the conventions of the required genre.	Write the protagonist's diary entry.

Zugelassene Hilfsmittel

Ihnen stehen ein einsprachiges Wörterbuch und ein Duden zu Verfügung. In einigen Bundesländern können Sie zusätzlich ein zweisprachiges Wörterbuch verwenden.

→ „Das Wörterbuch schnell und sinnvoll nutzen“, Seite 14

Punkteverteilung

Bei der Bewertung Ihrer Texte werden die Punkte für Sprache und Inhalt gesondert voneinander gegeben. Es ist also wichtig, sowohl inhaltlich als auch methodisch gut vorbereitet zu sein. Die optische Gestaltung der Texte spielt ebenso eine Rolle, das heißt Aufbau und Gliederungen Ihrer Texte werden ebenfalls bewertet.

So muss beispielsweise eine sehr gute inhaltliche Leistung folgende Merkmale aufweisen:

- vollständige Erfassung aller Aspekte bezüglich des Textverständnises,
- Sachkompetenz und vollständige Bearbeitung der analysierenden Teilaufgaben,
- differenzierte, methodische Kompetenzen im Umgang mit Texten,

- im besonderen Maße schlüssiger und reichhaltiger Gehalt des eigenständigen, kreativen Textes.

Eine sehr gute sprachliche Leistung zeichnet sich unter anderem durch folgende Merkmale aus:
- durchgängige Lesbarkeit des Textes,
- die Verwendung entsprechender komplexer syntaktischer Strukturen (und somit die Demonstration sprachlicher Sicherheit und Gewandtheit),
- angemessener, sicherer und eigenständiger Wortschatz,
- transparente Strukturierung des Textes durch den sinnvollen Einsatz sprachlicher Mittel,
- nahezu korrekte formale Darstellung.

Sie finden in diesem Buch an vielen Stellen Wortlisten und/oder *phrases and idioms* angeboten, die Ihnen helfen können, Ihren sprachlichen Ausdruck zu verbessern.

Es kann zu Abweichungen in einzelnen Bundesländern kommen. Bitte informieren Sie sich rechtzeitig über die Regelungen für Ihr Bundesland!

1.2 Die mündlichen Prüfungen

Die mündlichen Abiturprüfungen sind nicht bundesweit einheitlich geregelt. Daher müssen Sie sich über die konkreten Regelungen Ihres Bundeslandes informieren. In vielen Bundesländern gibt es zwei zu unterscheidende mündliche Prüfungen, die **Präsentationsprüfung** und die **mündliche Nachprüfung**. Die Präsentationsprüfung besteht aus einer von Ihnen vorbereiteten Präsentation sowie einem Fachgespräch mit den Mitgliedern des Prüfungsausschusses, in dem es sowohl um die Inhalte der Präsentation als auch um themenübergreifende Inhalte geht. Eine Dokumentation Ihrer Präsentation, welche Inhalt, Ablauf und die Angabe der verwendeten Quellen enthält und maximal zwei DIN A4 Seiten umfassen sollte, wird eine Woche vor dem Prüfungstermin eingereicht.

Die jeweils für Schulen zuständigen Landesministerien bieten auf ihren Internetseiten Informationen, die einen guten Ausgangspunkt für Recherchen darstellen.

Präsentation:
- sach- und adressatengerecht
- angemessener und kompetenter Medieneinsatz
- angemessene Präsenz (Auftreten, Blickkontakt)
- klare, deutlich modulierte Sprache
- klarer Abschluss
- sinnvolle Zeiteinteilung
- aktives Reflektieren und Reagieren auf Fragen

Inhalt:
- sicheres, strukturiertes Wissen
- Verwendung von Informationen aus verschiedenen Quellen
- Herstellen von Zusammenhängen
- klare Struktur
- eindeutige Schwerpunkte
- schlüssige und überzeugende Argumentationsweise

Für das Prüfungsgespräch, das sich der Präsentation anschließt, sollten Sie versuchen, aktiv am Gespräch teilzunehmen und dieses mitzugestalten. Sie sollten in der Lage sein, Ihre Ansichten und Argumente zu begründen und zu verteidigen und sich dabei entsprechender Formulierungen (Wort ergreifen, Äußerungen einleiten, Zustimmung, Ablehnung, etc.) bedienen.
Ein weiteres Modell der mündlichen Prüfung ist das sogenannte **Kolloquium**. Es wird Ihnen etwa 30 Minuten vor Prüfungsbeginn das Thema für ein Kurzreferat genannt (teils auch Material zur Verfügung gestellt). Darauf bereiten Sie sich dann unter Aufsicht vor. Die Prüfung selbst besteht aus dem Kurzreferat (ca. 10 Minuten) mit anschließendem Gespräch über das Thema des Referats und weiteren Themen.

Auf **www.westermann.de/fit-fuers-abi** finden Sie kostenlose Videos mit Prüfungstipps zur mündlichen Prüfung. Klicken Sie einfach mal rein!

1.3 Vorbereitung und Methodenkompetenzen für die schriftliche Prüfung

Die im Folgenden aufgeführten Methoden und Vorgehensweisen bei der Erschließung eines Textes werden Sie im Laufe Ihrer Schulzeit bereits kennengelernt haben. Denken Sie an die **Grundschritte**, bevor Sie beginnen, den Text lesend zu erschließen:

Sachtexte: *newspaper articles, scientific texts, essays, comments …* Fiktionale Texte: *novel, short story, drama …* Lyrische Texte: *ballads, sonnets*

Schritt 1: Zuordnen zu einer Textgattung
- Sachtext (*non-fictional text*),
- Fikitionaler Text (*fictional text*),
- Lyrischer Text (*poem*) (→ Glossar, S. 247)

Schritt 2: Autor/Autorin, Erscheinungsdatum, Titel
Schritt 3: Abbildungen auf zusätzliche Information prüfen

Lesetechniken

Ihnen stehen verschiedene **Lesetechniken** zur Verfügung und Sie müssen je nach Aufgabenstellung entscheiden, welche Technik angemessen ist.

- *Skimming:* Schnelles Überfliegen eines Textes, um die Kernthemen zu erkennen. Sie sollten auch auf Kursiv- oder Fettgedrucktes achten. Jetzt sollten Sie in der Lage sein, zu umreißen, worum es geht.
  Beispiel: What is the article about?
  Outline the main issues the text deals with.
- *Scanning:* Ist sinnvoll, wenn Sie auf der Suche nach spezifischen Informationen sind. Suchen Sie nach Schlüsselwörtern, den *key words*, und lesen Sie den Abschnitt, in dem Sie fündig werden, sorgfältig durch. Diese Technik ist für eine Textanalyse sehr nützlich, in der Sie beispielsweise nach Belegen für Ihre Aussagen suchen werden.
  Beispiel: Compare the reactions and the behaviour of the two protagonists.
- *Intensive reading:* Lesen Sie den Text gründlich und im Detail. So sind Sie in der Lage, Gesamtaufbau, Struktur, Stilmittel und Inhalt vollständig zu erkennen und zu verstehen. Es ist sinnvoll, wichtige Textstellen zu markieren und Randnotizen anzubringen.
  Beispiel: Illustrate how narrative technique and stylistic device influence the reader.

Im letzten Abschnitt eines Textes finden Sie oft eine kurze Zusammenfassung des Textinhalts – es lohnt sich also, diesem Abschnitt besondere Beachtung zu schenken.

Tipp

Worterschließungstechniken

Um das **zweisprachige Wörterbuch** sinnvoll nutzen zu können, sollten Sie sich mit den dort verwendeten Abkürzungen vertraut gemacht haben. Lesen Sie immer die vollständige Angabe und treffen Sie, falls nötig, Ihre Auswahl dem Kontext entsprechend. Als Gegenprobe kann zur Sicherheit im einsprachigen Wörterbuch nachgeschlagen werden.

Bevor Sie ein einsprachiges Wörterbuch zur Hand nehmen, um ein unbekanntes Wort nachzuschlagen, sollten Sie verschiedene Techniken anwenden, um das Wort zu erschließen.

„*Intelligent guessing*" im Textzusammenhang

Oftmals hilft Ihnen der Textzusammenhang, den Sinn eines unbekannten Worts zu erraten. Lesen Sie also die Sätze vor und nach dem zu „enträtselnden" Wort.

„*Intelligent guessing*" mithilfe der Wortfamilie

Häufig können Sie sich zusammengesetzte Wörter anhand Ihrer Kenntnisse der Wortbildungslehre erklären. Achten Sie also auf Vor- und Nachsilben, z. B. *-ly*, und deren Bedeutung.

prefix	**Beispiel**	**Bedeutung**
bi-	*bicycle, bifocals, biceps, billion, binary, bivalve, bimonthly, bigamy, bimetal, biathlete, bicarbonate*	zwei
co, con-, com-	*convene, compress, contemporary, converge, compact, confluence, concatenate, conjoin, combine, convert, compatible, consequence, contract*	zusammen mit, begleitend
contra-, counter-	*contradict, counteract, contravene, contrary, counterspy, contrapuntal, contraband, contraception, contrast, controversy, counterfeit, counterclaim, counterargument, counterclaim, counterpoint, counterrevolution*	gegen, Gegenteil
de-, dis-, dif-	*de-escalate, dismiss, differ, disallow, disperse, dissuade, disconnect, dysfunction, disproportion, disrespect, distemper, distaste, disarray, dyslexia*	loswerden, nicht, Gegenteil von, nicht, umgekehrte Aktion

Suchen Sie in Ihrem einsprachigen Wörterbuch nach einer Liste mit einem Definitionsvokabular *(defining vocabulary)*. Gehen Sie diese Liste daraufhin durch, ob Ihnen alle Wörter bekannt sind.
Falls nicht, lernen Sie sie. Dann verstehen Sie die meisten Definitionen dieses Wörterbuchs wesentlich schneller und besser.

Tipp

prefix	**Beispiel**	**Bedeutung**
in-, im-, il-, ir-	*illegal, immortal, inviolate, innocuous, intractable, innocent, impregnable, impossible, irregular*	nicht
mis-	*misinform, misinterpret, mispronounce, misnomer, mistake, misogynist, mistrial, misadventure, misanthrope, misread*	falsch, irregeleitet
out-	*outcome, outnumber*	besser, höher, schneller, darüber hinaus
over-	*overdo, overcome*	zu viel, über hinweg
post-	*postpone, postwar, postdated*	nach, später
pre-	*preview, prepare*	vorher, davor
re-	*report, realign, retract, revise, regain, reflect, rename, restate, recombine, recalculate, redo*	wieder, zurück
semi-	*semifinal, semiconscious, semiannual, semimonthly, semicircle*	halb
sub-	*submerge, submarine, substandard, subnormal, subvert, subdivision, submersible*	unter

„*Intelligent guessing*" mithilfe der Etymologie (Sprachgeschichte)
Die englische Sprache entstand aus germanischen sowie normannischen Sprachen, daher gibt es viele Wörter, die der deutschsprachigen oder französischsprachigen Entsprechung ähneln. Sie werden zwar anders geschrieben, sind aber trotzdem gut zu erkennen.

Andere Wörter sind lateinischen oder alt-griechischen Ursprungs und werden auch im Deutschen verwendet.

Sollten Sie trotz Anwendungen dieser Techniken ein unbekanntes Wort, welches zum Verständnis des Textes unbedingt notwendig ist, nicht entschlüsseln können, folgt der Griff zum Wörterbuch.

Denken Sie auch daran, das Wörterbuch beim Schreiben Ihrer Texte mit einzubeziehen, denn Sie können dadurch nicht nur Fehler vermeiden, sondern auch sprachlich abwechslungsreicher schreiben und idiomatische Ausdrücke verwenden.

Das Wörterbuch schnell und sinnvoll nutzen

Wörterbücher sind eine oftmals ungenutzte Datenbank. Es ist nachgewiesen worden, dass etwa 40 % der Fehler, die Schülerinnen und Schüler beim Verfassen englischer Texte machen, mithilfe eines Wörterbuchs vermieden werden könnten.

Um sinnvoll mit Wörterbüchern zu arbeiten, sind drei Dinge zu beachten:

Dass

Sie müssen erkennen, **dass** Sie etwas im Wörterbuch nachschlagen müssen! Viele schlagen nicht nach, weil sie nicht erkennen, dass sie etwas nicht wissen. Wenn eine Schülerin oder ein Schüler ein Wort wie ~~*pattern pupil*~~ verwendet, dann wahrscheinlich, weil sie oder er glaubt, dass es existiere. Sie sollten also ein Gespür für die Grenzen Ihrer eigenen Kompetenz in der Fremdsprache entwickeln, um überhaupt zu wissen, was Sie sicherheitshalber nachschlagen sollten.

Was

Sie müssen wissen, **was** im Wörterbuch steht. Viele verwenden Wörterbücher nur, wenn sie beim Verfassen englischer Texte ein bestimmtes Wort suchen oder wenn sie beim Lesen englischer Texte nicht wissen, was ein Wort „bedeutet". Wörterbücher bieten aber wesentlich mehr Information. Insbesondere die modernen englischen Lernerwörterbücher sind auch als Schreibwörterbücher konzipiert, d. h. als Hilfen bei der Produktion von Texten. Nutzen Sie diese Informationen.

Wie

Sie müssen wissen, **wie** etwas im Wörterbuch steht, in welcher Form also die gesuchte Information gegeben wird. Das heißt, Sie mussen mit den Konventionen der Wörterbücher, die Sie benutzen, vertraut sein. Wenn man nachschlagen will, ob *manage* mit einem *to*-Infinitiv oder mit einer *-ing*-Konstruktion verwendet wird, sollte man wissen, ob solche Informationen im eigenen Wörterbuch im Eintrag selbst oder in einer eigenen Spalte am Rand gegeben werden, ob sie durch Fettdruck hervorgehoben sind oder in eckigen Klammern stehen, ob Codes wie *to-INF* verwendet werden oder ob da einfach steht *manage to do sth*. Je besser Sie mit den Abkürzungen und der Struktur des Wörterbuchs vertraut sind, desto schneller werden Sie Informationen finden und desto mehr werden Sie es benutzen können, um Fehler zu vermeiden.

Beispiel für Wörterbucheinträge

thun·der [thən-dər]

noun

1: the sound that follows a flash of lightning is caused by sudden expansion of the air in the course of electrical discharge

2: a loud utterance or threat

3: bang, rumble <the *thunder* of big guns>

Examples

- There was a loud clap of *thunder*.
- It was a night of *thunder* and lightning.
- Lightning flashed and *thunder* boomed.

Origin: Middle English *thoner*, *thunder*,
from Old English *thunor*;
akin to Old High German *thonar* thunder, Latin *tonare* to thunder.

First Use: before 12th century

thunder

intransitive verb

1 a: to produce thunder – used impersonally <it *thundered*>

1 b: to produce a sound that resembles thunder <they *thundered* down the road>

2: roar, shout

transitive verb

1: to utter loudly: roar

2: to strike with a sound likened to thunder

Other forms: thun·dered; thun·der·ing [-də-rin]; thun·der·er [-də-ər]

Examples

- It thundered and the rain poured down.
- Pieces of artillery thundered in the distance.
- It was raining and thundering all night.

First use: before 12th century

Nutzen Sie das Wörterbuch nicht nur zum Verstehen englischer Texte, sondern auch zum Schreiben in der Fremdsprache.
Wörterbuchbenutzung = Fehlervermeidung! **Tipp**

Welche Bedeutung wir einem Wort zuschreiben, hängt mitunter sehr stark davon ab, mit welchen anderen Wörtern es in einem Satz vorkommt (Kontext). Oftmals stellt sich auch die Frage, in welchen Situationen ein Wort verwendet werden kann. Aus diesem Grund ist es wichtig, alle Definitionen zu lesen, um das ganze Spektrum eines Wortes zu überblicken.

Nutzen Sie die Kollokationsangaben in Ihrem Wörterbuch. Suchen Sie gezielt danach, ob Informationen besonders hervorgehoben werden – durch Fettdruck, in Farbe unterlegt oder in eigenen Kästen –, die Ihnen beim Schreiben von Nutzen sein könnten. Ihr Englisch wird dadurch wesentlich natürlicher klingen! **Tipp**

Was findet man wo?

Zusammenfassend lässt sich sagen, dass Wörterbücher eine unschätzbare Quelle für Informationen für das **Verstehen** und für das **Produzieren** von Texten bilden. Man wird immer, wenn man mit Fremdsprachen zu tun hat, auch mit Wörterbüchern umgehen müssen. Deshalb sollten gute und aktuelle Wörterbücher zur Verfügung stehen und Sie sollten wissen, wie man damit umgeht. Das heißt vor allem auch, dass Sie wissen sollten, was man von diesen Wörterbüchern erwarten kann und was nicht und in welchem Wörterbuch was nachzuschlagen ist.

Beachten Sie bei der Benutzung von Wörterbüchern, dass einzelne Wörter nur in wenigen Fällen weiterhelfen. Achten Sie immer auf die Angaben zur Verwendung der Wörter in größeren Einheiten: grammatische Konstruktionen, Gruppen von Wörtern etc. **Tipp**

Bei der Lektüre englischer Texte oder beim Übersetzen ins Deutsche wollen Sie wissen …

… welchen Gegenstand oder Sachverhalt ein englisches Wort wie *double glazing* oder *guillemot* bezeichnet:	→ zweisprachiges Wörterbuch (englisch-deutscher Teil) oder einsprachiges Wörterbuch
… welche Bedeutung ein englisches Wort in einer bestimmten Textstelle hat:	→ einsprachiges Wörterbuch (unter Umständen alle Bedeutungen) oder auch zweisprachiges Wörterbuch

Bei der Lektüre englischer Texte oder beim Übersetzen ins Deutsche wollen Sie wissen ...

... was kulturspezifische Wörter wie *pub* oder *public school* bezeichnen:	→ einsprachiges Wörterbuch oder zweisprachiges Wörterbuch (eventuell auf ausführliche Erläuterungen in Kästen etc. achten)

Beim Verfassen englischer Texte suchen Sie ein englisches Wort ...

... weil Sie eine bestimmte Bedeutung ausdrücken wollen:	→ zweisprachiges Wörterbuch (deutsch-englischer Teil) mit Überprüfung im einsprachigen Wörterbuch
... das in einem sachlichen Zusammenhang mit anderen Wörtern steht (also *Küchengeräte* oder einen Vogelnamen):	→ zweisprachiges Wörterbuch oder im einsprachigen Wörterbuch Illustrationen (zu Feldern wie *Kitchen*, *Birds* usw.)
... das Sie zusammen mit einem englischen Wort verwenden können, das Sie kennen (also: Wie drückt man „Bedenken erheben" aus, wenn man weiß, dass „Bedenken" „*objections*" heißt? Was heißt „schwacher Tee" oder „Tee mit Milch?"):	→ einsprachiges Wörterbuch: hervorgehobene Kollokationsangaben (bei *objection* oder *tea*) bei den entsprechenden Bedeutungen der Wörter oder in eigenen Kästen
... das einem anderen englischen Wort in der Bedeutung sehr ähnlich oder entgegengesetzt ist (Synonyme/Antonyme):	→ einsprachiges Wörterbuch: Querverweis
... das einem britisches Wort im amerikanischen Englisch entspricht oder umgekehrt:	→ einsprachiges Wörterbuch: Querverweis

Beim Verfassen englischer Texte wollen Sie ein englisches Wort verwenden und ...

... Sie suchen Konstruktionen zur Valenz (mit *to*-Infinitiv, mit *that-clause* oder bestimmten Präpositionen):	→ einsprachiges Wörterbuch: Codes + Beispielsatz oder fettgedruckte Konstruktionsangabe + Beispiele
... Sie suchen Phrasen oder Kollokationen:	→ einsprachiges Wörterbuch

Überblick

Die schriftliche Prüfung setzt sich aus drei Anforderungsbereichen zusammen, in denen jeweils verschiedene Kompetenzen abgeprüft werden. In diesem Kapitel konnten Sie sich damit vertraut machen.
Für jede schriftliche Prüfung ist es wichtig, die genaue Aufgabenstellung zu beachten, sich die Zeit gut einzuteilen. Hektik ist aber verboten, daher: Lassen Sie sich Zeit, um sich gedanklich mit den anzusprechenden Themen zu befassen, und erstellen Sie sich unbedingt ein Konzept, bevor Sie mit dem eigentlichen Schreiben beginnen. Vergessen Sie nicht, auch einen Zeitpuffer für das Korrekturlesen zu berücksichtigen.
In der mündlichen Prüfung versuchen Sie, das Gespräch aktiv mitzugestalten, ihre Argumente zu begründen, nötigenfalls zu verteidigen und die sprachlichen Mittel angemessen zu verwenden.

Mitschriften und Notizen

2

Ach, ist es nicht schön, faul sein zu können? Mitschriften gleich richtig zu machen, Notizen konsequent und angemessen anzufertigen, ist das A und O, um effizient lernen zu können. Auch wenn das Thema zunächst etwas spröde klingt, es hat nicht nur mit Ordnung zu tun, Kreativität ist ebenso gefragt: Ideen müssen erst entwickelt werden, bevor man sie (optisch sinnvoll) festhalten kann.

Was Sie im Unterricht hören, sollten Sie nicht einfach an sich „vorbeirauschen" lassen, sondern verwerten, das heißt, mitschreiben. Von einer vernünftigen **Mitschreibe-Technik** können Sie ein Leben lang profitieren.

- Schreiben Sie in Stichworten,
- verwenden Sie Abkürzungen und Kürzel bzw. Symbole.
- Schreiben Sie in kleineren Absätzen,
- geben Sie diesen Absätzen zusammenfassende Überschriften.
- Führen Sie eine Kopfzeile mit einer allgemeinen Angabe ein,
- nummerieren Sie die Seiten.
- Lassen Sie Ränder für spätere Ergänzungen und lassen Sie, für den gleichen Zweck, die Rückseite frei.
- Lesen und ergänzen Sie die Notizen in kürzeren Abständen,
- bereiten Sie sie optisch mit Farben auf, um überfliegend lesen zu können.
- Legen Sie einige (aber nicht Dutzende) Ordner an.

She's gone = She is gone. Achtung: In einigen Bundesländern dürfen Sie die Shortforms schriftlich nicht verwenden.

Tipp

Ordnung des Wissens und Zugang dazu sind fast so wichtig wie das Wissen selbst – aber bedenken Sie: Ein Selbstzweck ist dieses Organisieren nicht. Wenn Sie nur noch am Schreiben und Umstecken von Karteikarten sind, sind Sie auf keinem guten Wege.

Während der Oberstufe, aber auch sonst im richtigen Leben, ist es manchmal nötig, sich Spezialwissen anzueignen, oft in kurzer Zeit. Es kann sein, dass man solches Wissen für eine Besprechung im Unterricht braucht, für Kurzreferate, Essays, für die Facharbeit, für mündliche Prüfungen, für erwartete Fragen in der schriftlichen Prüfung.

Die Techniken für den Erwerb solchen Wissens haben sich in den letzten zehn, fünfzehn Jahren radikal verändert. Das Internet mit seinem meist über Suchmaschinen organisiertem Zugriff auf Information und zunehmend für verschiedene Zwecke angebotene Videotutorials oder sogenannte Apps für Computer und Smartphones bieten vielfältige Möglichkeiten des Wissenserwerbs. Lesetechniken und gekonnte Notizen bleiben dennoch unverzichtbar.

Um einen vorliegenden Text erarbeiten zu können, ist es notwendig, die Informationen aus dem Text herauszufiltern und anhand von **Notizen** entsprechend zu ordnen.

→ Seite 12

- **Skimmen** Sie den Text nach zentralen Punkten. Konzentrieren Sie sich auf die relevanten Informationen.
- **Scannen** Sie den Text nach Schlüsselbegriffen für gezielte, aufgabenrelevante Informationen.

Markieren Sie Informationen beim *intensive reading* durch Unterstreichen, Einkreisen oder farbige Kennzeichnungen. Verwenden Sie verschiedene Farben für unterschiedliche Informationen, beispielsweise Schlüsselwörter rot, Detailinformation grün.
Verwenden Sie Abkürzungen oder Symbole, um zum Beispiel unbekannte Wörter zu markieren, wesentliche Passagen zu kennzeichnen oder offene Fragen oder Interpretationsansätze am Rand zu vermerken. Stellen Sie jedoch sicher, dass Sie ihr eigenes „*Code System*" gut beherrschen und Ihre Schrift gut lesen können.

Es ist ratsam, vor dem Schreiben Ihrer Texte die benötigte **Information entsprechend zu ordnen oder zu gruppieren**.

Tabellen oder Raster (***tables or grids)*** sind hilfreich, wenn sie anhand bestimmter Kriterien Vergleiche zwischen Situationen, Personen oder ganzen Texten erarbeiten sollen.
Beispiel: Compare the attitudes of the protagonists in story 1 and story 2 towards arranged marriage.

Protagonist Story 1	**Protagonist Story 2**
accepts arranged marriage as part of culture	*accepts arranged marriage as part of her culture*
hardly knows her future husband	*knows her betrothed very well and liking is mutual*
etc …	*etc …*

Ein **Flussdiagramm** (***flow chart)*** hingegen hilft Ihnen einen Prozess schematisch klar darzustellen.

Beispiel: Break the play down into beginning, middle and end segments outlining the events of the story. (Romeo and Juliet)

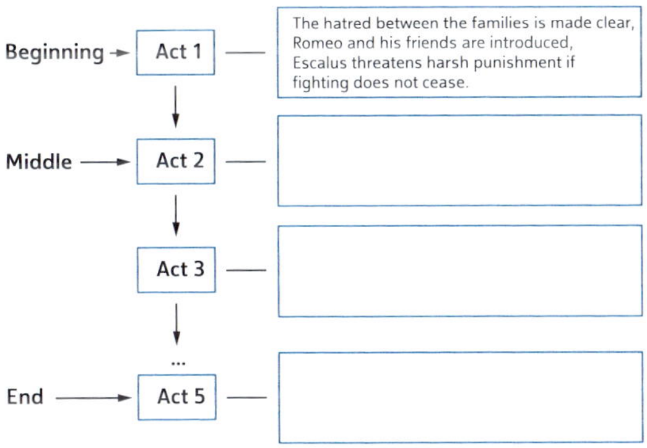

Ein **Baumdiagramm** (***mind map)*** dient der Anordnung von Fakten, Begriffen etc. rund um einen zentralen Schlüsselbegriff. Durch das Verwenden einer Mindmap entsteht eine Struktur, welche die Begriffe sinnvoll miteinander vernetzt.

Beispiel: Characterize Will (About a boy, Nick Hornby) and his sense of identity.

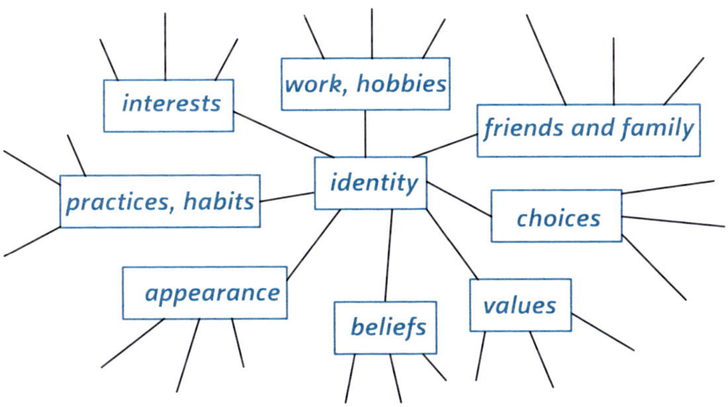

Beim ***Brainstorming*** notieren Sie in einem ersten Schritt alle Informationen, Ideen, Gedanken, Assoziationen etc. und ordnen diese dann in einem zweiten Schritt, sodass eine der Aufgabe entsprechende Struktur entsteht.
Beispiel: Comment on how the British Empire shaped its former colonies and discuss whether you think it has had a positive or negative effect.

British Empire shaped colonies through:
- ⊙
- ⊙

positive effects:
- ⊙
- ⊙

negative effects:
- ⊙
- ⊙

my opinion:
- ⊙
- ⊙

Überblick

Entwickeln Sie eine eigene Mitschreibe-Technik, verwenden Sie Abkürzungen und Symbole, damit Sie effizient und schnell arbeiten können. Ordnen Sie ihr Wissen und entwickeln Sie ein System, um auf dieses Wissen schnell und unkompliziert zugreifen zu können.
Verinnerlichen Sie die verschiedenen Methoden wie *scanning*, *skimming* und *intensive reading*, um ihr Ziel zu erreichen. Machen Sie sich mit *tables/grid*, *flow charts* und *mind maps* vertraut, indem Sie diese Techniken immer wieder anwenden, und so herausfiltern, für welche Art der Information welche Art der Anordnung oder Gruppierung ratsam ist.

3 Grammar

Es gibt Aspekte der englischen Grammatik, die einem Schüler Unannehmlichkeiten bereiten können. Wann zum Beispiel verwenden Sie die „simple"-Formen, wann die „progressive"-Formen des Verbs oder gar das Perfekt? Dieses Kapitel gibt Ihnen einen Überblick über die gebräuchlichen grammatikalischen Strukturen und veranschaulicht durch Beispielsätze, in welchem Kontext sie verwendet werden können. So haben Sie die Möglichkeit, diese Strukturen nochmals zu festigen und die schlimmsten „Stolpersteine" zu vermeiden.

3.1 Use of the tenses

Below you will find a brief overview .

Simple and progressive forms

The **simple present** is used:

- when something is generally true:
  *Many people **drink** coffee.*
  *Cars **run** on fuel.*
- for natural facts and scientific laws:
  *Cats **have** four legs.*
  *The Thames **flows** through London.*
- regular, repeated actions and routines:
  *I **walk** my dog every morning and evening.*
  *Tom usually **cycles** to school.*

This is often used with adverbs such as *always, usually, often, sometimes, occasionally, never, every* etc.

- permanent situations:
  *The "Mona Lisa" **hangs** in the Louvre.*
  *Berlin **is** the capital of Germany.*
- for state verbs, which are generally used only in the simple form:
  *This soup **tastes** delicious!*
  *I **don't want** to go out this evening – I **want** to stay at home.*
- in time clauses after when, if, as soon as, until, etc:
  *Emma will be very surprised when she **hears*** our news!
  *I'll wait here until **you're** ready to go.*

State verbs include *be, believe, belong, consist, contain, depend, hate, know, like, love, mean, need, prefer, realise, remember, seem, smell, taste, want.*

The **present progressive** is used:

- for actions happening at the time of speaking or actions incomplete at the time of speaking:
  *It'**s raining** quite heavily – you'd better take an umbrella.*
  *We'**re learning** about the Cold War at school.*
- for temporary situations:
  *I'**m looking** after my grandmother's dog while she's in hospital.*
  *The sun **is shining** now, but it's going to rain later.*
- for changing or developing situations:
  *The average temperature of the globe **is** slowly **rising**.*
  *More and more people **are choosing** to become vegetarians*

The **simple past** is used:

- for permanent or long-lasting situations in the past:
  *His family **lived** in the same house for over 200 years.*
  *The old tree **stood** in a dark corner of the garden.*
- for repeated actions or routines:
  *We always **spent** Christmas at my grandparents' house.*
  *They **met** in the same café every Thursday afternoon.*

Adverbs of frequency are often used here to show that we are talking about a routine.

- for completed actions:
  *I **went** to school in a small village in Cornwall.*
  *The hospital **closed** down in 2009.*
- for actions in a sequence:
  *The referee **blew** his whistle and the match **began**.*
  *She **pressed** the button, the doors **opened** and she **stepped** into the lift.*
- for state verbs:
  *The food **smelt** so terrible that nobody even **wanted** to try it.*
  *They say this pen once **belonged** to William Shakespeare.*

The **past progressive** is used:

- for temporary situations in the past:
  *"Why didn't you come with us last night?" "I **wasn't feeling** well."*
  *He **was lying** on his bed, **listening** to music.*
- for activities happening at a definite time in the past:
  *At this time last week I **was taking** my final exam.*
  *She wasn't at home on Saturday – she **was visiting** Angie.*
- for actions that were not complete at a certain time in the past:
  *I **was surfing** the internet when my computer crashed.*
  *They **were talking** about Gina, but stopped when she came into the room.*

We often use this in combination with the simple past to show that one action interrupted another.

Simple and progressive forms

simple present	– Tatsachen – Gesetzesmäßigkeiten – regelmäßig Stattfindendes	• *he/she/it* + Infinitiv des Verbs + *s* *She works hard.* • **Frage & Verneinung** *do/ does* *Does she live near the school?* *No, she doesn't.*
present progressive	– Handlungen, die im Moment des Sprechens ablaufen bzw. nur für einen kurzen Zeitraum andauern, – sich ändernde Situationen – bereits vereinbarte Handlungen für die Zukunft	*to be* + Infinitiv des Verbs + *ing* *He is sitting on the sofa.*
simple past	– abgeschlossene Handlung in der Vergangenheit – aufeinander folgende Handlungen in der Vergangenheit – neue eintretende Handlung, die eine Handlung unterbricht, welche im Verlauf war	• **regelmäßige Verben** Infinitiv + *-ed* *We enjoyed the film.* • **unregelmäßige Verben** 2. Spalte der unregelmäßigen Verben (2. Verbform) *The dog ate its dinner* • **Frage & Verneinung** *did* + Infinitiv *Did you see Tom last night?* *No, we didn't.*
past progressive	– Handlung, die sich in der Vergangenheit im Verlauf befand – gleichzeitig ablaufende Handlungen in der Vergangenheit – im Verlauf befindliche Handlung, die durch eine neue Handlung unterbrochen wird	*was/were* + Infintiv des Verbs + *ing* *I was still sleeping at 9 o'clock this morning.*

The perfect tenses

Very common in English, the perfect tenses are not always easy to use correctly. The examples below illustrate some of the different situations in which they are used.

The perfect tenses are formed with the verb *to have* in the correct tense plus the past participle of the main verb.

The **present perfect simple** is used:

- for recent events, without saying exactly when they took place:
  *I'**ve** already **seen** that Harry Potter film, so let's go and see a different one instead.*
  *I'm sorry – Chris **has** just **left**. I don't know what time he'll be back.*
- for the results of past actions that have an effect on the present:
  *Oh no! The cat **has licked** all the cream off the top of the cake! What are we going to give granddad when he comes round later?*
  *I **haven't studied** hard enough this week – I'm sure I'm going to fail my test.*
- for things that someone has experienced at some time in their life; the exact time when the event took place is not mentioned:
  *She'**s visited** New York several times but **has** never **climbed** to the top of the Statue of Liberty.*
  *I'**ve eaten** sushi before, but it didn't taste as good as this!*
- for situations that began in the past and have continued until the present:
  *He'**s had** the same jacket for over 10 years – it's time he got a new one!*
  *We'**ve lived** in this part of town since I was a baby.*
- for routines or repeated actions that began in the past and have continued until the present:
  *J. K. Rowling is my favourite author – I'**ve read** all of her books.*
  *Tim'**s played** football every Saturday since he was about 12 years old.*
- for time expressions that indicate unfinished time:
  *There **hasn't been** as much snow as usual this winter.*
  *My train **has been** late three times this week – the service is terrible!*
- for state verbs:
  *We **haven't known** each other for very long, but we're already close friends.*
  *I'**ve** just **remembered** where I put my purse!*

This expressions include *today, this week, this month, this year.*

The present perfect simple and the present perfect progressive

In some cases, there is no real difference in meaning between the simple and progressive forms of the present perfect:

*I'**ve worked** here for several years.*

*I'**ve been working** here for several years.*

This applies in particular to the verbs *live* and *work*.

However, the focus of the sentence is different, depending on whether the simple or progressive form is used:

- The **present perfect progressive** focuses on the activity, whereas the **simple** form focuses on the result:
  *I'**ve been studying** very hard for my test.*
  *I'**ve** just **found out** that I'**ve passed** my test – I'm so relieved!*
- As with other tenses, the **progressive** form often shows that an action is not complete, whereas the **simple** form is used for finished activities:
  *They'**ve been renovating** our school in the last few months, but the work won't be finished until the end of June.*
  *The building looks much better now that they'**ve renovated** it.*
- The **progressive** form often shows how long something has been going on, while the **simple** form expresses how often something has happened, or how much of something has been done:
  *You'**ve been sitting** at your computer all afternoon. Why don't you go out and get some fresh air?*
  *I'**ve** already **taken** the dog for two walks today – now it's your turn!*
- As with the other tenses, the **progressive** form can be used to show that something is temporary, while the **simple** form indicates a situation that is permanent or long-lasting:
  *I'**ve been looking** everywhere for my phone – I really need to find it and check my messages.*
  *It seems that I'**ve** really **lost** my phone. I can't find it anywhere.*

The present perfect and the simple past

It is not always easy to decide whether to use the present perfect or the simple past. Below are some pointers:

- The **present perfect** can be used to talk about things that happened at some point in the past, but without saying exactly when. However, if a specific past time expression is used, the simple past is needed:
  *She'**s worked** with many Hollywood legends, most recently with Benedict Cumberbatch, whose new film she **directed** last year.*
  *"I'**ve** never **been** to the States. **Have** you?" "No, but I **visited** Canada a couple of years ago."*

Examples of past time expressions include: *yesterday, last week/month/year, last June/Wednesday/weekend, ago,* and so on.

- Expressions that indicate "unfinished" time (today, this week, etc.) cannot be used with the present perfect if they refer to short, completed actions.
  *When **did** Tom **leave** this morning?* not: ~~*When has Tom left this morning?*~~
  *(at 10 a.m.): I**'ve sent** a lot of texts this morning.*
  *(at 5 p.m.): I **sent** a lot of texts this morning.*

It is therefore always important to think about time references when choosing a tense.

- The **simple past** is used if there is no connection to the present:
  *Marilyn Monroe **starred** in several films.* (As she is now dead, she will not star in any more films.) Compare: *Although she is still young, Jennifer Lawrence **has** already **starred** in several films.*
- The **present perfect** is often used to introduce new information, followed by the **simple past** to continue the topic:
  *After a break of more than five years, heart-throb boy band Voicebox **has recorded** a new album. The band **split** up three years ago, during which time all four members **made** solo albums, none of which **were** very successful.*

The past perfect simple and the past perfect progressive

The **past perfect simple** is used:

You need to be aware of the timeline of events when using the past perfect tenses.

- for past events that occurred before other past events:
  *The accident happened because it **had snowed** heavily during the night, making the roads dangerously icy.*
  *When she **had finished** working, she switched off her computer.*

The **past perfect progressive** is used:

- for events that happened before another past event, the results of which could still be seen at a later stage:
  *It **had been raining** for days, so the water level in the river was much higher than usual.*
  *I could tell that Danny **had been studying** hard: he did much better on this French test than on the last one.*
- for situations that continued for a while up to a certain time in the past:
  *The TV show is about a woman who **had been searching** for her twin sister for several years, and was finally reunited with her last March.*
  *We were relieved when Ben finally phoned, as we **had been waiting** to hear from him all day.*
- for talking about how long an activity or event went on:
  *Jane **had been drinking** coffee all afternoon – it's no wonder she didn't sleep well that night!*
  *He **had been saving** up for weeks to buy tickets to the concert.*

Present perfect, past perfect und deren progressive forms

present perfect	– bis in Gegenwart dauernde Handlung (*since/ for*) – das Ergebnis einer Handlung wird betont – Handlung wurde gerade eben abgeschlossen (*just*) – abgeschlossene Handlung mit Einfluss auf die Gegenwart – Handlung, die bis zum Zeitpunkt des Sprechens nie, einmal oder mehrmals stattgefunden hat (*never/ ever*)	– **regelmäßige Verben** *has/have* + Infinitiv + *-ed* *She has finished her homework.* – **unregelmäßige Verben** *has/have* + 3. Spalte der unregelmäßigen Verben (3. Verbform) *Someone has drunk all the apple juice.*
present perfect progressive	– die Handlung wird betont (nicht das Ergebnis) – bis in die Gegenwart andauernde Handlung, die zum Zeitpunkt des Sprechens noch andauert	*has/have* + *been* + Infinitiv + *-ing* *They've been playing computer games all afternoon.*
past perfect	– Handlung vor einem Zeitpunkt der Vergangenheit – betont nur die Tatsache, dass etwas vor einem Zeitpunkt in der Vergangenheit stattfand	– **regelmäßige Verben** *had* + Infinitiv + *-ed* *Jill was late because she had missed the bus.* – **unregelmäßige Verben** *had* + 3. Spalte der unregelmäßigen Verben (3. Verbform) *He had lost his keys and couldn't open the door.*
past perfect progressive	Handlung vor einem Zeitpunkt der Vergangenheit, die Betonung liegt auf der Handlung selbst oder der Dauer der Handlung	*had* + *been* + Infinitiv + *-ing* *I had been waiting for John for over an hour when he finally arrived.*

Future forms

There are several different ways of talking about the future in English. Here are some typical examples:

Will/won't is used:

- for the future in general, but not things that have already been decided or arranged:
  It's better to go clothes shopping after Christmas: everything ***will be*** *cheaper then. – I know my mum* ***will like*** *this DVD because it's one of her favourite films.*

- for making future predictions:
  *The next few months **will be** a busy time for me.*
  *England **won't win** this match – not the way they're playing!*
- for spontaneous offers, promises or decisions made at the time of speaking:
  *I'**ll buy** some bread while I'm out and we can make sandwiches for lunch.*
  *If you like, I'**ll help** with your maths homework.*

The **future progressive** is used:

- for activities that will not yet be complete at a certain time in the future:
  *Come round at 8 o'clock – I'**ll be waiting** for you!*
  *There's no need to hurry. They'**ll** still **be having** dinner when we get there.*
- for things that are definitely going to happen at a certain time in the future:
  *The next Olympic Games **will be taking place** in Tokyo in 2020.*
  *This Friday evening at Bookworms: the author Richard Goodman **will be reading** from his latest novel from 7.30 p.m.*

You need to mention when the action will be taking place.

Present tenses with a future meaning:

- the **present progressive** is used to talk about things that have been arranged for the future:
  *I'**m going** to the dentist's on Tuesday morning and I'm really not looking forward to it!*
  *Chas **isn't having** a party on his birthday after all – some of us **are meeting** at the cinema instead.*
- the **simple present** is used to talk about timetables or other schedules:
  *"What time **does** Karen's train **get** in?" "At half past two."*
  *The concert **begins** at 8 p.m., but we should get there early if we want a good place.*

Going to is used to express the future:

- for plans or intentions:
  *This is the year that I'**m** really **going to get** fit and **take** up tennis again.*
  *They'**re going to move** to France in a few months.*
- for making predictions about the future based on evidence that can be seen in the present:
  *There **are going to be** a lot of changes in our company in the next few months because they need to save money.*
  *We need to cut down that tree, otherwise it'**s going to fall** down the next time there's a big storm.*

The **future perfect simple** and **progressive** are used:

- for actions that will be complete by a certain time in the future:
  By the end of June, my brother ***will have run*** *his seventh marathon.*
  *I can't believe we'****ll have been living*** *in Spain for 10 years by the end of April – time flies!*

These forms are normally used in combination with *by*, e. g. *by the time*, *by next March*, *by the end of the year* and so on to show when the action will be complete.

Tipp Grammar detective

To help improve your awareness of English grammar, try playing **grammar detective**. Choose an authentic English text and a grammatical structure (e. g. present simple, present perfect and simple past, future forms etc) and highlight each example of the structure you can find. This will help you to become more aware of how the different forms are used.

Will future, future progressive, going to future, future perfect

will future	– nicht beeinflussbares Geschehen in der Zukunft – spontaner Entschluss, Versprechen, – Vermutungen hinsichtlich der Zukunft	*will* + Infinitiv *It will be hot this weekend.* **Verneinung** *will not/won't* + Infinitiv *Mr O'Connor won't tell us the answer.*
future progressive	– die zukünftige Handlung wird sich zu einem bestimmten Zeitpunkt im Ablauf befinden – Handlungen, die zu einem bereits festgelegten Zeitpunkt in der Zukunft stattfinden werden	*will* + *be* + Infinitiv + *-ing* *We'll be having lunch when you get here.*
going to future	– Vorhaben, Pläne, Absichten in der Zukunft – Voraussaugen, basierend auf gegenwärtigen Tatsachen	*to be* + *going to* + Infinitiv *Marie is going to call me later.*
future perfect	Handlung wird zu einem bestimmten zukünftigen Zeitpunkt abgeschlossen sein	*will* + *have* + *been* + *-ing* für die Verlaufsform *By next September, I'll have been learning English for 10 years.*

3.2 The passive voice

In English, the passive is formed using the verb *to be* in the relevant tense plus the past participle. When using the passive, focus is placed on the action rather than the person who carried out the action. However, if it is necessary to mention the person, *by* is used, e. g. *The 'Mona Lisa'* ***was painted by*** *Leonardo Da Vinci.* Below are some examples of the passive voice:

Present simple and **progressive**:
Breakfast ***is included*** *in the price of an overnight stay.*
Tickets for the open-air festival ***are being sold*** *through the event website.*

Past simple and **progressive**:
The stolen jewels ***were found*** *in the thief's car.*
The thief managed to escape while he ***was being taken*** *to the police station.*

Note: the perfect progressive forms are not used in the passive voice.

Perfect tenses:
Has *Tina* ***been invited*** *to the party?*
By the end of the month, her song ***had been downloaded*** *more than 50,000 times.*

Future forms:

The progressive form of the future perfect is also not used in the passive voice.

Your personal information ***won't be made*** *public unless you tick this box.*
His blog ***is going to be published*** *as a book later this year.*
If we don't hurry up, all of the nice food ***will have been eaten*** *by the time we get there!*

Modal verbs include *can, could, would, might, may, should, ought, must.*

The passive with **modal verbs**:
Mobile phones ***cannot be taken*** *into the examination room.*
Why didn't you lock your bike? It ***could have been stolen****!*
Bags ***should not be left*** *unattended at any time.*
The pictures ***must have been posted*** *straight after the party, but we don't know who took them.*

Passiv-Konstruktionen	Das Passiv wird verwendet, wenn entweder die Handlung selbst oder das Objekt des Satzes im Vordergrund stehen und weniger die ausführende Kraft, also das Subjekt. Bildung: Objekt + *to be* (in der entsprechenden Zeitform) + *past participle* (Verb mit *-ed*/ 3. Form) Soll die ausführende Kraft doch erwähnt werden, kann dies mithilfe des „by–agent" geschehen: *The Mona Lisa* ***was painted by*** *Leonardo Da Vinci.*

3.3 Conditional sentences

Consisting of two clauses, conditional sentences are used when we talk about what happens, or could happen, or could have happened in certain situations, depending on which tenses are used. Although conditional sentences are often referred to as "if clauses", other words can also be used to link conditional clauses, such as *when, unless, until, even if,* or *as long as*.

- The **zero conditional** is used to talk about things that always happen in a given situation. The **present simple** is used in both clauses:
  *When it **is** winter in Britain, it **is** summer in South Africa.*
  *If you **click** here, you **can** download photos.*
- The **first conditional** is used to talk about things that are likely to happen. Use **will/won't** in the main clause and a **present** tense in the subordinate clause:
  *I'**ll go swimming** after work if I **have** time.*
  *Unless you **work** harder, you **won't finish** your essay on time.*
- The **second conditional** is used to talk about things that are impossible, or that are very unlikely to happen. **Would/wouldn't + present** is used in the main clause and the **past simple/progressive** is used in the subordinate clause. Note, however, that the second conditional refers to future time:
  *My father **would go** crazy if he **found out** what really happened last weekend!*
  *I don't trust Brian. If I **were** you, I **wouldn't give** him your phone number.*
- The **third conditional** is used to talk about past situations that did not happen, although they were possible, or something that should not have happened, but did. Use **would/wouldn't have + past participle** in the main clause and the **past perfect** in the subordinate clause.
  *He **would have become** the new world champion if he **had won** the race.*
  *If I **hadn't forgotten** to put petrol in the car, it **wouldn't have broken down**.*
- **Modal verbs** can also be used in the main clause of a conditional sentence instead of will or would:
  *You **could get** a better job if you **spoke** a foreign language.*
  *If they **hadn't repaired** that fence, somebody **might have been injured**.*
  ***Let** me know if you can **come** to the cinema with us.*

In conditional sentences, *will* or *would* are not used in the *if-clause*.

If I were you is a standard phrase often used to give someone advice or tell them your opinion. The combination of *I* and *were* may seem strange, but it is perfectly correct. In other examples, either *If I were rich …* or *If I was rich …* is correct.

Conditional-Sätze oder Bedingungssätze bestehen aus Haupt- und Nebensatz und drücken aus, was unter bestimmten Bedingungen geschieht oder geschähen wäre. Sie werden häufig auch *if clauses* genannt obwohl auch diese Wörter zur Verbidung genutzt werden: *when, unless, until, even if,* oder *as long as*

conditional 0	Handlungen, die unter bestimmten Bedingungen immer stattfinden	present simple
conditional 1	Handlungen, die möglich oder wahrscheinlich sind	*will future* (Hauptsatz) *present simple* (Nebensatz/*if*-Satz)
conditional 2	Handlungen, die unwahrscheinlich sind	*would* + Grundform (Hauptsatz) *simple past* (Nebensatz)
conditional 3	Handlungen, die unmöglich sind	*would* + *have* + *past participle* (Hauptsatz) *past perfect* (Nebensatz)

3.4 Use of the gerund

A gerund is a verb that is used as a noun, and is the same as the present participle ("-ing" form) of the verb. The gerund is used:

- as the subject or object of a sentence:
  Snowboarding *is more popular than ever this winter.*
  Reading *when out and about is even easier since the invention of the e-reader.*
  I enjoy ***cooking*** *– I find it very relaxing.*
  He can't seem to stop ***texting****, no matter where he is. It can be really irritating!*
- Gerunds can also have their own object:
  Travelling *by public transport is becoming more expensive every year.*
  Taking *photos in the museum is forbidden.*
  My father doesn't like ***eating*** *foreign food.*
  Our parents want us to stop ***watching*** *so much television.*

Gerunds are used after certain verbs:

When writing new verbs in your vocabulary book, it is a good idea to add an additional note if they are always followed by the gerund. This will help you use such verbs correctly.

- some common verbs that are always followed by the gerund are:
  admit, appreciate, can't help, can't stand, consider, delay, deny, dislike, enjoy, escape, feel like, finish, forgive, give up, imagine, involve, mention, mind, miss, postpone, practise, put off, resent, risk, suggest, understand.
  I still haven't finished ***writing*** *this essay!*
  Would you mind ***closing*** *the window? It's freezing in here!*
  She considered ***studying*** *medicine, but the course was too expensive.*
  My cousin really ***enjoys travelling*** *– he's going to Argentina next month.*

- some common verbs that ***can*** be followed by the gerund are:
  forget, hate, like, love, prefer, remember, stop, try
  When it comes to exercise, I prefer ***cycling*** *to* ***jogging****.*
  Stop ***telling*** *me what to do! I can make my own decisions.*
- Notice how the meaning of the verbs listed above changes, depending on whether they are followed by a gerund or an infinitive:
  Remember to check *your messages later so that you know where we're meeting.* = Don't forget to do it.
  I ***remember checking*** *my messages but I didn't see yours.* = I know that I did it.
  She ***tried to work*** *in a corner of the café but found she couldn't concentrate.* = She attempted to work but did not succeed.
  Why don't you ***try working*** *in the library? It's a lot quieter in there.* = This is a suggestion of something that might work for you.

Gerunds are used after certain preposition combinations:

- some common examples of verb + preposition followed by the gerund are:
  I'm ***fed up with listening*** *to her complain about her boyfriend. Why doesn't she just break up with him?*
  They're ***thinking about moving*** *to the countryside to get away from the big city.*
  She ***apologised for losing*** *my book and offered to buy me a new copy.*

More examples: *dream of, succeed in*

- some common examples of adjective + preposition followed by the gerund are:
  I'm ***interested in learning*** *how to windsurf.*
  My brother will probably never visit the States as he is ***afraid of flying****.*
  I'm really ***tired of asking*** *him to turn his music down. He's so selfish!*
  Mel is very ***good at singing****. She's got a beautiful voice.*
  We're very ***excited about meeting*** *the president.*

More examples: *keen on, nervous about*

- some other common prepositions followed by the gerund are:
  In spite of having *a terrible cold, Tony went to the football match.*
  Besides playing *the piano and cello, she also sings beautifully.*
  Please check that you have completed the form ***before handing*** *it in.*
  After winning *an Olympic gold medal, she decided to end her career as a sportswoman.*
  I couldn't believe it when they all went on holiday together ***without telling*** *me.*

More examples: *despite, thank you for*

Gerunds are used as part of some compound nouns:
Although our town is only small, we still have our own ***swimming*** *pool.*
Lunch will be served in the ***dining*** *room.*

It's terrible that so many young girls today suffer from ***eating*** *disorders.*
Next week we're going on a ***shopping*** *trip to London.*
The gym has lots of equipment, including several ***rowing*** *machines.*
He wants to be a ***racing*** *car driver when he grows up!*
There is a ***waiting*** *room inside the station.*
The government has said it will improve ***working*** *conditions for people with young children.*

Another common use of this form is in notices or instructions about things that are not permitted:
No ***smoking****.*
Emergency access road: no ***parking*** *here.*
No ***diving*** *from the side of the pool.*
No ***talking*** *while the exam is in progress.*

Das Gerundium entspricht dem substantivierten Verb und muss im deutschen oft ganz anders übersetzt werden.

Gerund	• als Subjekt oder Objekt des Satzes • nach bestimmten Verben *(admit, appreciate, can't help, can't stand, consider, delay, deny, dislike, enjoy, escape, feel like, finish, forgive, give up, imagine, involve, mention, mind, miss, postpone, practise, put off, resent, risk, suggest, understand)* • nach Verb/ Adjektiv+ Präposition • als compound nouns • bei Anweisungen oder Verboten

3.5 Phrasal verbs

In English there are a large number of verbs consisting of verb + preposition, verb + adverb or verb + particle. Below are some common examples:

- phrasal verbs with **break:**
  *Even though Josh and Cindy **broke up** three weeks ago, he still phones her every night.*
  *Somebody **broke into** our school at the weekend, but they don't think anything was stolen.*
  *Many cars **break down** in cold weather, causing long delays on the motorways.*
- phrasal verbs with **bring:**
  *Joanna was **brought up** by her father after her parents divorced.*
  *I would also like to **bring up** the subject of new library books at tomorrow's meeting.*
  *Please don't forget to **bring back** my dictionary when you've finished using it.*
- phrasal verbs with **come:**
  *I **came across** an interesting article about climate change in an online magazine.*
  *Why don't you **come over** tonight and we can watch the DVD together.*
  *They've been living in Spain for the last five years and only **came back** to England last week.*
  *At first I couldn't remember what had happened, but when I saw the photos it all started to **come back** to me.*
  ***Come on!** We should have left ten minutes ago!*
  *There was a power cut in our part of town last night, and the electricity didn't **come** back **on** for nearly three hours.*
  ***Come in** and sit down. You must be tired after your journey.*
  *The restaurant bill **came to** nearly £ 100. I'm glad my grandfather was paying!*
  *"How on earth did you break that door handle?" "I didn't! It just **came off** in my hand."*
  *They **came up with** several good suggestions for the new club house.*
  *Poor David has **come down with** chicken pox! He's got to stay at home for the next two weeks.*
- phrasal verbs with **drop:**
  *My aunt lives just round the corner, so she often **drops in** for a chat.*
  *I've asked Sandra to **drop** the books **off** at your house this afternoon.*
  *Simon **dropped out** of university after just three months and decided to train as a chef instead.*

Note that some phrasal verbs can have more than one meaning.

- phrasal verbs with **fall:**

  When I was 6, I ***fell off*** *my bike and broke my arm.*
  I once bought a T-shirt that was so badly made it ***fell apart*** *the first time I washed it.*
  We were hoping to go to the States last year, but our plans ***fell through*** *as we didn't have enough money.*
  Katie and Stella have ***fallen out*** *again – they've haven't spoken to each other for three days.*
  I ***fell for*** *Mike the first time we ever met. It really was love at first sight!*

It is a good idea to note down phrasal verbs in a sentence. This makes it easier to remember how to use them in context.

- phrasal verbs with **get**:

  I hate having to ***get up*** *so early during the week – I wish I could just stay in bed!*
  She couldn't find our house because she ***got off*** *the bus at the wrong stop.*
  This book is very special to me, as it helped me to ***get through*** *a difficult time in my life.*
  When we were younger, we didn't ***get on*** *at all, but now we're best friends.*
  I need to ***get on with*** *my work now, otherwise I'll never finish this essay!*
  Don't make your presentation too complicated if you want to ***get*** *your ideas* ***across*** *clearly.*
  He had a very traumatic experience when he was 15 – it took him years to ***get over*** *it.*
  Hurry up and ***get in*** *the car! I don't have much time!*

- phrasal verbs with **go:**

  We're ***going away*** *for a few days, but we'll be back on Thursday.*
  Shall we ***go for*** *a coffee after class?*
  We stayed on the beach after the sun had ***gone down****, just listening to the sound of the waves.*
  Nicola has been ***going out*** *with Mark for nearly three months now.*
  A bomb has ***gone off*** *in the centre of London. It is not yet known how many people have been injured.*
  The price of food has continued to ***go up*** *in the last couple of years, making things even more difficult for low-income families.*

- phrasal verbs with **keep:**

  Can you ***keep*** *the noise* ***down****, please? I'm trying to work.*
  I really wish I'd never accepted Jack's friend request – he ***keeps on*** *sending me really boring messages!*
  Frank cycles so fast that I can never ***keep up*** *with him.*
  Please ***keep away*** *from that wall – the paint is still wet.*
  I don't believe that Mae told us the whole truth. I'm sure she was ***keeping*** *something* ***back.***

- phrasal verbs with **look:**
  I've dropped my earring somewhere here. Can you help me ***look for*** *it?*
  My grandma used to ***look after*** *us while our parents were at work.*
  She found the text very hard to understand, and had to ***look up*** *more than half of the words.*
  I'm really ***looking forward to*** *my holiday – just two more days, then I'm flying to Florida!*
  Look out! *You nearly knocked that glass over!*
  We all sat together on the sofa, ***looking at*** *Lily's holiday photos on her laptop.*
- phrasal verbs with **make:**
  He used to ***make up*** *wonderful stories for his younger brothers. That's partly why he decided to become a writer.*
  Alex ***made up for*** *forgetting my birthday by taking me out for a meal.*
  Sally and Pete fight a lot, but they always kiss and ***make up*** *afterwards.*
  He spoke so quietly that we could hardly ***make out*** *what he was saying.*
- phrasal verbs with **put:**
  She told the children to ***put*** *their toys* ***away*** *in the cupboard when they'd finished playing with them.*
  The longer you ***put off*** *going to the dentist, the more your tooth is going to hurt.*
  I wish I hadn't ***put on*** *these shoes today. They're really hurting my feet!*
  Although the fire spread quickly, the firefighters were able to ***put*** *it* ***out*** *before too much damage was done.*
  Ellie asked if we can ***put*** *her* ***up*** *for the night on Wednesday, because she's coming to town for a job interview.*
  Tom is always late and never apologises for it. I don't know why Carole ***puts up with*** *his behaviour – I wouldn't!*
- phrasal verbs with **run:**
  We had to change our lunch order because the restaurant had ***run out of*** *chicken.*
  When he was 15, he ***ran away*** *from home and lived on the streets for a while.*
  My mum saw I'd left my homework on the table, and she actually ***ran after*** *me all the way to the bus stop to give it to me!*
  You'll never guess who we ***ran into*** *in town yesterday – our old maths teacher, Mr Smith!*
  They hoped the new building would be finished by now, but they've ***run up against*** *a lot of problems with the construction company.*
- phrasal verbs with **take:**
  Paul really ***takes after*** *his dad: they both love telling jokes and making people laugh.*

Another way to organise phrasal verbs in your vocabulary notebook is to list several verbs with *off*, *on*, *up*, etc.

She was so surprised to hear she'd won the competition that she couldn't ***take*** *it* ***in*** *at first – she couldn't believe her luck!*
I'm going to ***take off*** *my jacket. It's really warm today!*
Due to bad weather, the plane ***took off*** *nearly three hours late.*
The work's finished now. Why don't you ***take*** *the rest of the day* ***off****?*
It's never too late to ***take up*** *a new hobby: my grandmother was 78 when she started learning Spanish!*
My teacher ***took*** *my phone* ***away*** *because I was sending texts in class.*
I'd like to ***take*** *you* ***out*** *for a meal to thank you for all your help.*
Their new printer didn't work properly, so they ***took*** *it* ***back*** *to the shop.*
The company has just been ***taken over*** *by a Japanese firm, and a lot of people are afraid of losing their job.*

Überblick

Grammatik ist ein wichtiger Teil jeder Sprache. Dieses Kapitel hat eine Übersicht über die wichtigsten Strukturen angeboten. Nutzen Sie das Angebot, grammatikalische Strukturen über den in den Beispielsätzen gebotenen Kontext zu erlernen. Zusätzlich sollten Sie so viel Englisch wie möglich hören, lesen und natürlich auch sprechen: Lesen Sie englische Zeitungen, suchen Sie englischsprachige Infos im Internet, schauen Sie sich Filme in der englischen Fassung an (ohne Untertitel). Dies sind nur einige der Möglichkeiten, die Ihnen helfen können, Grammatik nicht nur zu „wissen“, sondern auch ein Gefühl für die Sprache zu entwickeln und ihre Sprachfertigkeiten auf diese Weise zu „automatisieren“.

Talking points: Britain

4

Großbritannien ist ein Land, in dem Tradition noch eine große Rolle spielt. An der Spitze des Landes steht ein Monarch und kein demokratisch gewähltes Staatsoberhaupt, ein Zustand, den viele für nicht mehr zeitgemäß halten. Das Parlament fußt auf Traditionen, die sich seit dessen Gründung wenig geändert haben. Allerdings wird heutzutage nicht mehr alles von London aus regiert: Wales, Schottland und Nord-Irland haben inzwischen ihre eigenen Parlamente. Noch ist Großbritannien von der Einteilung in Klassen geprägt. Dabei ist die Zuordnung zu den Gesellschaftsschichten nicht ausschließlich über Geld definiert: Es gibt Soziologen, die weichere Kriterien wie „Stallgeruch" – also etwa die „richtige" Art zu sprechen, auf den „richtigen" Schulen und Universitäten gewesen zu sein – als ebenfalls wichtig bezeichnen. Großbritanniens Position auf der internationalen Bühne muss ebenfalls diskutiert werden: Wie konnte es geschehen, dass die einstige imperiale Macht sich von der Europäische Union abkuppeln will? In den nächsten Kapiteln finden Sie die Informationen, die Sie brauchen, um über diese und andere Themen zu diskutieren.

4.1 Politics in Britain

Political system

Britain's political system is a parliamentary democracy, which means that parliament has supreme authority in all political matters. This is where new laws are made and all political issues are discussed.

Parliament

The British parliament consists of two chambers: the **House of Commons** and the **House of Lords**.

The House of Commons

- This is where the Members of Parliament (MPs), elected by the citizens of Britain, meet to debate current issues, discuss policy and make laws.
- After the last general election (June 2017), there were 650 MPs, each representing a constituency.
- There is a strict seating plan. The Prime Minister and the Cabinet sit on the front bench, and face the Leader of the Opposition and the Shadow Cabinet across a table. The other MPs sit behind them, and are therefore referred to as "back-benchers".

After the general election in 2017, there was a slight rise in the number of women MPs, from 196 to 208. This means that women currently make up 32 % of all MPs.

The House of Lords

- Traditionally, the members of the British parliament's upper house were not elected, but had an automatic right to a seat there.
- In the past, the House of Lords was made up of archbishops and other senior members of the Church of England, hereditary peers (aristocrats whose right to a seat was passed down through the generations of their family), and life peers (e.g. former politicians who have a right to a seat in their own lifetime, but which is not passed on to their children).
- In 1999, the Labour Party passed a law to reform the House of Lords. One aim was to remove the hereditary peers, although a compromise was then reached that allowed 92 hereditary peers to remain at first. The number of members has been reduced from 1,330 in 1999 to 797 today, most of whom are now life peers.
- The Lords have limited powers to influence the political decisions made in the House of Commons. They can suggest amendments to legislation, and can delay the passing of a new law for twelve months.
- The House of Lords used to be the highest court of appeal in Britain. However, since 2009, Britain has had a Supreme Court which has taken over these duties.

The website www.parliament.uk has a wide range of useful information about the British Parliament

The electoral system

- A general election is normally held in Britain every four to five years. The exact timing is not fixed: it is up to the Prime Minister to choose the election date, as long as it is no more than five years after the previous one. This gives the Prime Minister a certain amount of freedom to call an election at a time that is advantageous to their party and when the chances of winning might be higher.
- In 2017, Prime Minister Theresa May called a so-called snap election just two years after the general election of 2015. The main reason she did so was to increase her majority in Parliament and therefore strengthen her position in the upcoming Brexit negotiations (see below). However, this gamble did not pay off. Instead, it resulted in a hung parliament, i. e. her party lost its overall majority.
- The voting system at general elections is known as "first-past-the-post". This means that the candidate with the largest number of votes in each constituency wins the seat, even if that person only receives a few more votes than the candidate in second place and the majority of the people in fact voted for other candidates.
- In practical terms, this means that it is almost impossible for small parties to win seats and gain representation in Parliament, and that British politics are dominated by a few large parties.

This is why some smaller parties, such as the Liberal Democrats, campaign for the introduction of "proportional representation", an election system similar to the German one. This system would give the smaller parties a fairer chance of winning seats

The political parties in Britain

There are two main political parties in the House of Commons and several smaller ones that also have a few seats in London. The smaller, regional parties have seats in the devolved parliaments of Scotland, Wales and Northern Ireland. The table below provides an overview:

Party	Political position and other facts
The Conservative Party	– also known as the Tories; have been in power since 2010 – centre-right party that traditionally attracts middle and upper-class voters – they are criticized for cuts in public spending, healthcare and social benefits – many Conservative politicians support Brexit; however, Theresa May was against it before becoming Prime Minister, but afterwards insisted that the result of the referendum has to be respected
The Labour Party	– last governed Britain from 1997 to 2010 – traditionally a left-wing workers' party with close connections to the trade unions; Tony Blair's "New Labour" party attempted to appeal to middle-class voters – They campaigned against Brexit in the referendum but also say the result must be respected
The Liberal Democratic Party	– founded in 1988 as a breakaway group from Labour – they are a centre-left party whose policies appeal to many liberal Conservatives – they formed a coalition government with the Tories after the 2010 general election, but lost a large number of seats in the following election – they campaign to change the voting system to proportional representation – they are strongly pro-EU and are campaigning to stop a hard Brexit
Scottish National Party	– this centre-left party campaigns for Scottish independence – they are against Brexit and want to keep Britain in the EU single market – they were one of the driving forces behind the referendum on Scottish independence (see below) and want to hold a second referendum on independence before Britain leaves the EU
Green Party of England and Wales	– the Greens have 1 MP in the Commons, a considerable achievement due to the first-past-the-post system – they place great emphasis on environmental issues and social justice – they are against Brexit and have called for a second referendum on the issue
Plaid Cymru	– the national party of Wales is centre-left to left-wing – they campaigned to stay in the EU; however, the majority of Welsh voters voted to leave

Party	Political position and other facts
UK Independence Party (UKIP)	– the party was founded in 1993 with the aim of bringing about Britain's withdrawal from the EU – it does not have any MPs in the Commons but is very influential at a local level, with members on local councils – the party has often been accused of racism, which it denies
Sinn Féin	– the main Republican party in Northern Ireland – their goal is the reunification of Northern Ireland and the Republic of Ireland – they are controversial due to their close links with the IRA, the Republican terrorist organisation – they want a special status for Northern Ireland after Brexit
Democratic Unionist Party	– Theresa May formed a coalition with this right-wing Northern Irish party when she lost her majority after the 2017 general election – this move was highly controversial, as the DUP is very conservative and is against issues such as homosexual marriage – they campaigned to leave the EU

Devolution

At the end of the 1990s, separate parliaments were established for Scotland, Wales and Northern Ireland. They do not, however, completely replace the central parliament in London, but have powers to deal with certain political matters on a more regional level.

- The Scottish Parliament was opened in July 1999. It deals with, among other things, education, health, agriculture, environment, food standards, sport, the arts, transport and tourism. It can also pass new laws and, within certain limits, set the level of tax to be paid in Scotland.
- The National Assembly for Wales opened for business in 1999. It makes decisions about education, health, economic development and similar issues in Wales.
- The Northern Ireland Assembly was established in 1998. It deals with matters such as education, health, the environment and the arts. However, it has been suspended four times since then, due to disagreements between the two main unionist parties (the Democratic Unionist Party and the Ulster Unionist Party) and the nationalist Sinn Féin. The most recent suspension, from October 2002 to May 2007, was as a result of a scandal involving allegations that members of Sinn Féin were spying for the IRA.

England is the only country in the United Kingdom that does not have a parliament that deals only with its own affairs.

Scottish independence

Many Scottish people would like to see Scotland leave the United Kingdom and become an independent nation. Towards the end of the 20th century, this issue was taken more seriously, and the decision was made to hold a referendum on the subject in September 2014. There were several arguments for and against:

For independence:

- The citizens of Scotland should be allowed to make their own decisions about the future of their country
- Scotland could make its own defence and foreign affairs policies; for example, it could then get rid of nuclear weapons in Scottish waters
- It can generate enough income from its natural resources, e.g. North Sea oil, to comfortably exist without the rest of the UK
- There would be emphasis on Scottish culture and traditions
- Scotland would have greater political influence, e.g. in Europe

Until 1707, Scotland was an independent country. The Act of Union joined Scotland and England, both of which were ruled by Stuart kings and queens, to form the Kingdom of Great Britain.

Against independence:

- Scotland would have to leave the Schengen Area and introduce controls along the Scottish-English border
- Oil is not reliable as a source of income, as production levels are dropping in many parts of the North Sea. Scotland does not have enough other natural resources to make money, and tourism alone would not bring in enough income for a healthy economy
- Scotland would not be allowed to stay in the EU, losing all the benefits that membership brings. It would have to apply for EU membership, a process that would take a lot of time. Because of this, the country would have to keep the British pound as its currency for the time being.
- At the time of the referendum, Britain's economy was strong, bringing benefits to Scottish businesses. These businesses would find it tougher to win contracts in the face of international competition without the support of the rest of Britain.
- Remaining part of Britain, at that time, meant remaining part of the EU, something that is important to the majority of Scottish citizens.

When Brexit comes into effect, negotiations for Scottish independence would become even more complicated. It therefore seems unlikely that this will happen any time soon.

The result of the referendum was that the citizens of Scotland voted to remain in the UK by a margin of 55 % to 44 %. Two years later, after the Brexit referendum, it became clear that one of the reasons for staying part of the UK, i. e. the right to remain in the EU, no longer applied. Due to this, the Scottish National Party and others are now calling for a second referendum on independence before Brexit is made final.

Brexit

One of the biggest political issues in the last few years has been the debate about whether Britain should remain a member of the European Union. While many people see the advantages of EU membership, such as freedom of movement and trade, others argue that Britain has to pay too much money into the EU without getting any real benefits. Following a referendum in June 2016, Britons voted to leave by a small majority. For a more detailed discussion on Brexit, see Chapter 4.4, "Britain and the world".

Talking about: British politics

Brexit – *Großbritanniens Austritt aus der Europäische Union*
to campaign – *eine Kampagne/einen Wahlkampf führen*
constituency – *Wahlkreis*
devolution – *Dezentralisierung*
general election – *Parlamentswahl*
hung parliament – *Parlament ohne absolute Mehrheit einer Partei*
policy – *politische Linie*
proportional representation – *Verhältniswahlsystem*
referendum – *Volksentscheid*
snap election – *vorgezogene Neuwahl*
sovereignty – *Staatshoheit*
treaty – *Abkommen*

4.2 Britain: the role of the monarchy

Britain is one of the few countries in Europe that is still a monarchy. While some people see the royal family as an integral part of life in Britain, others believe it is time to put an end to what they see as an outdated institution. Instead, in their opinion, Britain should become a republic, with an elected head of state.

The traditional role of the monarchy

Up until the English Civil War (1642 – 1651), the monarch was all-powerful. He or she was the political head of the country and could easily imprison or even execute anyone that disagreed with his/her decisions. From the reign of Henry VIII (1509 – 1547) onwards, the English monarch was also head of the Church of England, which gave him/her additional powers over the citizens.

Henry VIII broke with the Catholic Church after the Pope refused to allow him to divorce his wife. He then appointed himself head of the church in England.

During the English Civil War between the monarchy and Parliament, the main dispute was over how much control the monarch should have over Parliament. The Parliamentarians won the war and executed the king, Charles I. However, the monarchy was restored in 1660 and has remained in place ever since. Over time, the monarch lost the right to control Parliament, or even dissolve it if he/she wanted to.

The monarchy today

Queen Elizabeth II is Britain's longest reigning monarch, becoming queen in 1952. The photo shows the opening of the Parliament in 2007. The State Opening of Parliament marks the start of the parliamentary year.

The role of the monarch in Britain today is mainly ceremonial, although she does still play a small political role:

- She is Head of State and represents her country, both at home and abroad.
- She is the official head of the Church of England.
- She officially opens Parliament each year after the summer recess.
- She signs all bills before they become law and could, in fact, prevent a law from being passed by refusing to sign it. However, this is extremely unlikely to happen, and would probably signal the end of the monarchy if it did.
- She officially appoints the Prime Minister after a general election.
- She usually meets with the Prime Minister once a week to discuss current issues and give advice.
- Additionally, the Queen visits her subjects, often to show support after a disaster.
- The traditional "Queen's Speech" is broadcast every Christmas Day in the afternoon. This speech is a personal message from the Queen to her subjects, in which she reflects on events of the past year.

In 2015, Elizabeth II surpassed the reign of Queen Victoria, who had been on the throne for 63 years when she died. Even at the age of 91, she shows no signs of abdicating, although other members of the Royal Family now carry out some of her official duties.

Should Britain remain a monarchy?

It seems unlikely that Britain will become a republic any time soon; in fact, the popularity of the royal family has increased in recent years, due in part to the younger generation led by Prince William and Prince Harry. The Queen's grandsons use their position to raise awareness of issues such as mental health, talking openly about their own problems with dealing with the death of their mother, Princess Diana. They visit and support many charities, especially for young people, and work hard to engage with others on a personal level. However, there are still a number of people who believe that Britain should abolish the monarchy and become a republic instead.

Find out more about the royal family by visiting the website www.royal.uk

Arguments for keeping the monarchy

- The Queen is a non-partisan head of state who does not get involved in politics and is not chosen by one particular political party. As a neutral, she could prevent Britain from becoming a dictatorship, e.g. by refusing to pass certain laws, if such a situation arose.
- She stands for British values and national unity.
- She is an integral part of the nation's culture and heritage.
- She represents British interests abroad, and improves international relations, both by traveling to other countries and by receiving visiting heads of state when they come to Britain.
- It is better to have an unelected head of state who does not need the support of particular interest groups.

The British royal family is popular throughout the world, even in countries that do not have their own monarchy.

- A monarch brings stability to a country, in contrast to a president, who changes every few years.
- The royal family does a lot of good through charity work.
- The Queen and the royal family in general are good for the country: they attract tourists, who contribute a lot of money to the British economy.

Arguments for abolishing the monarchy

- A hereditary monarchy is inappropriate for a modern democratic society. People should be able to elect their head of state.
- An elected head of state can be held accountable for their actions; a monarch, on the other hand, could misuse their status if they wanted to.
- A royal family reinforces the idea that some people are born better than others, and that the citizens of the country need to be ruled.
- The royal family is very expensive for the country, e.g. when it comes to providing security for them. The tax payer has to support a privileged family like this when taxes could be better spent on more important things, such as health services.
- Tourists would come to Britain anyway: the royal family is not the only reason that they come.

Many arguments against the monarchy come down to the belief that having a royal family is no longer appropriate for life in the 21st century – it is simply an old-fashioned institution that is no longer needed.

Republicans in Britain

"Republic", an organisation that campaigns to abolish the monarchy, would like to hold a referendum on the subject after Queen Elizabeth II dies. They believe this would be a good time because

- a lot of support for the royal family is in fact loyalty to the current queen
- since she has been on the throne for so long, a large percentage of British people have never known another head of state, and have therefore never really thought about making a change
- it will open up public debate on the sense of having a hereditary head of state.

For more information, visit www.republic.org.uk

Whether the referendum takes place or not, there is sure to be considerable debate when the time comes for Charles to take the throne.

Talking about: monarchy and democracy

abolish – *abschaffen*
bill – *Gesetzentwurf*
dissolve parliament – *Parlament auflösen*
head of state – *Staatsoberhaupt*
hereditary monarchy – *Erbmonarchie*
non-partisan – *unparteiisch*
privileged – *privilegiert*
to rule – *herrschen*

4.3 British society

What is "Britain"?

When people talk about the British, they often actually mean the English. However, these two terms are not synonyms. The fact that there are different political and geographical terms for this part of Europe can, of course, be confusing.

- Great Britain → the main island, which is made up of three countries: England, Scotland and Wales.
- The United Kingdom of Great Britain and Northern Ireland → the official political name (and the term used on British passports).
- The British Isles → the main island containing England, Scotland and Wales, the island containing Northern Ireland and the Republic of Ireland, and several other smaller islands, such as the Channel Islands, the Isle of Wight, the Hebrides and the Shetland Islands.

Other well-known examples include the Scilly Isles, south-west of England, the Orkneys, north of Scotland, and the Isle of Man, situated in the Irish Sea between England and Northern Ireland.

- Citizens of Great Britain are therefore British. However, many choose to identify themselves by the country of their birth within Britain, i. e. as English, Scottish, Welsh or Irish. This can, however, depend on the situation, for example with regard to international sporting events. At some events, such as the Olympic Games, Britain competes as one team; at others, such as the football World Cup or international rugby matches, each country in the UK sends a separate team. So someone from Scotland could support Britain during the Olympics, but would support Scotland during a rugby match.

The British population

Population facts and figures

Population of Britain	Approximate figures
Total population (2018)	66.5 million
Population aged 18 and under	15.5 million
Population aged 65 and over	11.8 million

- The population of Britain has continued to increase since the end of the Second World War.
- As in other western countries, the population as a whole is getting older, as people live longer and the birth rate declines.
- The number of people of working age will decrease over the next few decades, as more people retire and there are fewer young people to replace

As in other European countries, the official retirement age is likely to rise in the coming years to help balance out this problem.

them. It has been estimated that, by 2031, a quarter of the population will be 65 or over.

Effects of an ageing population

- More pressure on the health services.
- More need for care facilities (old people's homes and private nurses in the home).
- A growing number of people are reducing their working hours or giving up work altogether to care for an elderly relative.
- More pressure on the state pension funds, which results in more elderly people living below the poverty line.
- However, people aged over 65 who are well-off have a positive effect on the economy. Many retired people like to spend their money instead of saving it to pass on to their children when they die. These people spend money on leisure activities, holidays, eating out and consumer goods. This spending power is often referred to as the "grey pound", i. e. the money (pounds) that older people contribute to the economy.

Advertising campaigns that target older people are said to be "chasing the grey pound". The expression "pink pound" refers to the spending power of well-off gay and lesbian people.

Families

- In recent years, the number of people getting married has fallen slightly, as has the number of people getting divorced. Both of these are due to financial reasons, at least in part: both marriage and divorce can be very expensive.
- Nowadays, more people have a civil wedding than a religious one. The main reason for this is that there are now a large number of places throughout the country, such as castles, historic buildings, and hotels, where a civil wedding can be held. This means it is no longer necessary to choose a church wedding simply in order to have an attractive backdrop.
- In 2005, civil partnerships were legalised, which gave same sex couples nearly all of the same rights as married heterosexual couples.
- In 2014, the Same Sex Couples Act was passed, which allowed same sex couples to marry.
- Since 2005, same sex couples have been allowed to adopt children, and since 2009, same sex female couples can both have their name on their child's birth certificate. Same sex male couples have to apply for a parental order before they can be registered as parents, an official document which transfers the birth mother's rights to the couple.
- The number of adults who do not have children is on the increase. For some people, this is due to issues with fertility; for many, however, it is a conscious choice.

Opponents of same sex adoption claim that a child can only be successfully raised by both a man and a woman. However, this has been shown not to be true.

Social institutions and services

The welfare state

Children aged 2 and over were even separated from their parents, as it was thought that poor people were not able to take responsibility for their family.

- The welfare state in Britain dates from the early 20th century. Before that time, the poor and needy generally had to rely on help from their families, churches and other charities. Anyone who was truly destitute could get a little money, called relief, or, quite often, was sent to a workhouse. Here they were given very basic food and shelter in return for manual labour. In the 19th century, it was considered shameful to be poor, and those who were well-off tended to believe that others were poor through their own fault, because they did not work hard enough. This was seen as a justification for making conditions in workhouses bad to appalling. Understandably, most needy people did whatever they could to avoid being sent there.
- 1905 – 1911: The Liberal government began to introduce a series of public services that were intended to take away the shame of poverty. These included:
  - old age pensions
  - free school meals
  - labour exchanges: places where unemployed people could go to find information about available jobs
  - the National Insurance Act was set up to provide money for healthcare and unemployment.
- 1918 – 1941: Various new services to provide financial help were introduced, including unemployment benefits and council housing.

Beveridge was an economist and social reformer who set up a national system of labour exchanges while working on the Board of Trade under Winston Churchill.

- The **Beveridge Report** of 1942: Sir William Beveridge recommended the introduction of a national insurance scheme to finance healthcare, education, family allowance (financial benefits for families) and other social security payments. All workers were to contribute to this insurance. His ideas were implemented over the next six years.
- 1948: The National Health Service (NHS) was the first such scheme in the world, and was intended to give every citizen access to free healthcare. It was to be paid for by national insurance contributions and government funding.

The NHS today

- Every British citizen still has the right to free treatment by a general practitioner (GP) in their local area.
- Due to the heavy financial demands on the system, many services that were free in the past, such as dental or eye care, now have to be paid for,

or at least subsidised, by the patient. However, children under 16, young people aged 16 – 18 who are in full-time education, pregnant women and women who have had a child in the last 12 months, people on low incomes and people with certain medical conditions do not have to pay anything.

- NHS hospitals can vary greatly in terms of conditions for the patients or services available, depending on the area in which they are situated.
- There can be long waiting lists for routine operations, with patients waiting months or even years for non-urgent treatment.
- As a result of this, many people in Britain now have private health insurance or private policies for certain types of treatment, e.g. in case they need hospital treatment. However, even people with private insurance must continue to pay national insurance contributions.

One of the arguments made by supporters of Brexit is that, once Britain has left the EU, millions of pounds will be available to invest in the NHS. However, many people are sceptical that this will actually happen, and some politicians have already backtracked on this point.

Social security

Social security, also known as "benefits", is financial aid for needy people. Up until 2013, benefits were split into a number of categories:

- income support (for people who earn very little money)
- jobseeker's allowance (for unemployed people who are looking for work)
- state pensions (for retired people)
- child tax credit
- benefits for long-term sick and disabled people
- housing benefit
- council tax benefit (for people who do not earn enough to pay their council tax, which is collected to pay for services such as rubbish collection)
- disability living allowance (for disabled people who need help looking after themselves)
- invalid carer's allowance (for people who spend at least 35 hours a week looking after a disabled or elderly person)

A person claiming social security is said to be "on benefits". This often has negative connotations, partly due to stories in the tabloid press about people who cheat the system.

In 2013, a new benefit, called Universal Credit, was introduced to replace the jobseeker's allowance, housing benefit, working tax credit, child tax credit, employment and support allowance, and income support. This reform was introduced by the government, which claimed that it simplified the benefits system. However, the new system has a large number of problems: there is a long waiting period (at least six weeks) for applicants, often with disastrous results for the very needy. For example, if someone loses their job and needs housing benefit to pay their rent, they can be at risk of losing their home if the money does not come through quickly. They can also get into debt far more quickly if they have to borrow money to cover basic costs until the benefits are paid.

Social services

These include:

- caring for elderly and disabled people, either in their own home or in some form of nursing home
- providing care for children and young people who are not able to live with their families
- child protection services for children who are in danger of abuse or neglect
- providing care for the mentally ill

Discussion: pros and cons of a welfare state.

William Beveridge, the founder of the national insurance scheme in Britain, did not believe that having a welfare state meant taking away individual responsibility from the citizens: "The State, in organising security, should not stifle incentive, opportunity, responsibility; in establishing a national minimum, it should leave room and encouragement for voluntary action by each individual to provide more than that minimum for himself and his family." In other words, people should not rely entirely on help from the state but should always do their best to help themselves.

Nowadays, opinion is divided on how much help the state should provide:

Arguments for the welfare state

Many people feel that the social state is one of the great things about Britain: they fear turning Britain into a society like that of the USA, where people are, for the most part, left to fend for themselves.

- Many people are needy for reasons beyond their control, for example because they have lost their job or are disabled and cannot work → they deserve support from the state
- It is fair to redistribute a society's wealth to a certain extent → even people who have not paid much into the system have the right to support if they need it
- Not providing help for the needy would create even greater social problems → people might have to turn to crime in order to feed their families if they have no other way of getting money, or they might become homeless if they cannot pay their rent
- Humanitarianism: it is our moral duty as a society to take care of people who cannot help themselves.

Arguments against the welfare state

- Individuals should be responsible for their own lives and should not rely on handouts from the state
- The easy availability of support from the state discourages people from looking for work → they take the easy way out

- The social security system is too expensive → the state cannot afford to fund large numbers of people
- Charities are there to help the needy → support does not have to come from the state

Each new government raises questions about how much or little state help should be available. Britain's current Conservative government appears to be making it more difficult for people to claim benefits, even those in desperate need (see above). Although the government says its system is fair and provides help for people who need it, the huge increase in, for example, the number of food banks tells a different story.

A food bank is a place where needy people can get free food, often donated by supermar-kets.

What are the British like?

There are many stereotypes about British people. Below are some of the most common:

- They are always polite.
- They enjoy standing in queues.
- They drink a lot of tea.
- They always talk about the weather.
- They love the royal family.
- They always apologise, even if something is not their fault.
- They have a strong sense of fairness and justice.
- They love animals, sometimes more than they love other people.
- They have an "island mentality", i. e. their geographical separation from the rest of Europe gives them a sense of superiority → they do not consider themselves to really be part of Europe.
- They have a strong pub culture and like going out and getting drunk.

As with all stereotypes, it is important not to take them at face value. There may be some truth behind them, but it is, of course, dangerous to generalise.

The Royal Society for the Prevention of Cruelty to Animals (RSPCA) was founded long before the NSPCC, the National Society for the Prevention of Cruelty to Children.

Britain as a class society

The British are very class-conscious. Although today the different social classes are more flexible, and it is possible to move between them, the differences are still noticeable.

Ways of identifying a person's social class

It is important to note that these some of these categories are generalisations and/or stereotypes, and should not be taken too literally. However, stereotypes like these help to confirm prejudices about the different classes, making it more difficult to break down class barriers.

Identifying factor	Upper classes	Middle classes	Lower classes
A person's accent	"posh"; "Oxford English"; received pronunciation	A more neutral accent, with an indication of the region where they grew up	Often have a strong regional accent
Where they went to school/university	Public schools, e.g. Eton or Harrow; Oxford or Cambridge University	Grammar schools; independent schools; redbrick universities	Often attend their local comprehensive school; often do not go to university
If they went to university	Most, especially the men, studied at university	Many young middle-class people attend university	The problem of debt created by student loans puts many young people off going to university
Where they live	Large, detached houses, possibly in rural areas	Often in green, suburban areas	On housing estates, perhaps in a block of flats or a small terraced house
Their job	Many upper class, former Oxbridge students, have leading roles in the government and industry	Higher management; professionals such as doctors or teachers	Shop assistants, semi-skilled manual workers, unskilled workers
Where they go on holiday	Expensive holidays abroad	Foreign holidays	Cheap package holidays
Which newspapers they read	The "quality" papers, e.g. the Times	Papers such as the Guardian or the Independent	Tabloids such as the Sun or the Daily Mail
Which television programmes they watch	They may have a preference for documentaries or programmes of an intellectual nature	Box sets of shows such as "Downton Abbey" or "Call the Midwife"	Soap operas and reality shows

This was true of the 19th and early 20th centuries.

In the past, of course, a person's wealth was a good indication of their social class, as the upper classes naturally had a lot more money than the lower ones. The upper classes had a large amount of inherited wealth, and the upper middle classes were, for example, factory owners, who also had a great deal of money. Nowadays, this no longer holds true. It is easier for someone from a lower or working class background to get a well-paying job (or to win the lottery). However, how a person chooses to spend their money may still be an indication of their class.

In 2013, the results of a new survey on class, commissioned by the BBC, were published. Experts interviewed around 161,000 people and analysed their economic, cultural and social resources. The interviewers asked about their free time activities, and for information about their family, friends and the people they worked with. Using this information, the experts compiled a new set of social classes that reflect today's society more accurately.

For more information, search for "The Great British Class Survey" online.

The seven social classes in Britain today

The names of the seven classes generally reflect the kind of work the members of those classes are likely to do. The last category, "Precariat", comes from the word "precarious", meaning insecurity, instability, uncertainty. It refers to the fact that the members of that class are likely to face financial insecurity, often because the kinds of jobs they do have a high staff turnover and they may be more at risk of losing their job than those in other social classes.

Class	Examples of typical professions	Other characteristics
Elite	Company directors, solicitors and judges, university teachers, doctors	They enjoy high-level cultural activities, such as classical music and opera; many have been to university; most live in or around London; few of them are from ethnic minorities
Established middle class	Electrical engineers, police constables, midwives, special needs teachers, professionals in public services, high-level managers	They enjoy a wide range of cultural activities and socialise with a wide variety of people; many of them are university graduates; they have a good level of financial security; they are spread throughout the country and often live outside large towns; some ethnic minorities in this group
Technical middle class	Scientific and technical professions, e.g. pharmacists, scientific researchers, head teachers, high positions in business and administration	They are not very interested in either high culture or emerging culture (e.g. social media); they socialise mainly with others from the same social group; they are well-off and come from a middle-class background; many of them live in south-east England, in suburban areas;
New affluent workers	Trades such as electricians and plumbers, postal workers, shop assistants, kitchen assistants, technicians	They are mainly interested in emerging culture, and are less interested in the arts; they enjoy socialising; they are financially secure but not well-off; they often come from working class backgrounds; few of them have studied at university; many of them live in former manufacturing areas of the country, such as Manchester
Traditional working class	Lorry drivers, cleaners, electricians, care workers, staff in nursing homes and old people's homes	They do not really enjoy emerging culture and socialise with other people from this class; they are not well-off but many own their home; many members of this group are women; few have been to university; many live in former industrial areas away from London and the south east; this group often represents an older, more traditional generation

Class	Examples of typical professions	Other characteristics
Emergent service workers	Bar staff, chefs, nurses, factory workers, care workers, customer services, musicians	There are a lot of young people in this group; they are interested in social media, music, sport and the internet, but not so much in high-level culture; they have a wide social network with people from different classes; their jobs are often low-paid and they do not have much money; they are likely to rent their home rather than own it; a few have been to university, often studying arts subjects; many of them are from ethnic minorities
Precariat	Cleaners, van drivers, care workers, carpenters, leisure and travel services, shop cashiers	This is the poorest class: they have a low household income, few savings and are unlikely to own their home; they are financially insecure; they have few social contacts; they are not very interested in cultural activities; they are unlikely to have been to university; they often live in former industrial areas but not in large cities;

Immigration and ethnic minorities in Britain

Immigration to Britain

Around 1 in 8 people living in Britain were born in another country. The largest groups of immigrants come from Asia, especially the Indian subcontinent, the Caribbean, and Europe.

Foreigners come to Britain

- to work
- to study
- to seek asylum
- to join members of their family who already live there

Immigrants from former colonies

- In the 1950s and 1960s, there was an urgent need for workers in the UK, and foreigners, especially from former colonies such as the Caribbean, India and Pakistan, were encouraged to come to fill the gap.
- Citizens of Commonwealth countries are given a residence permit to live in the UK.
- This group suffered during the economic downturn of the early 1970s, when there was a lot of unemployment.

Immigrants from the EU

- Citizens from the European Union have the right to live and work in any other member country, as long as they have a job or can support themselves financially.
- Since Britain's decision to leave the EU, there has been a significant fall in the number of people moving to Britain, with more than 100,000 fewer people coming to live there.
- In addition to this, large numbers of EU citizens have left the UK, due to uncertainty about their future status once Brexit comes into force.
- Although Prime Minister Theresa May has appealed to EU citizens to stay in the UK, saying that the country greatly values the contribution they make, many have said they feel unwelcome following the Brexit referendum.
- Experts have warned that there may be a "brain drain" of specialists from EU countries, which would cause problems for British industry in the long term.

The number of people moving for a specific job has remained the same, but there has been a sharp decrease in the number of people coming to look for work, which can be put down to uncertainty caused by Brexit.

A "brain drain" is when a large number of highly qualified people emigrate from a particular country for better conditions elsewhere.

Refugees and asylum seekers

- The number of asylum seekers increased sharply at the end of the 1980s as people fled international trouble spots such as Somalia and former Yugoslavia.
- There was another rise at the beginning of the 21st century, but since then numbers have sunk significantly, with around 25,000 people seeking asylum in Britain each year (compared to nearly 85,000 in 2002) → this is mainly due to new targets to reduce the number of asylum seekers in Britain, introduced in 2003.
- The civil war in Syria since 2011 has caused a refugee crisis throughout Europe → many migrants reached Calais, in France, and then tried to cross to Britain through the Channel Tunnel.
- The tabloid newspapers and political parties such as UKIP have done their best to stir up public opinion against such refugees, claiming that the country is being overrun → however, Germany, for example, took nearly twenty times as many asylum seekers in 2016 as Britain did.

These papers use inflammatory headlines, talking about a "migrant invasion" and "swarms" of migrants in an attempt to dehumanise such people.

Britain as a multicultural society

Ethnic background of the UK population:

The main ethnic groups in Britain today are as follows:

1. White
2. Indian
3. Black African
4. Black Caribbean
5. Pakistani

The majority of people from ethnic minorities in Britain come from countries with a connection to the UK, mainly the former colonies.

6. Bangladeshi
7. Chinese
8. Mixed race

Although white people make up the majority of British society (around 87 %), the country has a lot of ethnic diversity, especially in large cities. Opinion is divided on whether this is a good or a bad thing. See below for the arguments on each side.

Discussion: Is a multicultural society good or bad?

Arguments for a multicultural society

- Ethnic diversity enriches a society → introduces a wide variety of food, music and fashion.
- Ethnic food becomes part of the national culture → the British love curry.
- Interaction with people from a variety of backgrounds makes people more open-minded and tolerant.
- For businesses, foreign workers bring a new perspective into the workplace → can lead to greater creativity and productivity through different approaches found in different cultures.
- Multiculturalism can lead to a more peaceful society → people are more accepting of differences, unlike isolationist countries that are unused to foreigners and therefore more suspicious and intolerant.

The increasing number of people in a relationship with a person from a different culture also promotes understanding and tolerance on a personal level.

Arguments against a multicultural society

- A country's national identity and traditions will be lost if they become too diluted with those of other cultures.
- When cultures are very different, they cannot integrate, only exist side by side.
- Many migrants do not want to integrate into British society → they create division.
- People from different cultures do not always share the same values as the rest of society → can lead to conflict and racial tension.
- People who do not identify with their host country can become isolated → they live within their communities and are not integrated in society.

Problems facing second-generation migrants

Children born in Britain to migrant parents often find themselves in a difficult position:

- They live with two cultures: their family's culture in the home with its traditions and beliefs, and outside the home, the same Western culture that their classmates and friends share → this can lead to a culture clash.

Some migrant parents also find it difficult to identify with their children, and may be disappointed if those children do not embrace their culture.

- They can feel distanced from their parents' and grandparents' culture → they may not speak their language, and may never have visited the country their family comes from.
- They feel that they have to live up to their parents' expectations → they might feel guilty about trying to lead their own life.
- They might face discrimination → they are seen as foreign, when in fact they feel British.
- They experience a crisis of identity → they do not completely belong to either culture.

Problems facing migrants in Britain

- Integration can be difficult, especially if the migrants do not speak English.
- Many of them have low-paid, unskilled jobs and live in inner city areas with poor housing.
- They may have to face discrimination → some people believe that migrants have only come to Britain to take advantage of the social security system and free healthcare.
- There has been a significant increase in anti-Islam sentiment in recent years. This is due to the increasing number of terrorist attacks carried out by Islamic extremists in Western countries → it has led to deeper suspicion of Muslims or "Muslim-looking" people, who often have to suffer additional discrimination as a result.

Many Muslim women, for example, are nervous about going out in public wearing a hijab, as it clearly signals their "difference" to others.

- There are not many members of ethnic minorities in politics, the police force, the army and similar fields.

Working against discrimination

- The 1976 Race Relations Act makes it illegal to discriminate against anyone on the basis of race, colour, nationality or ethnic origin. This applies to employment, housing and education and the provision of services.
- The Equality and Human Rights Commission is an organisation set up to promote a just and integrated society, where diversity is seen positively. They monitor the media for positive and negative reporting, give input to proposed changes to laws connected to immigration and ethnic minorities, offer legal advice to people who have suffered discrimination and provide guidelines for schools and employers, among much else.

The Commission also deals with areas such as disability rights and sexual harassment in the workplace.

- The public profile of ethnic minorities has been raised in recent years, especially on television → children's programmes and soap operas in particular take care to show a broad cross-section of the community.
- There are now more celebrities from ethnic backgrounds, for example in the fields of sport and music. As these stars are usually quite young, they serve as positive role models for other young people.

Talking about: British society

care facility – *Pflegeeinrichtung*
council housing – *Sozialwohnungen*
culture clash – *Aufeinanderprallen zweier Kulturen*
diversity – *Vielfalt*
European Economic Area – *Europäischer Wirtschaftsraum*
general practitioner – *Allgemeinarzt*
needy – *bedürftig*
pension fund – *Rentenkasse*
poverty line – *Existenzminimum*
social class – *Gesellschaftsschicht*
social security – *Sozialversicherung*
to socialise – *unter die Leute kommen*
state pension – *staatliche Rente*
welfare state – *Sozialstaat*
well-off – *wohlhabend*

Brick Lane Market, London. The area surrounding this busy market is well-known for its mix of immigrant communities.

4.4 Britain and the world

The British Empire

Britain's colonial empire, which lasted from the late 16th to the mid 20th century, was the largest ever in the world. At its height in the early 1900s, it comprised over 20 % of the world's land area and about 458 million people. It was said that "the sun never sets on the British Empire". In other words, the empire was so extensive that there would always be daylight in at least one of the colonies.

Reasons for empire-building

- Since it is an island, Britain has long been a seafaring nation. The first great explorations took place during the reign of Elizabeth I (1558 – 1603), when Sir Francis Drake sailed around the world (1588) and Walter Raleigh explored the Americas between 1578 and 1595. However, the first long-term colonies were not founded until the beginning of the 17th century.
- Economic factors played an important role from the start: the idea was to establish foreign trade in order to bring wealth to the mother country. Colonies were a source of cheap raw materials and provided a market for exports. Large trading companies were established as early as the 17th century, for example the East India Company (1600) and the London (Virginia) Company (1606).

The goods that were traded included silk, cotton, salt, opium and tea.

The first empire

The first British colonies were in:

- the West Indies (Jamaica, the Bahamas, Bermuda)
- India (although it was not directly ruled by Britain until 1858)
- North America
- Canada (Newfoundland, Hudson Bay)
- Gibraltar

Britain acquired some of this land during wars with France (Canada, India) and Spain (West Indies, Gibraltar). After gaining control of Gibraltar, Britain was permitted to supply slaves and trade goods in the Spanish Americas, which established the country as a major overseas power.

Gibraltar is one of Britain's few remaining overseas territories today.

The North American colonies

These can be divided into three groups:

- The New England Colonies: the area around Boston settled by the Puritans.
- The Middle Colonies: the area around New York settled by various European immigrants attracted by the opportunities for religious and political freedom that they offered.
- The Southern Colonies: Maryland, Virginia, North and South Carolina and Georgia. This was the area in which tobacco and cotton was grown, and also where slavery was introduced.

The phrase "Taxation without representation is tyranny" became one of the anti-British slogans used in the time leading to the American Revolution

Britain expanded its North American territory when it gained control of the French parts of Canada in 1763. To pay for the increasing costs of a growing empire, it decided to impose taxes on the North American colonies (the Stamp Act of 1765). The colonists resisted this, arguing that they should not have to pay taxes because the colonies did not have any representation in the British Parliament. The Boston Tea Party (1773) was a protest against tea taxes, which ultimately led to the War of Independence and the founding of the United States of America as a nation in its own right.

The Second Empire

After America became independent, Britain concentrated on extending its empire towards the east.

- Trade still played the most important role in the earlier stages of this expansion → during the Industrial Revolution, there was a huge increase in goods available for export and in the need for raw materials.
- The new colonies contributed significantly to Britain's wealth and turned it into a world power.

The rise of imperialism

For example, the local people were not allowed to practice some of their local customs, many of which were lost as a result.

As the British empire expanded, the colonists saw it as their mission to "civilize" the native populations of the countries they settled. It was seen as being in the best interests of the local people to impose Western values, beliefs and many aspects of white society on them. However, this was often done with a lack of sensitivity that lead to resentment, resistance and, in the end, the fight for independence.

Some important British colonies

- **Australia:** The explorations of Captain Cook in the 1770s led the British to believe they had discovered a rich, fertile land which, although a long way away, could form a valuable part of the empire. At first, it was mainly used as a penal colony for convicts, to ease some of the pressure on Britain's overcrowded prisons. As it turned out, much of the country consisted of desert, which meant that it was far less hospitable than the explorers had reported. However, it still proved to be a source of wealth for the home country when gold was discovered there. This discovery was a turning point for Australia: it became a destination for people who wanted to seek their fortune, and it gradually no longer made sense to send people there as a punishment. Over time, Australia, New Zealand and Canada became the main British colonies with mostly European settlers.

Although prisoners were usually sentenced to transportation for around 5 years, once in Australia they were unlikely to be able to afford a return trip to Britain, at least not in the early days of the colony.

- **Africa:** The British conquered Cape Colony from the Dutch during the Napoleonic Wars, which gave them a stronghold in South Africa. By the beginning of the 20th century, Britain controlled one third of the African continent. Cecil Rhodes, who was in charge of the occupied territory that became Rhodesia, proposed a "Cape to Cairo" railway. The idea was to link the colonies in the south with their rich supply of minerals (e.g. gold and diamonds) with the north, where the British had partial control of the Suez Canal. The Canal was extremely important to the Empire strategically, since it provided a fast link to the east and better trade routes.

Rhodesia was renamed Zimbabwe in 1980.

- **India:** From the start of the colonial period, India played a vital role as a trading post, and grew to be one of Britain's most important colonies. See below for a more detailed analysis of India during and after British rule.

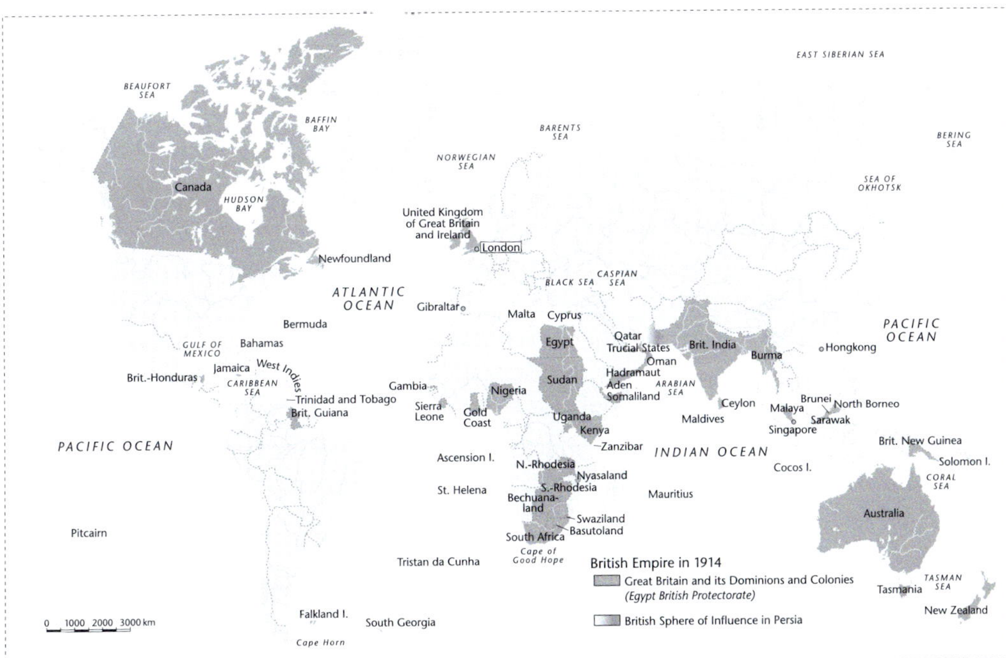

The British Empire in 1914

The break-up of the Empire

This was a gradual process that happened for many reasons, depending on the colony:

- Australia, New Zealand and Canada demanded the right to govern themselves
- rebellions in India (Great Sepoy Mutiny in 1857, passive resistance under Mahatma Gandhi from 1920)
- growing nationalism and demands for independence in various states (e.g. Ireland from 1916, Kenya in 1952)
- conscription: citizens of British dependencies were expected to fight for Britain during the two World Wars, which many colonies rejected
- economic reasons: after World War I, independence was given to some colonies (e.g. Egypt) to ease the financial strain on Britain.

Procedure

For decades, the Australians have discussed whether they should cut all official ties with Britain and become a republic. A referendum on the subject was held in 1999; however, perhaps surprisingly, the majority of people voted to keep the British monarch as their head of state.

- Initially, all colonies were known as "crown colonies" and were governed from London.
- They then became "self-governing colonies" that were run by local governments, but some aspects of government, such as defence, remained the responsibility of Britain.
- The former colonies finally became "dominions", which were free nations that kept the British monarch as head of state. This transition first took place in the "white colonies", e.g. Canada (1867) and Australia (1900). Most African and Asian colonies, however, did not gain their independence until after the Second World War.

British Overseas Territories today

This is the name given to the 14 territories that remain under British jurisdiction. They are self-governing but depend on Britain for defence and foreign affairs. They include Bermuda, the Cayman Islands, the Falkland Islands, Gibraltar, and some Caribbean islands such Monserrat. The maintenance of distant territories can cause unexpected problems:

The future status of Gibraltar is only one of many factors that make the Brexit negotiations so complicated.

- In 1982, the Falkland Islands were seized by Argentina (which claimed that the islands are Argentinian) after Britain cut back on defence in the region. The Falklands were only regained after two months of costly war.
- The future of Gibraltar after Brexit remains unclear. Since it is a British territory, Gibraltar will have to leave the EU when Britain does, although the majority of its citizens voted to remain. In addition to this, Spain claims that Gibraltar is, in fact, Spanish, and wants to jointly govern the state with Britain.

Post-colonial societies

What happened to the former British colonies once they had gained their independence? It was not particularly easy for them to adapt after so many years of rule by a foreign power, during which their own culture and society had been suppressed. They were able to find some support by joining the Commonwealth (see below), but this did not solve all of the problems.

Difficulties faced by post-colonial societies

- Under British rule, the countries had been forced to adopt British values, which were often quite different from their own (e.g. in the case of India)
- As a result, many people felt at a loss → they had to search for their identity and recreate traditions that had been partly forgotten
- People who had grown up under British rule often felt they were not really a part of their own culture, but were not really British, either
- Some former colonies had difficulties in forming a government → citizens had to get used to voting for and being governed by their own people → sense of instability
- Some colonies were left weaker economically → had to establish their own trading partners

Post-colonial writing often deals with issues of identity and being caught between two cultures

Focus on India: during and after British rule

British colonists and their servants in India, early 20th century

Timeline of British rule

- The British East India Tea Company was founded during the 16th century → trade in tea, spices and cotton.
- The British started to play an active role in Indian politics in order to consolidate their position there.
- The East India Company, which had its own army, conquered large parts of India and acted as an administrator for the Indian subcontinent.
- 1857 – 1858: the Indian Rebellion (also known as the Sepoy Mutiny, or Indian Mutiny) → an unsuccessful attempt to regain control of the territories governed by the East India Company
- 1858: after suppressing the rebellion, the British Crown took control of the Indian subcontinent → beginning of the Raj
- English became the official language
- 1876: Queen Victoria was pronounced Empress of India.
- 1937: Burma became a separate colony within the Indian Empire → gained independence in 1948
- 1947: the Indian Empire became independent. It was divided into the Union of India and the Dominion of Pakistan.

The "Raj", meaning "reign", was the period from 1858 – 1947 when the British ruled the Indian subcontinent.

Problems following independence

- Many people disagreed with the partition of the Indian Empire → there were riots
- The Union of India was mainly Hindu and the Dominion of Pakistan mainly Muslim → fear of religious persecution led to mass migration as people tried to move from one state to another
- Result: millions of homeless people and at least half a million killed
- Two regions in the north-west, Jammu (mostly Hindu) and Kashmir (mostly Muslim), were claimed by both India and Pakistan
- At the time of independence, the regions were being ruled by a Maharajah, as were around 500 other regions → these local rulers were allowed to choose to join either India or Pakistan
- The Maharajah of Jammu and Kashmir took a long time to decide which state to join, eventually choosing India
- This situation is still a matter of dispute between India and Pakistan today → Pakistan believes the two regions should join their nation as most citizens are Muslim; India believes the Maharajah's decision should be final and they should remain part of India.

A Maharajah is an Indian prince

India today

Seventy years after gaining independence, what is modern India like?

Positive aspects

- India has the 7th largest economy in the world (2017), and its economy is expected to grow even faster in the next 30 years.
- There has been huge growth in the fields of information technology, financial services and telecommunications
- India has increased the number of children attending school at primary level, increasing literacy levels to around three-quarters of the population.
- The caste system, which played a huge role in Indian society, has become more flexible, with positive discrimination that allows people from lower castes to get a better education and to have jobs that would have been forbidden to them in the past.
- Well-educated women can achieve equal status to men → India has one of the highest number of female politicians in the world, and has had a female president (Pratibha Patil) and female Prime Minister (Indira Gandhi).
- The film industry has grown significantly and "Bollywood" films have become popular around the world, raising India's international profile.

The caste system assigned each person a specific position in society, which, in the past, it was impossible to move out of. There was strict regulation regarding which jobs members of each caste were allowed to do, and marriage between castes was forbidden.

Negative aspects

- There is a very wide gap between rich and poor – nearly 30 % of people live below the poverty line.
- Not all children in rural areas attend school.
- Girls are more likely than boys to be illiterate.
- Women are often still treated as second-class citizens, particularly in rural areas → girls can be forced to marry at a young age; rape often goes unpunished; women are frequently victims of acid attacks, where acid is thrown at them as a punishment for disobeying their husband in some way, or for disrespecting their family.
- Problems with overpopulation and the negative impact this has on the environment.
- The rapid economic growth also has a negative effect on the environment, as there has been an increase in air and water pollution.

It is clear, therefore, that India has made a great deal of progress since gaining independence from Britain, becoming one of the world's strongest economic forces. However, poverty and inequality are still widespread, problems that are not easy to solve in a country with such a large population.

The British Commonwealth

Visit www.thecommonwealth.org for information about Commonwealth activities today.

Many of Britain's former colonies remain part of an organisation called the Commonwealth of Nations. Initially, this was a way of maintaining economic ties with former colonies that were now independent states; today it allows member states to interact on a more informal level, states that, at least in the past, had certain things in common, such as language and culture, due to their association with Britain.

Foundation of the Commonwealth

- 1931: The Commonwealth of Nations was established as an association of all dominions, which were now declared equal in all matters. These states had the right to reject any laws passed by the British government and to pass legislation on domestic affairs.
- Former colonies that had become republics (e.g. India) and therefore did not recognise the monarch as head of state, joined the Commonwealth at a later stage. They saw the British monarch as the symbolic head of the Commonwealth but not of their own country.
- Economic ties and trade between Commonwealth countries remained important.

The Commonwealth today

- There are 52 member states including Britain.
- The heads of government or state meet at regular intervals to discuss international issues.
- There are many Commonwealth institutes, societies, professional associations and university exchange programmes.
- The Commonwealth Games, a large sporting event, are held every four years. The athletes compete in a wide variety of sports, including some that are only really played in Commonwealth countries, such as netball and lawn bowls.
- There are joint British/Commonwealth programmes in agriculture, engineering, health and education.
- Commonwealth citizens get some privileges that are not available to all foreigners. These include the right to vote or to participate in certain immigration programmes.

The 2018 Commonwealth Games were held on the Gold Coast, Australia. The next ones, in 2022, will be held in Birmingham, England.

Principles of the Commonwealth

- 1971 Singapore Declaration: commitment to peace, equality, fighting racism, along with economic and social development.

- 1991 Harare Declaration: reconfirmed these principles and placed additional emphasis on democracy, human rights and social justice.
- In its current mission statement, the Commonwealth emphasizes the importance of mutual respect, peace and prosperity for member states, and promotes equality, diversity and shared values.
- Member states that violate these principles can be punished by economic sanctions or even suspension from the Commonwealth. For example, Zimbabwe was suspended in 2002 due to the electoral and land reform policies, and human rights violations that occurred under the leadership of President Mugabe.
- Commonwealth members are free to leave the association if they wish to do so, as membership is voluntary. Zimbabwe left in 2003 after the other members refused to lift its suspension; other states have left in protest at particular issues, but joined again at a later stage.
- Although the Commonwealth has been able to encourage democracy in some countries, it has had little effect in other conflicts.
- Currently, it is difficult to say whether the Commonwealth has a future in the long term. Economic ties with Britain had weakened over time as the importance of the European Union grew. However, following Brexit, the government has said it wants to increase trade again within the Commonwealth.
- The traditional sense of solidarity among Commonwealth countries has been lost: many of them no longer have very much in common with each other.

In 2011, the Commonwealth was accused of not taking enough action against human rights violations committed by its members. This lack of interest among the member states is seen as an example of how the Commonwealth may be coming to the end of its natural life.

Britain will need to find other countries to sell its exports to once it leaves the EU.

Britain and Europe

Britain's relationship with continental Europe has not always been an easy one. Being an island, it is physically separate from mainland Europe, and the Empire allowed Britain to develop close ties with more distant countries. In addition to this, there is a special connection between Britain and the USA: the two countries share a common language, culture and a history of political cooperation.

Post-war Britain

The Second World War changed the balance of world power, and in many areas Britain could no longer keep up:

- It had to get financial help from the USA and Canada because it was so badly in debt.
- There were shortages and rationing of food and everyday goods, and a lack of housing, which would continue for some years.

Food rationing did not end until 1954, nearly 10 years after the war was over.

- Many of its colonies wanted to become independent, signalling the end of the Empire.
- The new world powers were the USA and the USSR.

European division and unity

Countries that had been enemies during the war began to look for ways to work together again.

In the post-war years, Europe was rebuilt from two sides and in two quite distinct ways: the Western countries followed a capitalist, democratic ideology, whereas the Eastern bloc took on the Communism of the USSR. Some Western countries felt that they could become stronger again, both economically and politically, if they formed some kind of union. They wanted to prevent another war and boost the economies of European countries. Britain, however, felt that its political ties were closer to the USA. This can be seen in the fact that it joined NATO in 1949, but did not join the European Community (EC) until 1973.

Other key dates

- 1975: in a referendum, two-thirds of Britons voted to remain in the EC, despite huge opposition when the country joined.
- 1991: although Britain signed the Maastricht Treaty that allowed the start of the single European market, Prime Minister John Major made sure his country had the option of remaining outside the single currency, and did not sign the Social Charter that guaranteed certain minimum conditions of employment throughout the EC.
- 2002: Britain, along with Denmark and Sweden, did not change its currency to the euro when the other 12 member states at the time did so.

Brexit

With slogans such as "Love Britain. Vote UKIP" and "Let's get our country back", UKIP has gained a lot of popular support. They have been able to convince people that immigration and "ridiculous" EU laws are the cause of Britain's social and economic problems.

One of the most controversial issues in Britain in recent times, and one that has divided the country deeply, is the question of whether Britain should remain in the EU. This question is not new. From the 1990s onwards, there has been a growing number of "Eurosceptics" among politicians: they believed that EU membership mainly brought disadvantages for Britain and that there were not enough benefits to balance this out. In 1993, the United Kingdom Independence Party (UKIP) was founded with the main aim of getting Britain to leave the EU. During his campaign before the 2015 general election, Prime Minister David Cameron promised to hold a referendum on Britain's EU membership within two years if his party won. This was partly to appease Conservative voters who might otherwise have voted for UKIP if he was not seen to take action.

Below is a summary of the arguments both sides used in the run-up to the referendum:

Arguments for Brexit	Arguments against Brexit
Leaving the EU will allow Britain to control immigration and reduce the number of immigrants entering the country: EU citizens will no longer have an automatic right to move there	Leaving the EU will not solve immigration problems. Instead, it will bring them closer, because border controls with Europe that are now in Calais, France, will be moved to Dover, England
Britain would have more freedom to make important trade deals with countries such as India or China: doing most of its trade within Europe is limiting	Nearly half of Britain's exports go to the EU, so leaving the free trade zone would have a negative effect
Britain is forced to pass a lot of laws that have been made in Europe: the courts should get their sovereignty back and only deal with laws that are concerned with British interests	There are not very many laws that are determined by the European Commission. In addition to this, British citizens will suffer if Britain no longer has to comply with certain laws, such as those on human rights
Jobs will not really be affected: Britain can easily develop a strong job market after Brexit	Around 3 million jobs are linked to the EU: these jobs will have an uncertain future, because businesses will be less likely to invest in a country outside Europe
Britain does not need the EU to be influential on the world stage	British interests are best protected as part of the EU bloc
International banks will not leave London and take their headquarters elsewhere. They will stay and take advantage of low tax rates	Banks will leave the UK because there are greater advantages of trading within the EU
The British Parliament must become sovereign again, and it cannot do so with close ties to the European Union	It is important for countries to work closely together in today's globalised world

The Brexit referendum was held on 23 June 2016, with just under 52 % of voters voting to leave the EU. David Cameron resigned as a result, and Theresa May became the new Prime Minister with the task of making Brexit happen. In March 2017, she invoked Article 50 of the Treaty of the European Union. This is the part of the European Union treaty that allows a member state to leave. Negotiations to leave are now open and should be completed in two years. In other words, Britain would officially leave the EU on 29 March 2019, if all goes to plan.

Theresa May voted to remain in the EU, but said the results of the referendum have to be respected: "Brexit means Brexit".

Uncertainties regarding Brexit

- Will there be a "hard Brexit", in which Britain would cut all ties with the EU, or a "soft Brexit", which would see it remaining part of the European single market?
- How much will Britain have to pay the EU in its "divorce bill", the fine demanded by the other member states?

- What will happen to the approximately 2.9 million EU citizens currently living and working in the UK? Will they be allowed to stay?
- What will be the future status of the around 1.9 million Britons living and working in other EU countries?

Talking about: Britain and the world

caste system – *Kastensystem*
to conquer – *erobern*
conscription – *Einberufung*
controversial – *umstritten*
empire – *Reich*
to govern – *regieren, verwalten*
to invoke – *aktivieren*
negotiations – *Verhandlungen*
partition – *Aufteilung*
penal colony – *Strafkolonie*
persecution – *Verfolgung*
riot – *Unruhen*
sanction – *Strafmaßnahme*
to settle - *besiedeln*
slavery – *Sklaverei*
territory – *Gebiet*

Überblick

Im 21. Jahrhundert ist Großbritannien nicht mehr die Weltmacht, die es einmal war. Die meisten Kolonien sind inzwischen unabhängig – auch wenn einige, wie zum Beispiel Australien, noch immer den Britischen Monarchen als Staatsoberhaupt anerkennen. Es ist offensichtlich, dass die Verbindungen aus der damaligen Zeit dazu führten, Großbritannien zu der multikulturellen Gesellschaft zu formen, die es heute ist. Auch die Tage der industriellen Vormachtstellung sind vorüber. Im Bereich der internationalen Beziehungen spielt Großbritannien noch immer eine wichtige Rolle. Durch den Brexit wird das Vereinigte Königreich diese jedoch neu definieren müssen.

Talking points: USA

5

Im Laufe der letzten 500 Jahre haben sich die Vereinigten Staaten von Amerika zu einer Weltmacht entwickelt. Eine der großen Errungenschaften war die Gründung eines demokratischen Staates. Dieser fußt auf einer Verfassung, die noch heute als eines der wichtigsten politischen Dokumente der Menschheitsgeschichte angesehen wird. Die Menschen, die nach und nach einwanderten, bildeten die Grundlage der lebendigen, vielseitigen Gesellschaft von heute – mit all den Vor- und Nachteilen, die eine solche breite ethnische und kulturelle Durchmischung mit sich bringt. Heute, im 21. Jahrhundert, ist der Einfluss der Vereinigten Staaten von Amerika auf Politik, Kultur und Gesellschaft noch immer enorm.

5.1 Politics in the USA

Political system

The political system in the United States is made up of three parts: the Legislative Branch, the Executive Branch and the Judicial Branch.

Legislative Branch

This branch consists of Congress, which is divided into two chambers: the House of Representatives and the Senate.

- Both chambers have equal power.
- Both are elected directly by the citizens of the USA.
- Both chambers must agree before a bill can become law. This can cause difficulties if one political party has the majority in the House of Representatives, and the other has the majority in the Senate.

Congress is located in the Capitol Building in Washington D.C. The name "Capitol" comes from the Capitoline Hill in Ancient Rome.

House of Representatives	Senate
435 members	100 members
each member represents a congressional district of about 600,000 people	each state elects two senators
Representatives serve for two years	Senators serve for six years
all House seats are re-elected every two years	one third of the Senate is re-elected every two years

The Powers of Congress:

- to make laws
- to impose and collect taxes, and control federal spending
- to control trade with other countries and within the States
- to print money and regulate its value
- to declare war and make peace agreements
- to maintain, arm and discipline the armed forces
- to promote science
- to oversee and check the activities of the Executive Branch

The Capitol Building in Washington, D. C.

Executive Branch

The Executive Branch consists of the President and Vice President of the United States and an organisation of approximately four million people, including one million military staff.

- In order to be elected president, candidates must have been born in the USA, be at least 35 years of age and have lived in the US for at least 14 years.
- Until the election of Barack Obama in 2008, all US presidents were white males.
- A president serves a 4-year term of office and cannot serve more than two terms overall.
- He and the Vice President are elected by the Electoral College (see p. 81), and are the only political figures to be elected nationally, all other elections taking place at state or district level.
- They do not have to be members of the political party that holds the majority in Congress.

Opponents to Barack Obama's presidency tried to claim that his birth certificate was a forgery, and that he was born in Kenya, not Hawaii, as he had stated. However, these claims were proved to be false.

The role of the President

The President is Head of State, Head of Government, Commander-in-Chief of the military and Chief Diplomat. In addition to this, his powers include:

- suggesting new laws to Congress
- signing or vetoing laws passed by Congress. A veto can be overturned by a two-thirds majority in Congress.
- appointing federal judges (including Supreme Court judges); however, these must be approved by the Senate
- appointing members of the Cabinet, of federal agencies (e.g. the CIA), and other federal employees and diplomats. Again, these appointments have to be agreed by the Senate.
- managing national affairs and the federal government
- pardoning criminals (except those who have committed a crime against the State)
- influencing foreign policy
- having control over military strategy and matters of national security

However, the President needs the approval of Congress for most decisions he makes. Therefore things can become very difficult for him if his political party no longer has the majority in Congress. .

"CIA" stands for "Central Intelligence Agency", and is the organisation that deals with information concerning national security, information that it collects from around the world.

Judicial Branch

The USA has two types of courts: the federal courts and the courts of each individual state. These two systems are separate from each other, except for certain cases that start at state level but go through several appeals, the last of these being the Supreme Court.

State Courts

- Each state in America has its own laws and legal procedures.
- They deal with civil cases involving private individuals or between citizens and local or state governments.
- Each state has its own supreme court, which has the final say in matters concerning that particular state's laws and constitution, and is the final court of appeal in such matters.
- However, if the case involves a federal question, i.e. is connected to the US Constitution or laws concerning the USA on a national level, it may be taken to a federal court on appeal.

The fact that each state is independent to run its own affairs is a very important aspect of American politics.

Federal system – the Supreme Court

- This is the highest court in the land, where the final judgements are given regarding constitutional and legal matters.

Three of the current judges are women; one is African-American. Seven of the nine judges are over 60 years old; two are even over 80.

- The court has nine judges who are nominated by the President, subject to approval from the Senate. The judges have the job for life, but can retire or resign if they wish to do so.
- The appointment of judges can be controversial, as the President is likely to choose people who are sympathetic to his views. This can then have an effect on judgements that are passed, especially on matters concerning the interpretation of or changes to the Constitution, although the judges should, theoretically, be neutral.
- President Donald Trump's first appointment, in 2017, was Neil Gorsuch, a political conservative. His appointment means that judges with conservative politics are slightly in the majority in the Supreme Court.
- The most important job for the Supreme Court is to rule on whether certain laws or government policies are unconstitutional or not. In so doing, it can overrule decisions made by the government.
- All federal courts must follow the rulings made by the Supreme Court in matters concerning the Constitution and federal laws.
- The Supreme Court is not permitted to make judgements concerning the laws and constitutions of individual states.
- The Supreme Court only hears a small number of the cases that are sent there for appeal, choosing those with the greatest importance for the nation or the Constitution. Their rulings serve as precedents, i. e. guidelines on how similar cases should be handled.

The American Constitution

The Constitutional Convention, where the Constitution was drawn up, took place in Philadelphia and was attended by representatives of 12 of the country's 13 states.

The United States' system of government is based on its Constitution. Britain's American colonies had gained their independence in 1776, and in the years that followed it became clear that the central government needed more power if the country was to become and remain united. The Constitution was formulated in 1787 and ratified in 1788. It is still considered to be one of the great political documents of the Western world today.

Most important points of the Constitution

The authors of the Constitution were afraid of corruption, and wanted to minimize the chances of any one branch of government becoming too powerful.

- The government must have the agreement of its citizens for the decisions it makes on their behalf, i. e. the citizens have an active say in how they are governed.
- The citizens have the power to elect the people who govern them. Politicians therefore have to answer to the people who elected them, and are responsible for representing their needs.
- The importance of the separation of powers, which is why the US government has its three individual branches.

- The system of checks and balances. Each of the three branches of government has some powers over the others, so that no one branch can become too strong.
- Federalism, which means that the national government and the individual states share authority. Once again, this is to ensure that neither one becomes more powerful than the other.
- Flexibility. In other words, amendments can be made to the Constitution as necessary.

The Bill of Rights

The first ten amendments to the Constitution were added in 1791 and are known collectively as the Bill of Rights. They set down certain civil rights that every citizen should have, including:

- freedom of speech, the press and religion
- the right to hold meetings as long as they are peaceful
- the right to lobby the government to bring about changes
- the right to have and use weapons for protection
- the right to a fair trial, and freedom from cruel and unusual punishment

An example of "cruel and unusual punishment" is torture. Opponents of the death penalty argue that executing a person counts as cruel and unusual punishment.

The political parties

The USA is basically a two-party state, consisting of the Democratic Party and the Republican Party. Although there are some smaller parties such as the Green Party, the Reform Party and the Libertarian Party, which have increased their number of supporters in recent years, they tend to be more successful at local or state level. All except two seats in Congress are currently held by either Republicans or Democrats; the other two seats are held by independent candidates.

The main principles of the two biggest parties are shown below. Naturally, there are a number of factions within these huge organisations, so the following is simply a general overview of the main points.

The Democratic Party

The party is generally in favour of:

- a higher minimum wage
- more government finance for healthcare; possibly the introduction of a national health system
- more investment into alternative and renewable energy sources
- stricter anti-pollution laws
- lower tuition fees for colleges to make higher education more affordable
- equal opportunities and affirmative action (actively giving advantages to minority groups, e.g. in the field of employment)

A universal healthcare system was introduced under Barack Obama. Also known as "Obamacare", it gave people on low incomes the opportunity to get affordable healthcare. The system met with huge resistance from Republicans; current President Donald Trump has pledged to repeal it.

- same-sex marriage and rights for homosexuals
- the right of every woman to birth control and abortion
- stem cell research

The party is generally against:

- the continued American military presence in Iraq: the troops were finally withdrawn at the end of 2011 under the Democrat President Obama
- unilateralism, i. e. the idea that if the USA feels its security is being threatened, it can take military action without the agreement of other nations.
- the use of torture against prisoners
- violations of the right to privacy
- the free availability of guns

The Republican Party

The nickname for the Republicans is the "Grand Old Party", GOP for short. Their symbol is an elephant.

The party is generally in favour of:

- free-market policies and the importance of individual companies and entrepreneurs being able to run their own businesses without government interference. This means, for example, that issues such as how much workers are paid should be settled by the individual employers.
- tax cuts, especially for people who create jobs
- making it more difficult for people to get welfare benefits, the idea being that people are then encouraged to look for a job rather than accept handouts
- capital punishment
- the right to own guns
- the teaching of creationism and intelligent design on the same level as evolution
- US military action in the Middle East with the aim of spreading democracy to that part of the world
- stricter anti-terrorism laws
- stricter immigration laws

There is also increasing pressure from the more conservative factions of the party to limit women's access to birth control and to teach sex education in schools without mentioning contraception.

The party is generally against:

- an increase in the minimum wage
- the forming of trade unions
- a national health insurance scheme
- abortion & same-sex marriage
- stem cell research
- measures to stop global warming such as those set down in the Kyoto Protocol

Election campaigns

Elections play a very important role in American politics, mainly because there are so many of them. A new president is elected every four years, and there is some form of Congressional election every two years. Election campaigns tend to be lavish displays of party unity, often with personal appearances by celebrities and making extensive use of the media. The idea of television debates between presidential candidates, for example, comes from the USA, but has now spread to other parts of the world.

The first TV debates took place in 1960, between John F. Kennedy and Richard Nixon.

Presidential candidates

Candidates for the two parties are chosen in one of two ways, depending on the state:

- Through primary elections held in some states: the candidates are selected by the voters.
- Through party conventions, where representatives of the parties meet to choose delegates to be sent to their party's National Convention. The presidential candidate is then chosen at the convention.

The Electoral College

The President and Vice President are not elected directly by the people, but through the complicated system of the Electoral College. The idea of the Electoral College originally came about because, in the early years of the USA, people living outside the cities did not normally have much information about the individual presidential candidates. Communications were not good and the poor transport connections did not allow candidates to travel widely and visit the people. It was also thought that ordinary, and often uneducated, citizens did not have the skilled judgement necessary for choosing a good president. Therefore, respected local people were nominated as "electors" to represent presidential candidates. The rest of the citizens voted for one of the electors, who would in turn give the votes to the candidate of their choice.

The system today

- There are the same number of electors for each state as the total number of Senators and Representatives for that state.
- The people cast their vote for one of the presidential candidates.
- The votes cast in each state are collected, and the candidate with the most votes receives all of the electors' votes for that state. This is known as a "majority" or "winner-takes-all" system.
- There are 538 electoral votes in the country as a whole, so a candidate needs at least 270 votes to win.

- The main disadvantage of this system is that the candidate who received the largest number of individual votes from the people (the "popular vote") does not necessarily win.

Talking about: Politics in the USA

amendment – *Verfassungszusatz*
appeal – *Berufung*
capital punishment – *Todesstrafe*
constitution – *Verfassung*
court – *Gerichtshof*
executive – *Staatsführung*
federal – *bundesstaatlich*
judge – *Richter/in*
judicial – *juristisch*
legislative – *gesetzgebend*

5.2 Religion in the USA

Religious beginnings

Many of the early European settlers in what was to become the USA had left Europe for religious reasons. They were being persecuted for their beliefs and wanted to live in a place where they would be free to practise their religion in the way they wanted to. Many of their beliefs and principles formed the foundation of the present-day USA.

There were 102 Pilgrims plus crew on board when the Mayflower set sail from England; however, due to diseases caught on the journey (which came from living in very cramped conditions for several weeks), more than half of them were dead by the time the ship returned to England, leaving the survivors behind to start a colony.

The Puritans

- 1620: A group that came to be known as the Pilgrim Fathers were Protestant dissenters who had broken with the Church of England. They first moved to the Netherlands, but later decided to start a new colony in North America where they could worship in their own way and maintain their cultural identity. Their ship was called the Mayflower, and their settlement was the Plymouth Colony.
- The original colonists survived in the new, unfamiliar territory they now found themselves in with help from local Native Americans, who showed them how to grow and gather food.
- From 1630: The Puritans were Protestants who aimed to "purify" the Church of England of practices left over from the days before the spilt with the Roman Catholic Church → they wanted their church to be simple and "pure", without hierarchies.
- The Puritans first settled in Massachusetts, and then spread throughout the new colonies. They were intolerant of anyone who did not share their religious beliefs, even to the extent of punishing those who did not conform.
- Since only church members were allowed to become politicians in the colonies under Puritan rule, they were easily able to punish anyone who did not agree with them.
- 1636: Roger Williams, a Puritan leader, was forced to leave Massachusetts because of his disagreements with the colonial government there. As a result, he founded a colony of his own in Rhode Island, based on principles of religious freedom rather than forced worship. Some of these principles, such as the separation of church and state, religious tolerance and freedom of religion, were written into the American Constitution.
- The First Amendment of the Bill of Rights states that Congress must not make any laws to establish a particular religion or prevent a particular religion from being practised.

This is a contrast to Britain, where the head of state (the monarch) is also the head of the Church of England. In other words, church and state are closely linked.

The Puritan legacy

The American mentality today owes a lot to the nation's Puritan beginnings:

Although the Puritans had left England because they were not free to practise their religion the way they wanted to, once they had established their own colonies, they did not permit religious freedom for others.

- The concept of the "Protestant work ethic", i. e. that hard work and self-discipline lead to success, plays an important role in the American business world.
- The Puritans believed that they were very special in God's eyes, and that God had blessed their new country. They therefore felt they had a moral right to defend their beliefs and way of life.
- In addition to this, they believed strongly in a fair and equal society, and refused to tolerate anyone who did not share their views on what that society should be like. Some people see this way of thinking reflected in America's perspective today: Americans believe their society is the best in the world, and it is difficult for them to imagine why anyone would think otherwise.
- It was thought that personal wealth was a sign of God's blessing, which is one reason why making a lot of money is seen as a virtue.
- However, the Puritans also believed that it was their duty to help the needy; Americans today are very generous when it comes to works of charity.

Religion in the USA today

Different religions

The official name for the Mormon church is the Church of Jesus Christ of the Latter-Day Saints.

- America is a strongly religious country, with the majority (around 75 %) identifying as Christian.
- Half of these are Protestants, a quarter are Catholics; the others belong to Protestant sects such as the Mormons or Jehovah's Witnesses. There are also several black churches, such as the African Methodist Episcopal Church.
- Some southern states of the USA, including Arkansas, Mississippi, Alabama, Tennessee, North and South Carolina, and Kentucky, make up the so-called Bible Belt → many evangelical Protestants live there, who base their lives closely on the teachings of the Bible. The term is associated with very conservative attitudes.
- Other faiths represented in the USA are Jewish, Muslim, Buddhist and Hindu.

Muslims in the USA

- There are an estimated six to seven million Muslims in the USA, most of whom are well-integrated into American life. A large percentage of them have a university degree and a professional career where they earn a good salary.

- However, there has been a sharp increase in anti-Islam feeling in recent years, which started in the wake of the terrorist attacks on New York City in September 2001, and have been further fuelled by the increase in attacks by Islamic extremists since then.
- American Muslims say they have to face greater discrimination and stereotyping nowadays → they are often faced with other people's ignorance with regard to Islam.
- Most Muslim organisations in the States emphasize their moderate standpoint, and strongly condemn any form of violence or terrorism.

Religion and politics

Although state and religion are separate according to the Constitution, the influence of certain religious groups on political issues is very strong:

- Except for John F. Kennedy, who was a Catholic, and Barack Obama, who is African American, all American presidents have been WASPs (White Anglo-Saxon Protestants). Kennedy's connection to the Catholic Church was seen as a huge disadvantage by many people, who thought that he would be too much under the influence of the Pope to govern effectively.
- Nearly three-quarters of Republicans today belong to a white Christian religious group → around 35 % say they belong to an evangelical church.
- The more fundamentalist of these believe strongly in traditional family values, no sex outside of marriage, and the traditional role of the woman in the home → they want their elected politicians to reflect these values.
- They oppose, among other things, homosexuality, abortion, euthanasia and certain kinds of biotechnology, such as human cloning and stem cell research. All of these are political issues in the US.
- Many would like to ban contraceptives.
- Since the 1970s, groups belonging to the Christian Right have been exerting influence on voters, seeing themselves as hitting back against liberal government policies. For example, they were instrumental in helping the Republicans win the 2000 election.

Stem cell research is controversial, because it involves the use of embryos, which are then destroyed afterwards. People who believe that all life is sacred are against research of this kind.

Religion and education – evolution

One of the most controversial issues in recent years is whether evolution should be taught in schools as scientific fact or simply as one possible explanation of how our planet came into being.

- In some states, particularly in the Bible Belt, fundamentalist and family values pressure groups do not want pupils to be taught about evolution as fact. Instead, they favour one of two alternative explanations about the origins of the world:

One argument used for the removal of evolution from the school curriculum was that evolution should also be considered a religion, not a science, and should therefore either not be taught at all in schools, or equal weight should be given to Creationism.

Creationism = a literal interpretation of the Bible, which states that God created the world in seven days no more than 10,000 years ago. Not all Creationists believe in this timeframe, but all think that evolution cannot adequately explain how the Earth came to exist.
Intelligent design = the idea of natural selection and extinction of species, as stated in the theory of evolution, is rejected. Instead, it is thought that all biological developments happened for a reason, and that the natural world was "designed" by an external being, i. e. God, in order to arrive at our current point of development.

- As a result of such pressure groups, some states, such as Georgia, had a sticker placed in the front of school science textbooks:
  "This textbook contains material on evolution. Evolution is a theory, not a fact, regarding the origin of living things. This material should be approached with an open mind, studied carefully, and critically considered."
- In 2006, a group of parents in Georgia won a court case in which they sued their local school district to have the sticker removed.

Because each state is free to develop its own education system and curriculum, there are no national guidelines on what should or should not be taught. This also makes it easier for pressure groups to have an effect at a local level.

Sex education in schools

- Many parents from conservative religious backgrounds support "abstinence-only" sex education → children are taught that they should not have sex unless they are married.
- These parents feel that teaching young people about issues such as contraception encourages them to become sexually active at a younger age. Others worry that their children will be taught things that do not match their family's views on the subject.
- However, studies have shown that abstinence-only teaching does not reduce the number of sexually active teenagers or unplanned pregnancies.
- At the same time, young people are missing out on vital information on sexual health → they do not know about birth control, safe sex or sexually transmitted diseases.

Talking about: The American Dream

contraception – *Verhütung*
dissenter – *Dissident*
euthanasia – *Sterbehilfe*
legacy – *Vermächtnis*
to persecute – *verfolgen*

5.3 America: the land of opportunity

The American Dream

Almost from the time of the first European settlers, America was seen as the land of opportunity, a place of freedom, where a person could become anything they wanted to be. This is the basic definition of the American Dream, a term coined by the American historian James Truslow Adams in his book *The Epic of America* (1931): "The American Dream is that dream of a land in which life should be better and richer and fuller for everyone, with opportunity for each according to ability or achievement."

- Originally, the focus was more on social improvement rather than on becoming wealthy.
- The dream was of a fair society in which everyone was equal and everyone had the chance to fulfil their potential.
- From the mid-19th century onwards, there was greater focus on opportunities for material gain → the Californian Gold Rush demonstrated that the dream of becoming incredibly rich could come true.
- The social aspects of equality for all gradually lost their importance.

Although the "American Dream" was not given a name until well into the 20th century, the concept of opportunity and equality was much older in the US. The second paragraph of the Declaration of Independence states that all men are created equal and all have the right to "[…] Life, Liberty and the Pursuit of Happiness."

The dream of going "from rags to riches"

- The idea that anyone prepared to work hard enough can go "from rags to riches" is still part of the American mindset.
- The concept was fuelled by the huge increase in American's economic power from the mid-19th century onwards:
- Manufacturing greatly increased due to the discovery of the country's natural resources (e. g. coal and iron), in combination with plentiful cheap labour in the form of immigrants → manufacturers were able to become extremely wealthy.
- The age of invention: many new products, such as telephones, elevators and fridges, were either invented in the US or developed into efficient products there.
- Manufacturing processes were made easier and more efficient through electricity and through mass production, made possible by the invention of the assembly line → goods could be produced faster and more cheaply.
- The development of the railways meant that goods could be distributed around the country faster and more easily.

The invention and development of labour-saving products drove the American economy further forwards in the late 19th and early 20th centuries as demand for them grew.

Henry Ford, the inventor of the car assembly line that revolutionised manufacturing procedures, is an example of a self-made man.

All of this meant that the concept of the "self-made man" became a reality. It really was possible to start with a small idea and, if you were ambitious enough, to become an enormously wealthy businessman.

Bill Gates (apple), Marc Zuckerberg (facebook), Elon Musk
Barack Obama

Today, the American Dream is not a realistic concept for most people. In theory, it is still possible to work your way up from nothing. However, as the gap between rich and poor continues to widen, fewer people are able to take advantage of the opportunities that would make this happen. To name one example, it is very expensive to go to university in the US, making it difficult for people from deprived backgrounds to get the kind of education which would help them advance in the world.

Manifest Destiny

There were many Hispanic settlements, especially in the south-west, at the time: the government wanted to establish American settlements in all parts of the country.

This term was coined in 1839, at a time when there were very few people living in the central and western parts of the US. The government wanted the whole country to be settled, to secure the USA's status as a nation. They believed that God was calling on them to establish a great nation, and it was therefore their "manifest", or clear, destiny to push back the frontier – the border between the civilised east and the wilderness in the west – until it reached the Pacific Ocean.

The frontier

- Many families, known as pioneers, were encouraged to head west to make a new life for themselves.
- They established American settlements, with American values, across the expanse of North America.
- Later, America continued to look for new frontiers to conquer → e. g. space exploration.

Patriotism

America is the world's most patriotic country, believing their nation is the best.

There is a close link between American patriotism and the concept of Manifest Destiny and the frontier:

- Expanding its territory to the west helped to fulfil America's destiny of becoming the world's greatest nation.
- Its citizens believe American values are the best and should be spread around the world.
- Americans have to be the best at all their undertakings → this was a driving force behind the race to be the first to land on the moon: it was vital for American pride that they should beat the Russians at this landmark achievement.
- American pride took a knock during the Vietnam War, in which they were defeated by a country with poorer resources, which, to make matters worse, was Communist → many people, especially young people, questioned whether the war was just and demonstrated against the government.

- The terrorist attacks of 9 September 2001 reunited Americans in support of their country and against anyone who dared to attack it.
- Donald Trump exploited patriotic feelings during his 2016 presidential campaign by pledging to "make America great again".

Immigration in the USA

The land of opportunity has always attracted immigrants from around the world. As a result, the population of the USA is made up of a wide variety of different races. The majority of the people came – and still come today – in the hope of making a better life for themselves in America. However, this ethnic mix also includes the Native Americans, who had already settled throughout North America when the first European settlers came along, and people from Africa who were brought against their will to work as slaves.

It is important to remember that not all immigration was voluntary: for black slaves, America was anything but a land of opportunity.

There have been several waves of immigrants since the first permanent settlements in the early 17th century. The following is an overview:

Date	Main countries of origin
1600 – 1790	England, Scotland, Ireland, the Netherlands, Germany
1790 – 1849	Ireland, Germany, Italy, Britain, France, Russia, China, Mexico, South America
1850 – 1930	Germany, Britain, Ireland, French Canada, Italy, Scandinavia, Poland, Eastern Europe (mainly Jews)
1930 – present	the Philippines, Europe (post World War II, including refugees), Canada, Mexico, Korea, Hungary, Japan, Cuba, Vietnam, Latin America

By far the largest group of immigrants today is from Mexico, followed by China, Cuba and India. It is a far less popular destination for European immigrants nowadays.

Reasons for immigration

1st group:

- Members of religious groups that had broken away from the mainstream churches in their home country came to escape religious persecution (e. g. the Puritans from England)
- Colonies were settled to grow tobacco → immigrants were needed for this work.
- Land was cheap and economic conditions were better than at home.

Also known as the "Potato Famine", this was a period from around 1845–1852 when a disease called potato blight killed a large number of potato plants throughout Europe. The effects in Ireland were particularly devastating, as a large part of the population lived mainly on potatoes – it was all they could afford. As a result, Ireland lost around 25 % of its population through starvation and emigration.

Although Jews were successful in America, they still often faced anti-Semitism: people were often suspicious of their financial success

2nd group:

- The Great Famine in Ireland drove the Irish to leave their home country in their thousands.
- There was political instability in other parts of Europe, e. g. during and after the French Revolution.
- In 1849, gold was found in California, which started the gold rush → thousands of people travelled to the newly discovered gold fields in the hope of making their fortune.
- There was the prospect of finding work in the US → people came to join members of their family already living there.

3rd group:

- People came to escape poverty in Europe.
- Between 1889 and 1924, approximately two million Jews emigrated to escape the pogroms in Eastern Europe.
- The Mexican Revolution from 1911 – 1929 resulted in more than one million refugees entering the USA, although many returned to Mexico in the following decades.
- The economic boom that America underwent in the second half of the 19th century encouraged many people to come and try their luck in the land of opportunity.

4th group:

- Most immigrants at this time came to escape war and oppression in their home countries.
- Jobs were plentiful after the end of the Second World War, when many women who had worked as part of the wartime effort went back to being housewives.
- From 1948, displaced people, especially from Europe, were allowed to emigrate to the States.
- People fleeing from Communist countries (e. g. Hungary, Cuba) were able to move to America.

With its strict anti-Communist stance, the US was very supportive of the victims of Communist regimes.

Symbols of freedom for new immigrants

New immigrants entering the United States for the first time via ship were greeted by the Statue of Liberty. It was a symbol of the freedom they hoped to enjoy in their new country.

- The statue was a gift from France to celebrate 100 years of American independence.
- It was installed on Liberty Island, in Upper New York Bay, in 1886.
- The statue stands for freedom and independence.

Ellis Island

The other symbol of the start of a new life for immigrants was Ellis Island, located near Liberty Island in the bay beside New York City.

- New immigrants were taken there for medical checks and the examination of their documents before they were allowed to set foot on mainland USA.
- It was a symbol of hope → the immigrants had finally – almost – reached the end of their long journey and were about to start a new life.
- For some, however, the experience was not very pleasant → they were detained on the island if they did not pass the medical test, or for legal reasons.
- The unlucky ones were even sent back to their country of origin.

Today, Ellis Island houses an immigration museum. For more information, visit www.libertyellisfoundation.org

The "melting pot" theory

The term "melting pot" has often been used to describe the integration process of immigrants in the States. The idea was that the new immigrants would gradually assimilate into life in America by giving up their old lifestyles, thereby helping to form a national identity. This is certainly what Americans in the 18th and 19th centuries desired for their country, which is illustrated by the motto "e pluribus unum" ("from many to one") that is still printed on American coins today.

- This worked fairly well for the first waves of immigrants, up to the mid 19th century, as the majority of them were white, northern European Protestants who could identify with the ideas and values of the Puritan descendants and therefore assimilated well.
- From the mid 19th century, the immigrants came from a far wider range of countries, and as a result assimilation became more difficult.
- American citizens today do, to a certain extent, share a national identity, e. g. with regard to language (over 80 % of Americans speak only English at home) and patriotic feelings (there is a sense of national pride that has become more widespread since the terrorist attacks of 9/11).
- However, a large number of people refer to their ethnic or linguistic origins when asked to describe themselves → they are African American, or Irish American, or German American, rather than just "American".
- American social make-up today is often described as the "salad bowl", "mosaic" or "symphony". In other words, it consists of separate parts that make up a whole and work together, yet at the same time keeping their individual identities.

People take interest and pride in their ethnic background. For example, many cities have their own "Octoberfest" run by people with a German background.

Immigration policies

- Until the end of the 19th century, there were no restrictions on immigration to the States. There were plenty of jobs, and ship fares from Europe were cheap enough for almost everybody to afford. Settlers were encouraged to come, especially following Independence, as a higher population would help to establish America as a country in its own right.
- From the 20th century onwards, various laws and policies were introduced to control immigration → it became clear that the open door policy was not sustainable.

A green card is a permanent residency permit for foreigners that allows them to live in the US.

- The number of unskilled migrants admitted was reduced.
- Limits were set for the number of visas and green cards that could be issued every year.
- Today, there are different ways of getting a green card: through family already living in the States, through marriage to a US citizen, or through your employment.
- In addition to this, there is a "Diversity Visa Lottery" aimed at immigrants from countries with low numbers of immigrants in the previous five years → the idea is to allow a wider range of nationalities to emigrate to the US. As the name implies, applicants have to trust in luck to get a visa.

Applicants have to fulfil certain conditions, such as having at least the equivalent of a high school diploma or at least 2 years' work experience. They also have to be in good health, have a way of supporting themselves financially, and not have a criminal record.

Undocumented immigrants

- There are around 11 million undocumented, or illegal, immigrants in the US, over half of which come from Mexico.
- Millions of US citizens and documented immigrants have undocumented family members → these undocumented immigrants could apply for a family green card, but the law states that to do so, they would have to leave the country for 10 years and then apply. Due to this, most remain in the country illegally so that they can stay with their families.
- A large number of undocumented people have children who were born in the US → this means the children are US citizens but their parents are not.
- The children can end up in foster care if their undocumented parents are sent to prison for being illegal, or are even deported.
- Many undocumented immigrants own their own home, have a high school diploma; some even have a university degree → they make an important contribution to the American economy.
- Such people always live in fear of deportation → they can be arrested in their home or at their place of work.
- Some politicians believe that undocumented immigrants who have lived in the States for a significant period of time and who have made their life there should be granted residency.

President Obama attempted to introduce some reforms that would, for example, allow undocumented parents of US citizens to remain in the country as long as they fulfilled certain requirements (e. g. they were not allowed to have a criminal record). However, the proposed legislation was challenged by some states, and the matter had not been resolved by the end of Obama's presidency.

- Many others, however disagree → during his election campaign, Donald Trump promised to crack down on illegal immigration and reform the green card system, drastically cutting the number of people allowed to emigrate to the US each year.
- He even pledged to build a wall along the border of the US and Mexico to keep people out.

Talking about: America: the land of opportunity

achievement – *Leistung*
assembly line – *Fließband*
cheap labour – *billige Arbeitskräfte*
to deport – *abschieben*
to detain – *festhalten*
displaced person – *Vertriebene*
famine – *Hungersnot*
manifest – *offenbar*
rags to riches – *vom Tellerwäscher zum Millionär*
residency permit – *Aufenthaltserlaubnis*
settlement – *Siedlung*
starvation – *Hungertod*

5.4 The Civil Rights Movement in the USA

The history of black people in the USA is an integral part of the nation's social history, and has helped to shape American society as it is today. African-Americans first arrived in the country involuntarily as slaves. After the abolition of slavery, they faced decades of oppression and discrimination, which even the Civil Rights Movement could not completely eradicate.

History of slavery and abolition

Fought between 1861 and 1865, the American Civil War was triggered by the question of whether slavery should be abolished. Eleven states in the south, all slave-holding states, left the rest of the United States. The war was fought between these two sides, the winner being the northern states.

- 1619 – 1808: Approximately 300,000 people were shipped from Africa to work as slaves in the USA. They lived mainly in the southern states and worked on the cotton, tobacco and sugar cane plantations. These crops made the plantation owners extremely rich, and were major products for export that contributed to the US economy.
- After 1808, no more slaves were transported to the USA, but many were born in the country.
- 1833: The National Anti-Slavery Society, an abolitionist movement, was founded, although most of its supporters came from the northern states rather than the southern states where most of the slaves lived.
- 1865: Slavery was abolished after the American Civil War.
- 1868: The 14th Amendment of the Constitution gave black Americans the status of citizens.
- 1870: All male American citizens were give the right to vote, regardless of their race.

Freedom and discrimination

Segregation ranged from separate schools for black and white children to black people not being allowed to eat in the same restaurants or even drink from the same water fountains as whites.

Although African-Americans technically had the same rights as other citizens after the Civil War ended, in practice they had to suffer widespread, often officially approved, discrimination and intimidation, particularly in the southern states.

- Segregation was practised in all walks of life. This was permitted by laws known as "Jim Crow Laws" (1880s): in a famous case brought to the Supreme Court in 1896, the judges ruled that segregation was not unconstitutional.
- Black people were not allowed to exercise their right to vote.
- They were not given equal access to job opportunities, so they remained poor and dependent.
- They were subjected to acts of violence, both in private and without a more organised framework, led by groups such as the Ku Klux Klan.
- From the 20th century onwards, many African-Americans left the southern states in hope of finding a better life in the more liberal northern and western states. To a certain extent, their hopes were realised, but even in these abolitionist areas discrimination was widespread.

The Civil Rights Movement

The 20th century saw the rise of several organisations working to end segregation and ensure equal rights for people of all races. These included:

- The National Association for the Advancement of Colored People (NAACP), founded in 1909, which took several cases of segregation to court.
- The Congress of Racial Equality (CORE), founded in 1942, organised peaceful demonstrations against segregation.
- The Southern Christian Leadership Conference, founded in 1957 by Dr. Martin Luther King, Jr., and other black Protestant ministers, used boycotts and peaceful demonstrations to try to end segregation.
- The goal of the "Black Muslims", or Nation of Islam, founded in 1930, was to establish a separate black state within the USA, rather than integration. Malcolm X was the best-known representative of this group; he was assassinated in 1965.
- The Black Panther Party, founded in 1966, aimed to end discrimination by violent means.

One of the best-known figures of the Civil Rights Movement, Martin Luther King, Jr., was inspired by Mahatma Gandhi's non-violent activism during the fight for Indian independence.

Key events in the Civil Rights Movement

- 1954: The NAACP won a famous court case, Brown v. Board of Education, which ruled that it was illegal to have separate schools for different races.
- 1955: A woman called Rosa Parks refused to give up her seat to white passengers on a public bus in Montgomery, Alabama. As a result, she was arrested and convicted. In protest, black people boycotted the buses for over a year in Montgomery until segregation on public buses was lifted.
- 1961: Student volunteers took trips on interstate buses in the south to try and end segregation on public transport → the journeys were known as Freedom Rides.
- 1963: The March on Washington for Jobs and Freedom. Between 200,000 and 500,000 people from throughout the country staged a peaceful protest for civil rights. Martin Luther King, Jr., made his famous "I have a dream" speech, where he spoke of his hope that one day all Americans would be equal.
- 1965: The Voting Rights Act made it easier for minorities to register to vote.
- 1968: Martin Luther King, Jr. was assassinated.
- 1970 – 1976: As a measure to end segregation in schools, white children were taken by bus to schools in black areas, and vice versa.
- 1972: Laws were passed to encourage positive discrimination for ethnic minorities in the field of employment.
- 1984 and 1988: The Reverend Jesse Jackson, a black minister, was nominated as a presidential candidate for the Democratic Party. Although

This protest was highly effective because a large number of black citizens used the buses, which meant that the bus companies lost a lot of money through the boycott.

"Positive discrimination" means that if there were equally qualified candidates for a job and one was from an ethnic minority, employers were supposed to give the job to the minority candidate.

he did not win the nomination battle, he inspired more people from ethnic minorities to play an active role in politics. His son, Jesse Jackson Jr., was a Congressman from 1995 to 2012.

African-Americans today

- More African-Americans are members of national and local governments, some of whom have held high office → Colin Powell was Secretary of State from 2001 to 2005 and Condoleezza Rice was Secretary of State from 2005 to 2009.
- Barack Obama was America's first African-American President, serving two terms in office from 2008 to 2016.
- There are far more black celebrities today in the fields of sport, film and music.
- More young African-Americans complete high school and college or university, and have better chances of getting a good job. However, the high school dropout rate among this ethnic group is still high.
- Many black people still live in deprived areas, where unemployment is high and, especially for young people, it is easy to become involved in criminal activities such as drug dealing or gang membership.
- In the aftermath of Hurricane Katrina, which hit the south-eastern states of the USA in August 2005, the question of discrimination once more came to the forefront of public discussion. The disastrous lack of organisation of evacuation and relief for the affected areas led some people to claim that this was, in part, due to the fact that a large percentage of those affected were black and living in poor areas. They felt that relief would have arrived more quickly for a predominantly white area.

The same applies to members of all races living in poverty, of course, but people from ethnic minorities are more vulnerable.

Black Lives Matter

In recent years, there have been several cases of black people, often young, unarmed people, being killed by white law enforcers. Frequently, these officers did not face any kind of punishment, but were able to argue that they had acted in self-defence because they believed they were about to be attacked. It seemed that, despite the progress made by the Civil Rights Movement, some things had not changed.

- The Black Lives Matter movement was started as a hashtag on social media.
- It came into being following the acquittal of George Zimmerman, a member of the local community watch scheme, who shot the African-American teenager Trayvon Martin dead. Zimmerman claimed that Martin had been acting suspiciously, because he was walking alone in a neighbourhood in which there had been a lot of robberies.

The movement is a good example of how quickly a campaign and awareness can spread through the use of social media.

- The aim of the organisation is to raise awareness about police brutality against people of colour.
- It also supports other groups that suffer discrimination, such as black LGBTQ people, disabled people and women.
- The organisation has faced criticism for focusing only on black people → the hashtag "all lives matter" was started in response.
- However, supporters argue that the movement is not about suggesting other groups are less important. Instead, it is raising awareness about a problem that the African-American community faces far more than any other → this group is far more likely than any other to be on the receiving end of police brutality.
- In 2017, many football players staged a silent protest in support of Black Lives Matter by kneeling instead of standing during the national anthem, which is played at the beginning of games. This gesture was strongly criticised by many, including President Trump.
- The movement has now spread to other countries, such as the UK, Canada and Australia, where the campaign focuses on the way Aborigines are mistreated by the police and government.

"Black Lives Matter" is not an organisation with a strict structure. The term can refer to the Twitter hashtag, a slogan, a social movement or simply various groups whose common factor is the campaign for racial justice. Work on a local level is seen as more important than having a national structure.

Native Americans

It is not known how many Native Americans lived in North America before the first Europeans arrived, but there are likely to have been at least two million. There were hundreds of different tribes, with their own language and culture, although all believed they were an integral part of the cycle of nature. The idea of property and land ownership was foreign to them, which became one of the many reasons for tension between native tribes and the new inhabitants of their country.

The first British settlers would probably all have died in their new country if a friendly local tribe had not helped them. Ironically, because the local people had shown them how to survive, more and more Europeans were able to settle in the country. In return, the new settlers contributed to the dramatic fall in the number of Native Americans, both accidentally and through deliberate persecution.

The early settlers celebrated the first Thanksgiving meal with the local Wampanoag tribe in November 1621 to show their gratitude for the help they had received.

The Native Americans and the new settlers

- The Europeans did not respect Native American beliefs and customs → some even tried to convert them to Christianity.
- The Native Americans had little resistance to European diseases such as smallpox or measles, and often died from them.
- Because many Native American tribes were nomadic, it was easier for the settlers to occupy their land.

- Many tribes were forced to live on reservations, which they were not allowed to leave without permission. The reservations were often located in areas that were not particularly good for farming, hunting and fishing → these poor conditions weakened the tribes further.
- There were wars between the Native Americans and the white settlers in which many natives were killed.
- Although the government made several treaties with the Native American tribes with regard to land ownership, they were quick to break them if, for example, they decided that they wanted to build something on that land.
- Many attempts were made to assimilate the Native Americans into white society by making it almost impossible for them to continue to live their traditional lifestyles → the long-term result was wide-spread poverty and depression among them.
- Native Americans were not given American citizenship until 1924.
- It was only in the 1970s that tribes were finally recognised as self-determining associations with the same rights as other ethnic groups.

The Europeans did not win all of the wars against the Native Americans. One famous example is the Battle of Little Bighorn in 1876, in which the Americans under General Custer suffered a humiliating defeat.

Native Americans today

- There are approximately 1.8 million registered tribal members in the USA.
- The federal government recognises 562 different tribal governments throughout the country.
- Native Americans still suffer from the long-term negative effects of European occupation which can, for example, be seen in the fact that significant numbers of them suffer from mental health problems, alcoholism and heart disease.
- Many Native American governments get a large part of their income from casinos situated on their reservations. While some tribes feel that getting revenue through gambling conflicts with their traditional culture, others use the money to build up a strong economy for themselves in order to improve their situation.

Around 229 of these tribes are located in Alaska and the rest are spread across 33 of the other states.

Talking about: civil rights in the USA

abolition – *Abschaffung der Sklaverei*
acquittal – *Freisprechung*
dropout rate – *Quote an Schulabbrecher*
intimidation – *Einschüchterung*
law enforcer – *Gesetzesvollstrecker*
national anthem – *Nationalhymne*
to occupy – *besetzen*
oppression – *Unterdrückung*
reservation – *Reservat*
segregation – *Rassentrennung*
self-determining – *selbstbestimmend*
slavery – *Sklaverei*
treaty – *Abkommen*

5.5 Crime and punishment in the USA

Violent crime

- The most common types of crime in the USA are: homicide, rape, robbery, assault, burglary, theft and motor vehicle theft.
- The rate of violent crimes, especially homicide and gun crime, is higher than in other developed countries.
- The homicide rate has decreased steadily in the last few years, and is now at a rate of 4.9 victims per 100,000 people.
- African-Americans are far more likely to be victims of murder than people of other races → nearly half of all murder victims are black.
- Furthermore, 79 % of all homicide victims are male, and in general men are more likely to become a victim of violent crime than women.
- Other social factors that play a role are age and financial position → people from poor backgrounds and young people are more likely to suffer from the effects of crime.

Detroit is the most dangerous city in the US, with 2,137 violent crimes per 100,000 residents.

Gun crime

Due to the ease of obtaining a weapon, a large number of people in the US own a gun. As a consequence, there is a large amount of gun crime in the country.

- The Second Amendment to the Constitution states that citizens have the right to keep and bear arms → many people make use of that right and own a weapon.
- The National Rifle Association (NRA) is a powerful lobby group which campaigns against gun control based on the Second Amendment → it states that US citizens have the right to protect their families and their homes with a weapon. Around 40 % of Americans own a gun or live in a household with a firearm.
- However, most shootings in the home are not due to self-defence → a large percentage of them occur because of accidents, e. g. if a child finds their parents' weapon and fires it.
- In 2016, there were more than 38,000 gun-related deaths in the US → this includes suicides, but also around 11,000 deaths through homicide.
- There were 263 mass shootings in the US in 2016.
- There have been nearly 300 school shootings since 2013 → this statistic includes incidents where a gun was fired but nobody was injured.
- The school shooting with the highest death toll in recent years took place at Sandy Hook Elementary School in December 2012 → 21 six- and seven-year-olds were killed, along with six adults. The shooter killed himself before he could be arrested.

A "mass shooting" is defined as a single shooting incident in which at least four people are killed or injured.

These statistics can seem shocking for people living in countries where gun crime is far rarer and gun control stricter. Likewise, the reaction to incidents involving firearms can seem illogical:

Many people argue that teachers should be armed in order to prevent school shootings, i. e. they could shoot the perpetrator before he or she killed anyone.

- The USA spends several billion dollars per year to protect itself against terrorist attacks; however, only a tiny percentage of people are killed by terrorism each year in comparison to the thousands killed by ordinary gun crime.
- Following the Sandy Hook shooting, the NRA reported a large increase in membership.
- There are around 300 million guns in the USA → approximately one for each member of the population.

The NRA has strong support from Republican gun owners.

President Obama pledged to take action against the increase in gun crime, for example by making it more difficult for people to buy one. However, he did not succeed in passing any new gun control laws due to opposition by the Republicans. Although his successor, Donald Trump, has said he will talk about gun laws in due time, it seems unlikely that he, as a Republican, will push for any major changes to the law.

The war on drugs

America takes the problem of drug and alcohol abuse very seriously, with severe punishments for drug-related crimes. As well as focusing on the problem at home, the USA tries to put pressure on drug-producing countries (e. g. Peru, Bolivia, Colombia) to prevent drugs from being smuggled into the country in the first place. However, despite tight controls and heavy penalties, statistics show that these measures have not be very effective in cutting drug and alcohol use.

During Prohibition, alcohol was sold and served in illegal bars called speakeasies.

- The best-known historical example of an attempt to control drug use was Prohibition (1920 – 1933), when alcohol was banned. It is now known that sales of alcohol actually increased during this period, and a black market developed to meet the demand, as a result of which many people became extremely rich.
- The USA has a higher legal drinking age than many other western countries: in several states, alcohol may only be sold to people aged 21 and over.
- Today the war on drugs tends to focus more on narcotics, especially the possession and sale of marijuana. Almost half the arrests made for drug crimes are related to marijuana.
- Prison sentences are very common for drug-related crimes, even relatively mild ones, which in turn puts a great deal of pressure on the prison system.
- Many companies now test their employees for drug and alcohol usage → members of staff who fail these tests can be fired.

Capital punishment

The USA is one of the 52 countries in the world that still retains and actively uses the death penalty as a means of punishment. The issue is an extremely controversial one, with emotional arguments on both sides. For a time, the death penalty was abolished in the States, but was reinstated in 1976, since which time 1,466 people have been executed.

This is the number of people executed as of January 2018.

Death penalty facts

35 of the 50 states have the death penalty on their statute books, although not all of them actively use this option. Some states have a moratorium on the death penalty, which means that no executions are currently being carried out there. The table below lists the ten states with the highest number of death row inmates. It shows the ratios between the number of people on death row and the number of people who are actually executed from state to state. Texas executes the highest number of people; California, although it has the largest death row population, has not executed anyone since 2006.

These and other statistics can be found at deathpenaltyinfo.org

State	Number of inmates on death row (2017)	Number of executions (2017)
California	746	0
Florida	374	3
Texas	243	7
Alabama	191	3
Pennsylvania	169	0
North Carolina	152	1
Ohio	144	2
Arizona	125	0
Nevada	81	0
Louisiana	73	0

- Due to the complicated appeal procedures, inmates often spend at least ten years on death row before they are executed; some are there for twenty years or more.
- The most common method of execution today is the lethal injection, although, in the past, other methods such as the electric chair, gas chamber, hanging and firing squad have been used.
- Death row inmates are usually kept apart from other prisoners, excluded from educational and employment opportunities within the prison. They are allowed few visitors and exercise times are restricted → they often spend up to 23 hours a day alone in their cells.

The prisoner is first injected with a drug to send him or her to sleep, followed by a drug to paralyse the muscles and then one to stop the heart, resulting in death.

- Some state laws also allow the execution of juvenile offenders – people who were under 18 at the time they committed the crime. Iran is the only country to have executed more juveniles since the 1980s.
- 156 death row inmates have been exonerated, i. e. found innocent and released, since 1973 → in some cases, they spent many years on death row.

The death penalty: arguments for and against.

It seems unlikely that the death penalty will be abolished in the USA in the near future, as the pro-death-penalty lobby has strong political influence. However, anti-death-penalty groups also make their voices heard, and often have the support of celebrities, especially in high-profile cases. The table below shows the main arguments for and against the death penalty.

Arguments for the death penalty	Arguments against the death penalty
Anyone who deliberately kills another person does not deserve to live.	All human life is valuable, even that of killers, and the state does not have the right to take a life.
The families of the victims are comforted by the fact that justice has been done.	Executing a killer will not bring their victim back to life; in fact, it means another family will lose a loved one.
The death penalty acts as a deterrent and makes society safer.	The death penalty does not act as a deterrent: homicide rates are not lower in countries where this is punishable by death than in countries without capital punishment. A large percentage of violent crimes are committed in rage on the spur of the moment, or under the influence of alcohol or drugs → the offender does not think about the consequences at the time of the crime.
Life imprisonment without parole is not a suitable alternative, as laws can change and a convicted murderer could be released on parole after all at a later stage.	Life imprisonment without parole is a more suitable punishment and is cheaper than execution in the long run because of the very expensive legal processes that have to take place before somebody can be put to death.
Human beings are not perfect and make mistakes, so it may be possible that a few of the people who have been executed were, in fact, innocent. However, this is balanced out by the thousands of innocent victims that are killed by convicted murderers who were released early from prison. This would not have happened if these murderers had been executed.	The death penalty is not applied consistently. A convicted murderer is more likely to be sentenced to death if the victim was white rather than from another racial group. Furthermore, there is a financial aspect. Offenders who are able to pay for a first-class legal team are unlikely to be given the death penalty, but many people convicted of murder come from poor backgrounds and cannot afford a good lawyer.
If a killer is not fully punished, it implies that their victim's life was worthless.	Some people who have been executed were clearly suffering from mental illness, and were therefore not entirely responsible for their actions.
	As long as there is a risk of even one innocent person being executed, the death penalty should be abolished.

The war on terrorism

9/11 and the aftermath

On September 11 2001, Islamic extremists carried out four more or less simultaneous suicide attacks. They hijacked four domestic flights; two of the planes were flown into the World Trade Center in New York City, one into the Pentagon, and one crashed in the Pennsylvania countryside. Most of the dead were either civilians or members of the emergency services.

- The reactions in the USA immediately after the attacks were of shock that the country was not invulnerable to terrorist attacks on their own soil, gratitude and support for members of the emergency services and the general public who risked their lives to save others, and a surge in displays of patriotism.
- The popularity ratings for President Bush rose dramatically.
- Most of the world expressed sympathy and support for the USA in the wake of this disaster.
- Several conspiracy theories arose, including claims that the US government had known about the attacks beforehand but did nothing to stop them, or that it had even played a role in planning the attacks in order to have an excuse to take military action in the Middle East.

For example, many fire-fighters were killed when the Twin Towers of the World Trade Center collapsed → they were inside the buildings, trying to get people out.

US response

President Bush declared a war on terrorism that was to take place on an international scale. This took several forms:

- Homeland Security and the US Patriot Act were introduced to prepare for, detect and prevent acts of terrorism.
- Military action was taken: 2001 – 2002 in Afghanistan → an attempt to defeat the Taliban and the Al Qaeda leader Osama bin Laden, who were thought have been behind the 9/11 attacks
- 2003 – 2011: the occupation of Iraq, to overthrow Saddam Hussein, who was also suspected of involvement in the attacks and who was thought to have weapons of mass destruction intended for use against the West.

After years as one of America's most wanted criminals, bin Laden was captured and killed by a US special forces unit in 2011 in Pakistan.

Saddam Hussein was captured in December 2003 and held as a prisoner of war by the Americans. He was handed over for trial to the interim Iraqi government the following year, who executed him in December 2006.

Points of controversy

Several points of criticism have been made about US policies following the 9/11 attacks, both at home and abroad:

- There have been serious infringements of civil liberties since the attacks → for example, the Patriot Act has given the authorities the right to secretly listen to phone calls and read e-mails between people in the US and abroad.

- Since no evidence of weapons of mass destruction was found in Iraq, the war there is considered unjustified by many.
- US troops were in Iraq for far too long → the government was under pressure to withdraw the troops after their presence there was clearly no longer necessary. President Obama did so in 2011.

Guantanamo Bay prison

- This is a military prison belonging to the USA, located in the Guantanamo Bay Naval Base on Cuba.
- Several prisoners who are accused of international terrorism are being held there. Some have been there since 2002.
- The prisoners have not been charged with any crimes, and there have been allegations of torture.
- In June 2006, the Supreme Court ruled that that Guantanamo prisoners must be given a fair trial.
- At the beginning of 2009, President Obama signed orders to close the Guantanamo Bay prison within a year, but the orders were never carried out.
- At the beginning of 2018, President Trump signed an order to keep it open → he does not want to release any of the prisoners currently being held there, and is considering adding to their numbers.

Talking about: crime and punishment in the USA

aftermath – *Nachwirkungen*
appeal – *Berufung*
capital punishment – *Todesstrafe*
conspiracy theory – *Verschwörungstheorie*
death row – *Todestrakt*
deterrent – *Abschreckungsmittel*
firearm – *Schusswaffe*
firing squad – *Exekutionskommando*
homicide – *Tötungsdelikt*
narcotics – *Rauschgift*
parole – *vorzeitige Entlassung*
torture – *Folter*
weapons of mass destruction – *Massenvernichtungswaffen*

Überblick

Die USA sind eine Weltmacht. Dort getroffene Entscheidungen beeinflussen andere Staaten nachhaltig. Einerseits sind die USA in vieler Hinsicht fortschrittlich, andererseits erscheinen sie dem Rest der Welt gelegentlich als „altmodisch“. Das resultiert oft aus dem Einfluss, über den religiöse Gruppierungen in gesellschaftlich-politischen Belangen verfügen, etwa in Fragen der Sexualerziehung und der Einstellung zu den Tatsachen der Evolution. Auch aufgrund dieser Doppelgesichtigkeit bleiben die USA ein Faszinosum.

Talking Points: Globalisation

6

Die Globalisierung ist eines der Hauptthemen der Gegenwart, nicht nur, weil so viele Bereiche des Lebens davon betroffen sind. Es ist ein kontroverses Thema, da die Globalisierung gute Seiten hat – aber eben auch (teils heftige) Schattenseiten.
Dieses Kapitel liefert Informationen und Vokabular, um Texte zum Thema „globalisation" verstehen zu können – aber auch, um Essays und andere schriftliche Übungen rund um dieses Thema erarbeiten zu können.

6.1 What is globalisation?

Early globalisation

Globalisation means that many aspects of life, such as economy and business issues, environmental issues, culture and people, are connected throughout the world. It is sometimes easy to forget that this is not a new phenomenon. On the contrary, throughout the ages people have always been interested in discovering new places and adopting the ideas that they found there, as well as bringing their own culture to those places.

globalisation (BE) – globalization (AE)

- The **Ancient Greeks** and **Romans** conquered large parts of the known world, spreading their culture throughout the places they invaded. For example, in Britain the Romans built roads and introduced technologies such as central heating in the home. Luxury goods, such as wine and olive oil, were also imported, although only the rich could afford them.

The Romans settled in Britain from around 43 AD, for about 400 years.

- The **Silk Road** was a collection of ancient trade routes that, at its height, connected the east coast of China, Indonesia, India, Persia, Iran, eastern Africa and Europe. Both land and sea routes were used to transport goods such as silk and other expensive fabrics, spices, perfumes and jewels, to name just a few. In addition to this, it helped to bring different kinds of technology to other parts of the world, and to spread religious and philosophical ideas from the varied societies along the way.

Trading along this route began in around 206 BC.

- The **Islamic Golden Age** (approx. 750 AD to 1257 AD) was a time when Islamic civilisation spread throughout northern Africa, the Arabian states and western Asia. Once again, art, philosophy, science, architecture and technology of all kinds were able to spread. For example, the hajj, the traditional pilgrimage to Mecca that Muslims are required to make, became a central place where people from a large variety of places were able to come together to exchange ideas and trade goods, as well as pray.

- From the 15th century onwards, **European explorers** began to discover the wider world. Most of these explorers came from Portugal, Spain, Holland and Britain. They travelled hundreds of thousands of miles by ship, often with the aim of discovering or establishing new trade routes. When they returned to Europe, they brought many things with them that were unknown in their home countries: different types of food and plants, animals and precious metals. Some of the colonies established as a result of these voyages also produced goods for export to the Old World, notably tobacco and cotton. There were, of course, downsides to this: for example, colonisation also helped to spread diseases to which the native populations had no immunity. Moreover, the trade that took place between the Old World and the New included the slave trade, where large numbers of Africans were sold and transported across the Atlantic Ocean to work as slaves in the Caribbean and, later, in the southern states of the USA.

Two examples are tomatoes and potatoes

- The **Industrial Revolution** can perhaps be seen as the beginning of modern globalisation. It first took off in Britain during the 19th century, when the number of factories dramatically increased, allowing the mass production of goods. Britain imported raw materials from its colonies around the world and exported the goods it produced, making it the world's first economic superpower. In America, industrialisation took a little longer to arrive, but once it had taken hold, the country soon outstripped the rest of the world with regard to manufacturing. By the end of the 19th century, as a result of inexpensive raw materials, natural resources and a seemingly endless supply of cheap labour in the form of immigrants, the USA had become the new global superpower.

It was discovered that the country had a plentiful supply of coal, gas and iron, for example.

Globalisation today: the world as a "global village"

Nowadays, the world is connected through work, the economy, communications and international travel, to name just a few examples. The easy, almost instant availability of everything from foreign products to methods of communication has shrunk the world. The term "global village" is used to describe this phenomenon. It implies that the whole world has effectively come closer together: distances no longer matter, and everything is within easy reach. The image of a village is often a pleasant one, and indeed the way we live today has many advantages. However, there are downsides. For example, if products that were once only available in certain parts of the world can now be bought everywhere, part of what makes a country or culture special is lost: everything is always the same. As well as this, not everyone enjoys the ease of communication and sharing of personal information that is so common today, perhaps comparable to village life where everybody knows your business.

6.2 Globalisation and the economy

The growth of international trade has affected the economies of most countries in the world. There will, of course, always be winners and losers as a result of this; more often than not, the economies of the developed world are the winners, whereas developing countries, being more vulnerable to exploitation, frequently lose out.

Working conditions

Benefits of the European Union single market

One advantage of globalisation, at least within the European Union, is the fact that labour laws are standardised throughout all member states. They cover matters such as working conditions, e.g. working hours and regulations regarding part-time work, and obligations that employers have towards their workforce. These labour laws are an integral part of the single market: the easy import and export of goods, services and workers must be regulated by labour laws that apply in all members of that market. Otherwise, companies could, for example, make their products more cheaply by not paying their workers properly, thereby increasing their profit. The EU policy, however, states that the laws are there to "make sure that countries and businesses compete fairly on the strength of their products – not by lowering labour law standards."

European Union labour laws benefit more than 240 million workers.

There is a considerable contrast between working conditions in the developed world and developing world, differences that many Western companies have been able to take advantage of:

Working conditions in developed countries:

- Workers have fixed weekly working hours.
- Many of these countries have a minimum wage.
- Most allow workers to form and join trade unions.
- Workers can go on strike to protest against unfair conditions or low pay.
- In most Western countries it is usually not possible to fire an employee with immediate effect → a period of notice must be given.
- Most of these countries have industrial tribunals, where employees can, for example, appeal if they feel they have been fired from their job for unfair or illegal reasons.
- Women usually have the right to paid maternity leave, although the amount of money they receive and for how many weeks varies from country to country.

However, in some US companies, employees can be fired without notice: they simply have to pack their belongings and leave immediately after being told they have lost their job.

- In some countries, such as Germany, women have the right to return to their job within a fixed period of time after being on maternity leave.
- An increasing number of countries allow fathers to take paternity leave, or have a policy of parental leave, during which the parents can share the care of their young children at home.
- Conditions in offices and factories have to comply with certain safety standards.
- Some form of unemployment benefit is normally available, although, again, the amount and the period for which it is paid varies greatly from country to country.
- Employees are entitled to paid holiday and sick leave.
- Companies in many countries have to pay health insurance contributions for their employees or, for example in the USA, offer their employees health insurance packages.

Despite these generally positive factors, working conditions in the West are not always perfect:

- Whenever there is a recession, people fear for their jobs.
- Fewer low-skilled and unskilled jobs exist nowadays. This can, for example, be due to the use of technically sophisticated machinery that can perform tasks previously done by hand, or that can complete the work so quickly that fewer employees are necessary.

This is a development that began during the Industrial Revolution and continued with the invention of the factory assembly line: machines can work faster and more efficiently than humans.

- Many companies have closed down some or all of their factories in developed countries and relocated production to places where they can manufacture their goods more cheaply (see below).
- It can be difficult for working parents, particularly mothers, to find a good "work/life balance". Many mothers need or want to work, yet would also like to spend quality time with their family. A possible solution to this problem is the option of working part-time or job-sharing. However, not all companies allow this, and there are many part-time jobs that are unskilled and badly paid. Mothers who stay at home for a few years to look after their children may find it difficult to return to work, or at least to their former position. This is especially true if they had a highly skilled profession: it can be difficult to keep up with new information or technology needed to perform the job well. One solution is parental leave, where both parents (at different times) spend some months at home with their young child. This way, neither parent has to be away from the workplace for too long, and does not have to miss out on professional opportunities.

Working conditions in developing countries

The priority of most companies is to make a profit. To do so, they need to manufacture their products as cost-effectively as possible, and one way of doing this is to transfer some or all of their production overseas. For European companies, "overseas" can mean Eastern Europe or parts of Asia such as China or Vietnam. In the USA, many goods are likewise made in Asia, while others are produced south of the border, in Mexico or beyond. The advantages for the companies that do this are clear: they can increase their profits by producing their goods in countries where factory rental, amenities such as electricity and, most important of all, wages are lower than in their home country. However, the other side to this coin is that the working conditions in many of these countries are anything but ideal. This applies particularly to companies in so-called export processing zones.

Export processing zones, or EPZs, are industrial parks in developing counties such as China where export goods are mass-produced. Foreign companies are often given tax breaks and other benefits to encourage them to set up business there.

- Employees are often expected to work long hours with just one short break.
- They are paid low wages that are barely enough to live off. In some cases, money may be deducted from their wages to pay for social security contributions, although the workers themselves do not necessarily benefit from these.
- Workers often have to meet targets, i. e. they have to complete a certain amount of work within a given time. If they do not manage this, they may have to work even longer hours until they have finished. This overtime is unpaid.
- The conditions inside the factories are often unhealthy and dangerous: the air becomes very hot because of the machines that are in constant use combined with poor ventilation.
- Proper safety clothing and equipment is often not provided.
- Sick pay and unemployment benefit frequently does not exist.
- Trade unions are often forbidden, so workers have no official way of protesting about their conditions.
- In areas with high unemployment, it is easy to find staff for these factories. Women are seen as ideal workers, e. g. in clothing factories, because they are easier to manipulate and less likely to complain about low pay.
- In extreme cases, teenagers or even children have to work in factories instead of going to school like their contemporaries in developed countries. Often, they come from large families that urgently need money.
- It is difficult for workers to negotiate better conditions for themselves, as they often do not have any real rights. If they are seen as causing trouble, they can be fired and other workers taken on to replace them.
- In some countries, such as Thailand or Bangladesh, people have been arrested or even attacked for campaigning for better conditions for

Such factories are often referred to as "sweat-shops".

The International Labour Organisation (www.ilo.org) estimates that around 170 million children have to work so many hours that they cannot attend school. Many of them work in the fashion supply chain, making items for clothing companies.

factory workers. In other cases, companies may decide to move their factory to another area or another country if workers make too many demands. As a result, many people, desperate for a job, accept the terrible working conditions to avoid losing their only source of income.

These conditions are a consequence of globalisation. Because the global economy enables companies to manufacture goods anywhere in the world, there is strong competition among governments to offer incentives, such as cheap utilities and cheap labour, to encourage foreign companies to set up business there. For the governments, this means additional sources of employment and foreign investment coming into the country. Logically, it is the workers at the bottom of the chain who will suffer the most. Clothing manufacturers tend to be among the worst culprits here.

Textile production in China

What can be done?

One positive effect of globalisation is that it is more difficult for companies to hide the way in which they produce their goods. Media reports inform consumers about these practices, making them think about the origins of the goods they buy. It is also easier to raise awareness using the internet. There are groups such as the Clean Clothes Campaign, which works to let people know how clothes and sportswear are produced. Such groups speak to companies and governments, lobbying them to improve conditions and stop worker exploitation. Furthermore, they offer support to workers and help them to fight for their rights.

Education of consumers in developed countries is essential if the situation is to be improved. These consumers are used to choosing from a wide range of goods at a low price price – again, a consequence of globalisation. As long as there is demand for cheap goods, manufacturers will continue to produce them. However, it is possible to bring about changes by letting people know the true cost of their cheap T-shirt from Vietnam. If enough customers boycott companies whose clothes have been made in sweatshops, for example, the companies will have to rethink their policies if they want to win those customers back.

There are many more such groups, including the SweatFree Communities, which works against sweatshops (www.sweatfree.org) or Women Working Worldwide (www.women-ww.org).

Fair trade products

One way to ensure that workers are paid a fair wage for goods they have made or food they have grown is to choose products with the Fair Trade label. Moreover, this is becoming increasingly easy to do, as more and more companies are switching to fair trade ingredients and materials for the manufacture of their products. To name just one example, Cadbury's, Britain's most famous chocolate company and one of the largest chocolate manufacturers in the world, now uses fair trade cocoa beans to make some of their best-selling chocolate bars. This decision supports cocoa farmers in countries like Ghana, allowing them to grow the beans sustainably.

The website www.fairtrade.org.uk has lots of information about fair trade and its impact around the world.

What does fair trade mean?

Elias Mohammed, a fair trade farmer from Ghana

- Fair trade products are ones that guarantee higher prices, good working conditions, local sustainability and trade on fair terms for workers and farmers in developing countries.
- Companies that buy fair trade goods have to agree to pay no less than the market price. This is different from the way trade, especially with developing countries, usually works. In order to produce as cheaply as possible, many companies impose conditions that take advantage of the weakest producers, making it difficult for them to break out of the cycle of poverty.
- Farmers working for fair trade organisations, however, are in control of their working conditions. They are paid sustainable prices for their products, so they can cover their costs and actually live off the money they earn.
- Fair trade associations can make money available for investment in social, enviromental and economic development projects.
- Some producers need money before they can produce their goods. For example, farmers may need to buy fertilizer or seeds before they can begin growing. Fair trade organisations make it possible for them to get the money they need, which they can then repay when they start earning from the sale of their products.
- Fair trade allows long-term trading partnerships to be established in which all parties have a say in the way business is done.

The "green dollar" means money that is spent on environmentally sound products and services.

This is a positive effect of globalisation. People who would not otherwise have been able to make a living in the global marketplace are able to sell their products internationally. The market for fair trade products has grown considerably in recent years. On the one hand, consumers are more aware of the conditions under which, for example, food is produced, and want to support farmers in developing countries. Purchasing decisions of this kind help consumers to feel good about what they are buying. Likewise, many companies have discovered the power of the green dollar, knowing that fair trade products will attract a certain type of customer; this encourages them to use fair trade ingredients and materials in their products. Nowadays, all major supermarket chains carry a range of ethically sourced products. In addition to this, several food outlets use fair trade ingredients. For example, there are some coffee chains that offer coffee made with fair trade beans.

Migration of workers

A further effect of globalisation is that it has greatly increased the mobility of workers. Naturally, the concept of people leaving their home country to look for better job opportunities abroad is nothing new. For example, the idea of the "American dream" has inspired people from around the world to immigrate to the USA, hoping to make a good life for themselves in the country where nothing seems impossible. Canada and Australia have also long been popular destinations. Now, in the 21st century, moving abroad for work can be both easier and more difficult than in the past, depending on the circumstances:

- European Union nationals have the right to live and work in other EU countries without a work permit or visa. They can apply for any jobs advertised in the country of their choice, although their language skills and other qualifications will of course be taken into consideration.
- Thanks to the internet, it is easy to search for and apply for jobs in other countries. Many jobs are advertised online, either directly through the company or in the job search section of newspapers. In addition to this, there are a huge number of online recruitment sites where people can search for jobs at home and abroad. Some also allow job seekers to post their CV on the site to be viewed by prospective employers.
- Many countries have a lack of skilled workers in certain fields, for example in computer technology, and make up for this lack by offering highly qualified professionals from abroad incentives to come and work there for a certain period of time.
- Whereas some people choose to move abroad to work, for example in order to experience life in a different culture, others are driven more by

economic necessity: if there are no jobs and no prospects in their native country, they often look elsewhere for a place to earn a living.

- However, unskilled jobs are more and more difficult to find in developed countries, due to technological developments that have enabled companies to cut back on workers, and due to the global recession, which means that fewer people are being taken on.
- Seasonal work, such as fruit picking, is often done by migrant workers, as they can be paid a lower wage than average and do not have to be offered a permanent job. It is common, for example, for workers from Eastern Europe to travel to Western Europe to do seasonal work, or for Mexicans to work as fruit pickers in California.
- Some people, driven to extreme measures by the desperate economic situation in their home country, go to dangerous lengths to emigrate to a country where they think they will have a better chance of finding work. For example, refugees from Africa undertake the perilous journey by boat across the Mediterranean Sea to southern Europe. Frequently, the boats – which are often unsuitable for a journey of this kind – run into difficulties when the sea turns rough. Many of the potential immigrants never make it, but drown or die in the terrible conditions on the overcrowded boat.

Another example are the many Mexicans who illegally cross the border to the USA. There are estimated to be at least 2 million illegal immigrants in California alone, many of whom are doing unskilled, low-paid jobs.

The Brain Drain

The global economy makes it easier and more attractive for highly qualified professionals to work abroad. They take advantage of job opportunities in industry and commerce, or take up an academic post at a foreign university. For example, many specialists are attracted to the US because of higher salaries and excellent facilities.

The problems start when large numbers of highly skilled workers leave a country:

- Countries suffer if they do not have enough people with the right kind of professional skills and technical know-how → the country cannot remain competitive.
- When this happens, it is known as a "brain drain" → the intellectual power is "drained" away and disappears.
- When eastern European countries like Poland joined the EU, for the first time scientists had the opportunity to look for jobs in the West → many did so, but returned later when Poland's economy became stronger.

>>

- EU countries with weak economies, such as Greece, are also seeing a significant increase in emigration among highly qualified people → however, these are exactly the kind of people who are necessary to help rebuild their country's economy and help it out of its recession.
- A further problem arises if highly qualified people enter other countries as refugees or asylum seekers. Even if they have a high level academic qualification, this may well not be recognised by their host country. As a result, they are not allowed to practise their profession in their new country, or are expected to gain additional qualifications before they can do so. Many are unable to get these qualifications (e.g. because it is too expensive for them to do so), and so they are forced to do jobs that are far below their skills. For example, someone who had been a doctor in their home country in Africa might have to resort to working as a cleaner in Europe. This situation is known as "brain waste": the skills are available, but the host country does not make use of them.

6.3 Globalisation and environmental issues

It goes without saying that globalisation must have a significant effect on the ecology of our planet. We are able to travel far more freely than 100 years ago, and are no longer satisfied with local food and products: we want to be able to choose from goods originating from distant parts of the world, and to have them available at all times. This has been the case for several decades now, and the damage to the Earth has been considerable. However, people are slowly starting to rethink their behaviour and to consider what can be done to reverse some of these negative effects.

A planet on the move

Human beings love to travel, and increasing numbers of us can afford to do so. Air travel has become far cheaper, and the majority of adults in developed countries own a car. As a result, we need more and more fossil fuels to keep us mobile, using up the world's natural resources in the process. In addition to this, our planes and cars add to the pollution levels that so many of our activities cause, which in turn contributes to global warming.

Flying

- Nowadays, more people travel by plane than ever before. Budget airlines encourage short trips both for business and pleasure, and the increasing popularity of exotic holiday destinations means more long-haul flights.
- Although planes nowadays have new technologies that allow them to use fuel more efficiently, and biofuels have been developed for aircraft use, the problem of pollution remains because of the increase in passenger numbers and freight transported by air.
- Some airlines now offer passengers the option of offsetting their carbon footprint when booking a flight. Passengers can pay an extra fee, and the money is used for carbon offset schemes, such as tree-planting initiatives. However, since the extra charge is voluntary, it is easy to choose not to pay it.
- As the volume of air travel continues to rise, many airports feel the need to expand, for example by building an additional runway, to cope with the higher number of flights. This in turn has an additional impact on the environment. On the one hand, part of the countryside has to be destroyed in order to build the runway and the necessary additional infrastructure. This then affects the natural habitats of animals and plants in the area.

There were an estimated four billion air passengers in 2017.

- There is also the impact on the people living near the airport. An additional runway means an increase in air traffic, and therefore in noise and pollution.

Economic benefits include the creation of new jobs, and larger numbers of tourists and business people visiting the region.

- Whenever an airport proposes expansion, there are strong protests from local residents and environmental groups. Those responsible for giving the go-ahead to these business plans, for example politicians, will always weigh up the environmental issues against the economic benefits and often decide in favour of expansion for this reason.
- It seems unlikely that flying will become less popular any time soon. There are, however, some things that can be done to reduce the need for flying. For instance, make more use of video conferencing technology so that business meetings can take place remotely, rather than in person. Scrap frequent flyer programmes so that people have less incentive to fly often. Encourage people to go on holiday in their home country and travel there by train.
- However, it would be surprising if such measures had a significant effect on the number of people travelling by plane. Moreover, the amount of international freight being transported by air is unlikely to decrease, as it is so much faster than the alternative methods of shipping.

Cars

To reduce car use, governments need to make public transport more affordable and provide a more extensive service. They could encourage people to go by bike by increasing and improving the network of cycle lanes in cities.

For many people in the Western world, life without a car would be unimaginable. In North America they are perhaps most popular of all, with people even getting into their cars to travel what seems like ridiculously short distances of a few hundred metres. As with planes, our love of the motor car has a considerable impact on our world.

- Carbon dioxide emissions from car exhaust fumes have added significantly to the amount of air pollution, which in its turn contributes to the greenhouse effect and therefore global warming.
- In some places, particularly in rural areas, it is becoming increasingly difficult to live without a car due to the lack of alternative means of transport. Bus and train services are often infrequent or non-existent, leaving residents with no choice but to drive wherever they need to go. In many cases, families even need two cars.
- Car manufacturers have recognised the importance of producing vehicles that are more energy-efficient and can run on cleaner fuels: there are now a large number of hybrid and electric cars.
- To reduce pollution, many cities in Germany have environmental green zones. Only cars with a low emission value and marked with a green badge can drive there.

- London has a congestion zone: vehicles have to pay a fee to drive into this part of the city. The idea is to reduce the amount of traffic in central London which, in turn, reduces the level of air pollution there.

Global warming

Global warming, or climate change, refers to the fact that the average temperature of our planet has been rising over time and continues to rise today. This is not the first time that this has happened. During the billions of years of the Earth's existence, the overall temperature has risen and fallen several times, causing ice ages followed by more temperate periods. In fact, we still live in an ice age today, with 10% of the planet's surface under ice, and icy, snowy winters in many parts of the world. It is natural for the Earth's temperature to rise after an ice age; the problem this time is that human activities are contributing to the higher temperatures, making them rise much faster than they should.

Climate change also has natural causes, such as the flow of water in the oceans, changes in solar radiation that reach the earth, or volcanic eruptions. This is one reason why there are people who do not believe that global warming is caused by human behaviour. They argue that temperatures will rise anyway, as they have in the past, and will probably start to fall again at some time in the future. Clearly, there are several factors that play a role in climate change, but there is plenty of evidence to suggest that human activities are the most significant of these. And, worst of all, it may be impossible to undo most of the damage we have done.

Human activities contributing to global warming

- The burning of fossil fuels (e. g. for vehicles and manufacturing purposes) has increased the amount of greenhouse gases in the atmosphere, which in turn make temperatures rise.
- Making significant changes to the surface of the planet, e. g. by wide-scale cutting down of forests. To name one example, the rainforests of Brazil are far smaller now as compared to a few decades ago, as they have been cut down to make way for farming or to provide wood for commercial activities. Trees play an important role in absorbing the greenhouse gas CO_2, so, clearly, if there are fewer trees, more of this gas can escape into the atmosphere.
- The use of aerosols and appliances containing CFC gases, such as fridges. These gases considerably damage the ozone layer, which is needed to protect the planet from dangerous rays from the sun.

CFC stands for chlorofluorocarbon, an organic compound of carbon, chlorine and fluorine.

Consequences of global warming

- A considerable amount of the world's ice will melt (e. g. the ice caps at the north and south poles, the Greenland and Antarctic ice sheets), causing sea levels to rise. This in turn will cause more flooding in lowland areas.
- Some parts of the globe will become far hotter, especially in the northern hemisphere. There will be more heat waves, and rainfall is likely to become far heavier than now, again leading to an increase in flooding.
- Higher levels of CO_2 and warmer temperatures will negatively affect certain ecosystems, leading to many species of plants and animals becoming extinct.
- People living in coastal areas will be far more vulnerable to flooding.
- The rising sea levels will threaten small islands in particular, making it difficult or impossible for people to continue to live there. Countries such as the Maldives would be affected in this way.
- The amount of clean water available will be reduced, which in turn will have a negative effect on the health of many groups of people.
- There will be a reduction in the amount of crops that can be grown, particularly in developing countries such as India. At the same time, the population in these countries is expected to rise dramatically. The result is likely to be a rise in diseases connected to malnutrition, as well as more famines.

The crops that will be affected are the basis of many people's diets: rice, millet and maize.

What can be done to reduce the effects of global warming?

- In order to reduce the amount of fossil fuel used around the world, ways of using alternative energy sources more effectively will have to be found (see below).
- By reducing the amount of energy we use, we can reduce the amount of energy that is wasted. This is an area in which each individual can make a small contribution: we can switch off electrical appliances when they are not in use, and insulate our homes to make sure that heat does not escape.
- We can make a conscious choice to use our cars less, or not to travel by plane. Using public transport, going by bike or car-pooling may be options, at least some of the time.
- We can use renewable fuels in our vehicles.
- Reforestation: trees can be planted to replace those that have been cut down using sustainable forest management. Many such forests exist, and it is possible to buy paper products made from wood pulp that is certified as coming from a sustainable source.

To "car-pool" means to share a car with one or more other people making the same journey.

For example, from FSC-certified forests. See ic.fsc.org

- We can recycle our waste and choose recycled products. We can also reduce the amount of waste we create in the first place (e. g. by avoiding products that come with a large amount of packaging). This reduces greenhouse gases released by manufacturing and waste disposal.
- We can buy appliances, e.g. washing machines, that are more energy-efficient and waste less water.
- We can turn down the heating in our homes by a couple of degrees.
- New buildings can be designed to be energy-efficient, using renewable energy sources for heating and electricity.
- Town planners can make urban development more energy-efficient, which in turn provides a better quality of life for the citizens (for example when pollution levels are reduced). Among other things, this can be achieved by ensuring that there are enough parks and green spaces, planning the location of amenities such as shops so that there is less need to travel long distances to reach them, or to travel to them by car. Public transport infrastructure can be improved, and it can be made less attractive (e. g. through expensive parking options) to drive private cars into the city centre. Safe cycle paths can be provided, and it can be made more pleasant to walk (e. g. by building wide pavements).
- Regarding transport, more freight could be transported by rail rather than by road or air. Public transport must be made more attractive to use, and could be run on biofuels or be powered by electricity.

What can governments do about global warming?

It is clear that individuals can only do so much. In order to significantly counteract the effects of global warming, changes have to be made on a national and international level. In other words, all governments have a responsibility to tackle this problem. They can do so, for example, by signing – and then following – agreements on measures to be taken. One of the best-known of these is the Kyoto Protocol.

International agreements are essential in the attempt to limit climate change, since global warming affects the whole world and does not stop at the border of one country to another.

The Kyoto Protocol

- It came into effect in February 2005.
- The states that signed agreed to reduce greenhouse gas emissions by 5.2 % each year by 2012.
- It was signed and ratified by 192 states. The nations that did not ratify it were the USA, Afghanistan and Sudan.
- The USA refused to ratify it because it claimed that scientific evidence of the effects of greenhouse gases was not convincing. In addition to this, agreeing to the protocol would possibly damage the US economy.

- Unfortunately, many countries failed to meet their agreed targets. They can be fined because of this, but cannot be forced to make the necessary changes.

Short-term profits are seen as more important than cleaner air in the long term.

- In the USA in particular, large businesses put pressure on the government not to pass laws that will force them to change the way they work, especially if this will cost them more.
- Some countries, e. g. India and China, did not have to agree to national limits when they signed the protocol, as they were not among the world's largest greenhouse gas emitters at that time. However, since then, a surge in industrialisation in China means it now produces the most greenhouse gases in the world, pushing the USA into second place.
- Since the Kyoto Protocol, there have been more attempts to reach international agreements on climate change, but it remains a difficult problem:
- 2009: the Copenhagen Accord agreed to try and limit global warming, but acknowledged that developing countries would need more time and financial support to meet these goals.
- 2014: during climate talks in Paris, the USA and others said they would not sign an agreement to reduce CO_2 emissions.
- 2015: the Paris Agreement pledged to slow climate change. By November 2017, 194 states and the European Union had signed the agreement; 173 of them, including the USA, China and India, had ratified it.
- However, in 2017, the American government under President Trump gave notice that the country was going to withdraw from the Paris Agreement.

Renewable energy sources

There are several reasons why it is becoming increasingly important to look for alternative sources of energy. Fossil fuels such as oil and gas pollute the environment, are expensive and, in the case of oil and petroleum, are becoming more difficult to extract, which will drive the prices even higher. In addition to this, nuclear power, which is used as an energy source in many countries, is extremely dangerous if there is an accident that allows radiation to escape from the power station. For example, in March 2011 there was an earthquake in Japan which damaged five nuclear reactors.

Several renewable energy sources are available, and they are being used more and more widely:

- **Wind power:** "wind farms" are created in areas with high and more constant wind speeds. Such areas are typically found at high altitudes or offshore. The air currents turn wind turbines, creating energy that is converted into electricity.

- **Solar power:** the sun's rays are collected in solar panels. This technology can also be used for individual buildings and private homes. Solar panels are installed on the roof, and are used to provide heat and hot water for the building.
- **Hydropower:** the energy in flowing water is used to make electricity. This can be done by building a large hydroelectric dam, although the flow of some rivers can also be used without the need for a dam
- **Biomass:** energy is created by burning wood and other organic matter. The plants have absorbed the sun's energy while growing, which is released when they are burnt. It is important to ensure that only the amount of biomass needed is grown so that this energy source remains sustainable.
- **Biofuel:** biofuels come from biomass, and can be solid, liquid or gas. To name one example, bioethanol is a type of alcohol made from sugar and starch crops (such as sugarcane, wheat and corn). It can be used as an alternative to petrol for vehicles.
- **Geothermal energy:** the heat that come from beneath the Earth's surface (the same energy that heats natural hot springs) can be harnessed and used to generate electricity.

The use of renewable energy can make a considerable difference to life in developing countries. Particularly in rural areas, it is not possible for households to be connected to an electricity supply as we know it. However, small solar panels can be installed in villages, providing lighting and heat for cooking at half the price of kerosene, which was commonly the only option in such places. There are also other positive effects. If power is available, people are able to start up a business and earn money. In addition to this, options for education improve, as schools can be provided with electricity.

Food: global versus local

Increasingly, people are thinking more about where their food comes from. In the past, when the economy of all countries was based on agriculture, all food was locally grown, often by each individual family. Today, both exotic and "ordinary" food is available throughout the world and, often, throughout the year. Pineapples and melons are flown in from South America, lamb from New Zealand, grapes from South Africa. Strawberries from Spain are available to buy long before the fruit is ready on local fields in northern Europe. As with consumer goods, people love having such a wide choice of products, all easily available at the local supermarket.

Food miles

One reason for the popularity of farmers' markets is that people can buy locally grown produce. It is often more expensive than in the supermarket chains, but this is offset by the reduced impact on the environment.

- This term refers to the distance the food has to travel from the place it was grown to the consumer.
- The method of transportation is a factor in the environmental impact of food miles. Have the goods travelled a short distance by road or been flown in from the other side of the world?
- There are campaigns that encourage consumers to buy locally grown food, seasonal fruit and vegetables, and meat products from local sources.
- This seems to make good sense: fruit and vegetables are healthier if they are in season and have not travelled thousands of miles. Buying local meat helps to ensure the animals have not been transported live for long distances, under cruel conditions. Buying local products helps to support local businesses and maintain local jobs rather than large, anonymous companies.

Certain types of fertilizers, for example, give off a considerable amount of greenhouse gas.

However, the situation is not as clear-cut as it may seem. Although air and road transportation add to greenhouse emissions, when it comes to food the largest part of these emissions are caused by the actual food production itself. For example, farm animals cause up to 30% of greenhouse gas emissions throughout the world. In general, more greenhouse gases are released during food cultivation and production than through transportation. A lot also depends on the conditions in which the animals are kept. Those that can eat fresh grass straight from the field all year round can be kept in a more energy-efficient way than those that have to be fed on additional food brought in from elsewhere.

6.4 Global organisations

The United Nations

The UN was founded in October 1945 in the wake of the Second World War. 51 nations came together to form it as a replacement for the League of Nations.

- Its headquarters are in New York City and its General Secretary is currently António Guterres from Portugal.
- The term of office for the General Secretary is five years, and he or she serves a maximum of two terms.
- The UN has 193 member states.
- The four main aims of the UN are:
  - to maintain peace and security throughout the world
  - to develop relations among nations
  - to encourage cooperation between nations to solve economic, social, cultural or humanitarian problems
  - to provide a forum for countries to come together in an attempt to meet the UN's purposes
- The International Court of Justice, also part of the UN, is located in The Hague in the Netherlands.
- Some of the organisations that are closely linked to the UN include UNICEF (the United Nations Children's Fund) and refugee programmes such as UNHCR.

The League of Nations was also an international organisation, formed after the First World War as a forum for resolving international disputes through peaceful mediation.

International peacekeeping

Peacekeeping and peace building are two of the UN's most important functions. The aim is maintain peace in the long-term once it has been established, and encourage mediation to solve conflicts rather than war:

- UN peacekeepers go to countries and regions that have previously been at conflict to help with the peace process.
- This includes overseeing elections, providing funds to help rebuild the country or region, and supporting military withdrawal post-war.
- UN peacekeepers are often soldiers, but can also be police officers or civilians.
- The UN does not have its own army, so soldiers acting on behalf of the UN are still part of their own country's army.
- This kind of international peacekeeping organisation is able to remain neutral in conflict regions.
- There are currently 15 active UN peacekeeping missions, e.g. in Mali and Libya.

The website betterworld-campaign.org/un-peacekeeping/ provides further information.

6.5 Global communication: the role of the internet

Of all the global phenomena to have arisen in the last few decades, the internet is perhaps the one to have had the most dramatic effect on our everyday lives. It would not be going too far to say that life without it would be inconceivable, as it is now so deeply integrated even into ordinary activities. The internet, and therefore the World Wide Web that contains the world's websites, are now accessible nearly everywhere in the world and, thanks to technologies such as smartphones and wireless internet access, we can go online more or less any time and anywhere we wish to do so. The advantages and disadvantages of the internet are always an interesting talking point: the information below summarises frequently discussed aspects of the internet, with examples of arguments for and against each point.

Availability of information

Pros	Cons
The web contains information on every subject that exists. Search engines help us track down the information we want.	Websites also exist on subjects that many people do not want to see, e.g. Neo-Nazi sites. Parents can filter or block what their children can view on their personal computer. However, the websites are still out there and older children or teenagers may be able to surf more freely at a friend's house.
Users can keep up-to-date with world affairs and other news instantly, as it happens.	There is a growing danger of "fake news" stories deliberately placed online. We should not believe everything we read or watch online, but should always check the facts behind a story, especially if it seems shocking or unusual in some way.
The internet has become a library that is accessible to everybody. Online dictionaries and encyclopaedias make it easy to look things up.	There is no guarantee that all of the information found online is accurate. If searching for information for an essay or project, it is important to check more than one source.
The internet helps people because they can find answers for all kinds of problems, saving time and money – e.g. you can look up how to repair an appliance or solve a computer problem.	Some things are still difficult to do without expert knowledge. Online videos can encourage people to attempt e.g. repairs that they are not qualified to do. They can end up hurting themselves or damaging their appliance.
People search for advice on medical problems. They look for information or reassurance about symptoms they are suffering from.	Not all information on the internet is accurate or reliable. It can be dangerous to work out a diagnosis for a medical problem yourself instead of going to a doctor, or to rely on advice from other non-medical people.

The online community

- *Pros:* Many people enjoy being part of an online community where they can talk about a shared interest. Some communities are like a support group, for example for people suffering from a particular medical condition. Unlike "real-life" support groups, online forums are available at all times. Members have someone to talk to whenever they need it. They can share their experiences with a much wider range of people and get faster answers to their questions. Some people find it helpful to talk to others who understand their situation, while remaining anonymous.
- *Cons:* Some people come to rely too much on advice given in forums rather than consulting a professional. We do not know who the other people in the forum are. Anonymity can be dangerous.

It is particularly important for parents to teach their children about the possible dangerous of forums and chatrooms, and make sure they understand that they should never share personal details with anyone.

The convenience factor

- *Pros:* The internet allows people to shop, pay bills, do their banking and other everyday activities from the comfort of their own home, at any hour of the day or night. They are completely flexible and are not tied to the opening hours of shops and other facilities. Goods are delivered to the door: a bonus for people who work long hours and cannot easily get to the shops, or who cannot leave their homes due to illness or old age.
- *Cons:* There is the problem of security, especially when entering bank or credit card details onto a website. Despite security measures, websites can be hacked, giving victims an unpleasant surprise when they check their bank account or credit card statement.

The working world

- *Pros:* The internet has revolutionised the way we work. For many jobs, it is no longer necessary to sit in an office all day every day, as the work can be done from another location. It is easy for professionals working in a particular field to exchange knowledge and ideas without having to travel.
- *Cons:* Working life has become more stressful. Technologies such as e-mail and mobile phones mean that employees are always available, even outside office hours or when on holiday. Some companies, for example, expect e-mails to be answered straight away, increasing pressure on workers.

The role of bloggers

- *Pros:* The internet is not a passive medium, but is a resource that everyone can contribute to. Blogging is a common way of doing this. While some blogs are merely personal, an online diary of their author's life intended mainly for family and friends, others reach a far wider audience, with hundreds of thousands of clicks per day. Political bloggers can provide important information and comment on current situations. The internet makes it easier for people to practice freedom of speech.
- *Cons:* In countries with repressive regimes, such as China or Iran, blogging is often seen as a real threat to the state and is subject to censorship. Governments are afraid that certain information will become known in the wider world, or that their citizens might find out the truth about certain situations through the internet. In extreme cases, bloggers may even be arrested and imprisoned for expressing their views.

Social media

- *Pros:* Social media connects people, allowing them to communicate easily. Friends and family can share news, photos and other items of interest.Users can join groups connected to their interests and hobbies. For many people, surfing, posting and chatting to friends through social media is a hobby in itself. Sites such as Facebook and Twitter can be good for promoting an event or cause. A large number of people can be reached quickly.

  Some networking sites are used in a work context. People can link up with others working in their field. Networking of this kind can help people find a new job.

  Social media can also play a political role: for example, during the "Arab Spring" of 2011, civil unrest that had started in Tunisia and Egypt spread throughout North Africa and the Middle East as people took to the streets to protest against their governments. The success of these protests is partly due to the use of Facebook and Twitter to coordinate events and mobilise large numbers of people. Afterwards, those who had been at the protests uploaded videos they had taken on their phones and digital cameras so that the rest of the world could see what was going on. This made it impossible for the governments to lie about these events.

  The example of the Arab Spring shows that social media can be a very powerful tool in making sure that the truth is told, and that corruption and human rights violations are made public.

- *Cons:* Security settings are extremely important for anyone using social media sites. Users need to ensure that only certain people are permitted to view their profile. It is easy to be anonymous on the internet and for people to disguise who they really are. It is essential to consider carefully what kind of personal details can be viewed by the general public. There are now employers who check up on the social media pages belonging to people who have applied for a job at their company. Depending what they find there, they may decide not to offer the person a job. People often have far less personal contact with their friends, spending more time chatting to them digitally than face to face. The problem of cyberbullying (see below) is also connected to social media sites.

Other points to mention

- *Pros:* E-mail, e-learning and e-business: the internet makes many forms of everyday communication easier and more convenient. Programs such as Skype or Facetime bring people together, allowing family and friends to talk face to face, even if they live on opposite sides of the world.
- Cons: Since there is no central governing body for the internet, online security will always be a problem. Hackers can manage to crack even complicated codes, and there is the threat of identity theft. Computer viruses can be spread, for example through attachments to mails, causing extensive damage both to private computers and whole computer systems

Cyber-bullying

Bullying is something that, unfortunately, has always existed in schools and among young people in particular. There always have been, and probably always will be, people who think it is all right to pick on others who they see as being different or weak in some way. In recent years, however, the internet, particularly online chat rooms and social networking sites, have added a new dimension to this. It is now possible to make unkind or even threatening comments about someone that will be seen, more or less instantly, by hundreds of other people. They may in turn add their own comments or forward the original post to others, spreading the message further. There is little the victim of the bullying can do to stop this. It is often not clear to those commenting on the original post that they are helping to bully someone: they may simply see it as a joke or a harmless bit of teasing. However, as in the case of all bullying, whether it is done online or not, the victim may not find it easy to laugh it off. In extreme cases, the victim may suffer from anxiety, depression, or even be driven to suicide.

6.6 Globalisation – for and against

The following table summarises the main arguments for and against globalisation.

For	Against
The global village means the world has come closer together. Distances no longer matter because we are instantly connected.	If everything is instantly available everywhere, the things that make certain places unique are lost.
Labour laws can be standardised if several countries work together, such as in the EU. Benefits for the workers such as regulations involving working hours and conditions	Even in countries where work is properly regulated, working conditions are not always perfect. A lack of unskilled jobs; danger of losing one's job during a recession; often a poor work/life balance.
Companies get incentives to move their factories to developing countries. They bring employment to the area.	People working for these factories in developing countries are easily exploited: poor working conditions in overheated factories; low pay; no rights and no way to protest against their conditions.
Fair trade products help local people sell their produce at a fair price. They can make a living that would not otherwise be possible.	
Migration of workers: people have far more opportunities to work abroad and take advantage of higher wages/better working conditions: this is good for countries that lack professionals with certain skills.	If too many qualified people leave a particular country, it can lead to a "brain drain", resulting in a lack of professionals in their country of origin; many migrant workers are seasonal, e.g. for fruit picking. These are jobs with poor wages and working conditions; refugees and asylum seekers are often not able to practice their profession in their new country ("brain waste").
Travel: flying is cheaper and easier than ever. It brings people together and allows us to visit places that were not easy to reach previously; goods can be transported all over the world from far-off places.	Flying is damaging to the planet. It adds to pollution; not all plane travel is necessary. Businesses could make more use of video conferencing; people could be encouraged to take holidays in their home country.
Cars: flexibility and ease of travel. They are necessary in rural areas without public transport; cars are becoming more environmentally friendly (hybrids and electric cars).	In many places, there is no alternative to a car. Public transport must be improved; cities must be made more attractive for walking and cycling.
Counteracting the effects: energy-efficient appliances; using our cars less; international agreements to reduce greenhouse emissions; renewable fuels; reforestation; recycling of waste; renewable energy sources: e.g. wind and solar power	Global warming: human activity adds to greenhouse gas emissions; melting of the ice caps; rising sea levels, flooding; air pollution; cutting down of forests

Food: exotic food is available at all times of the year in our supermarkets. Consumers like choice.	Food miles: damage to the environment due to long-distant transportation; animals kept in cruel conditions before being slaughtered for food; local/seasonal food is fresher and healthier. Support for local businesses and jobs.
United Nations: an international peace-keeping agency that can be neutral because many different nations are involved; works towards establishing and maintaining peace in trouble spots around the world.	
Internet: instant communication; availability of information; support and friendship in online communities; working life is made easier; blogs keep the world informed about certain events; social media can start a revolution; governments cannot hide the truth when it can be posted online.	Anonymity; security issues; danger of believing everything one reads online. Fake news or incorrect advice; work is more stressful because we can be on call 24 hours a day; censorship by certain governments; cyberbullying.

Talking about: World issues

aerosol – *Sprühdose*
carbon footprint – *CO_2-Fußabdruck*
censorship – *Zensur*
child labour – *die Kinderarbeit*
competitive – *wettbewerbsfähig*
consumer – *der Verbraucher*
CV [= curriculum vitae (BE); resume (AE)] – *Lebenslauf*
cyberbullying – *Cybermobbing*
denial – *das Verleugnen*
to drain – *abfließen*
exploitation – *Ausbeutung*
fake news – *Falschmeldung, Falschnachricht*
fertilizer – *Düngemittel*
fossil fuels – *fossile Brennstoffe*
freight – *Fracht*
greenhouse gases – *Treibhausgase*
incentive – *Anreiz*
industrial tribunal – *Arbeitsgericht*
labour laws – *Arbeitsrecht*
long-haul flight – *der Langstreckenflug*
malnutrition – *Unterernährung*
maternity leave – *Mutterschutz*
migrant worker – *Wanderarbeiter*
to offset – *etwas ausgleichen*
to pick on someone – *jemanden hänseln*

>>

pollution – *Verschmutzung*
profit – *Gewinn*
sustainable – *nachhaltig*
trade route – *Handelsweg*
trade union – *Gewerkschaft*
ventilation – *die Belüftung*
vulnerable – *gefährdet*
unskilled jobs – *Arbeit für Ungelernte*
waste disposal – *Abfallentsorgung*

Überblick

Die Globalisierung beziehungsweise deren Folgen sind so allgegenwärtig und alltäglich, dass man über deren „Manifestationen" gar nicht mehr nachdenkt. Beispielsweise benutzt ein hoher Anteil der Bevölkerung das Internet, ohne sich bewusst zu machen, dass diese Form der Kommunikation und Informationsverbreitung ein globales Phänomen ist. Die Weltwirtschaft ist durch internationalen Handel verbunden, was sowohl positive als auch negative Konsequenzen hat. Im Ganzen betrachtet sieht es so aus, als würden die Industriestaaten mehr durch Globalisierung profitieren als die Entwicklungsländer. „Globalisierte" Kommunikation bedeutet aber auch, dass man über viele Vorgänge auf dem Globus besser Bescheid weiß. So können Menschen sich Informationen beschaffen, um Entscheidungen zu treffen, die andere unterstützen, zum Beispiel, indem sie fair gehandelten Produkte den Vorzug geben. Globalisierung birgt die Chance zu globaler Solidarität.

Talking points: Science and ethics

7

Die naturwissenschaftlichen Fortschritte, die es im Laufe der letzten Jahrhunderte gegeben hat, sind erstaunlich. Diese Aussage trifft im medizinischen Bereich besonders zu. Es ist jetzt möglich, Krankheiten zu heilen, an denen man vor hundert Jahren einfach gestorben wäre. Als Folge sind die Menschen, zumindest in den Industrieländern, heute viel gesünder und leben auch länger. Naturwissenschaftler wollten aber noch weiter gehen und die Elemente untersuchen, aus denen wir gemacht sind. Nachdem sie entdeckt haben, wie unsere Gene funktionieren, haben sie sich überlegt, ob man diese auch verändern könnte, um Pflanzen, aber möglicherweise auch den Mensch, zu „verbessern“. Obwohl diese gentechnischen Veränderungen Vorteile bringen könnten, entstehen damit ethische Fragen, über die mitunter sehr kontrovers diskutiert wird. Ist es wirklich von Vorteil, Organismen „besser“ zu machen, oder sollen wir es lieber sein lassen, „Gott zu spielen“?

7.1 Genetic engineering

What are genes?

To a large extent, our genes make us what we are. They are the features, or traits, that we inherit from our ancestors. For example, the colour of our eyes and hair, or whether we are tall or short, are determined by our genes. This, of course, applies to all living organisms, not just human beings.

Furthermore, genetics are not just about appearance. Certain diseases are also passed down from one generation to the next through genes, and it is possible to work out the likelihood of a child developing some diseases by analysing the parents' genes. This aspect of genetics is particularly interesting to scientists. Genetic testing can help prospective parents make informed decisions about whether to have a child or not. In addition to this, there is the hope that certain diseases can be prevented by manipulating the embryo's genes. Naturally, this is where the question of ethics arises.

How genes work

- DNA is the molecule in our bodies that carries genetic information. Our DNA makes copies of itself and is passed on to our descendants.
- DNA is known as the "double helix" because of its twisting shape → in illustrations, it looks like a ladder. It uses four types of nucleotides (also

DNA stands for deoxyribonucleic acid.

known as bases), called A, T, G and C, in different combinations. The order in which these nucleotides appear in our personal DNA determines our genetic code.

- Genes work by providing information that allows an organism to build or do something, e.g. to create blue eyes. It is as if they write instructions, using the "letters" of the nucleotides.
- A **genome** is the complete set of genes in an organism.
- Every time a cell in our bodies divides to make two new cells, the genes it contains are copied, so the genes are continuously passed on.

Genetic engineering

"Genetic engineering" is also known as "genetic modification".

Scientists have discovered that it is possible to change, or "engineer" genes in order to modify an organism's DNA. For example, a gene that is resistant to weedkiller has been introduced to some soya beans. The farmer can now spray weedkiller on his soya bean crop and only the weeds on the field will die – the beans remain unaffected. This allows him to grow more beans on one field. Humans can also be treated with gene therapy if they suffer from certain genetic disorders. The gene that does not work properly is replaced with one that does.

The development of genetic engineering

Long ago, it was observed that, for example, members of the same family looked similar. However, the first scientific studies of this phenomenon did not take place until the mid 19th century:

Darwin's theory is also known as the "survival of the fittest", i.e. the organisms that were best adapted to their environment would survive and reproduce, while the weaker ones would become extinct.

- 1859: Charles Darwin developed his theory of evolution, which showed how organisms gradually change over time, adapting to changing circumstances in the world around them.
- 1865: Gregor Mendel discovered how traits are passed on from one generation to the next while experimenting with pea plants.
- 1902: Walter Sutton and Theodore Boveri deducted that a cell's genetic material is contained in its chromosomes.
- 1905: William Bateson coined the term "genetics" → it comes from the Greek word "genno" meaning "give birth".
- 1944: Experiments by Oswald Avery and colleagues proved that DNA is responsible for inheritance.
- 1953: James Watson and Francis Crick discovered the double helix at the University of Cambridge.
- 1972: The first gene sequence was decoded

In 1962, Watson, Crick and another colleague, Maurice Wilkins, won the Nobel Prize in Physiology or Medicine.

- 1978: Synthetic human insulin was products for the first time → insulin was the first human protein to be manufactured using biotechnology.
- 1980s: Scientists began experimenting with human genes.
- 1996: An animal was successfully cloned for the first time → Dolly the sheep.
- 2003: the Human Genome Project, an international cooperation to determine the sequence of the human genome, was completed. The aim of the project was to provide a complete and accurate sequence of the 3 billion base pairs that make up the human genome. It also intended to find all of the approximately 30,000 genes in human DNA. The scientists working on the project found 92 % of the human genome.

This is as much as can be found using the technology available today.

What can knowledge of the human genome be used for?

- Improving genetic testing.
- Preventative medicine → it will be easier to accurately predict illnesses that a person may have in the future, and to take steps to prevent the development of the disease.
- Assessing the risk that someone will develop a particular illness.
- Developing new gene therapy
- Creating personalized medicines to treat individual people for their individual condition.
- Improving DNA testing, which can, for example, be used in forensic medicine to solve crimes.
- Working towards cloning human organs that can be used for organ transplants.
- Adding to our knowledge of how human beings evolved.

Using DNA to find criminals (or to prove that someone is innocent of a crime) is a relatively recent use of this technology. DNA testing can also be used to check whether someone really is the father of a particular child.

Cloning

One result of genetic research is that scientists have discovered how to clone organisms. Plants are comparatively easy to reproduce by taking a cutting and allowing it to develop new roots. Then it can be planted and will grow. Animals, however, are far more difficult to copy genetically. The first successful clone of a mammal was Dolly the sheep, who was cloned from a body cell of an adult sheep. She lived for six years, from 1996 to 2003, although sheep of her species have a life expectancy of 11 to 12 years. There was speculation that her short life was due to her being a clone, but later four clones of Dolly were still alive and well, without any health problems, at the age of nine. Since Dolly, other types of mammals have been successfully cloned.

Arguments for and against animal cloning

For cloning	Against cloning
All the clones are genetically identical so they will have the required characteristics, e.g. cows that produce a lot of milk can be cloned to make a dairy farm more productive	If a clone is affected by a disease or changes in the environment, all of the others will be, too.
It may be possible to save species from extinction through cloning, or even bring an extinct species back to life.	Cloning leads to less variation, and limits the opportunities for creating new varieties in the future → a lack of variation within a species can lead to extinction.

There have also been attempts to grow human organs in animals such as pigs, using a form of cloning. The idea is that these organs can be transplanted into people who need them. However, at this point in time this procedure is not sufficiently well-developed to know whether it could become a real option in the future.

Stem cell research

Most of these embryos are created during fertility treatment. Couples undergoing such treatment can donate any remaining embryos for medical research.

When an embryo is developing, most of its cells become specialised, i.e. some will become an organ, some will become blood, and so on. They cannot change and become a different kind of cell at a later stage. However, embryos also have a special type of cell called stem cells, which can grow into any type of cell in the body. These stem cells can be taken out of human embryos that are a few days old and used for medical purposes. Some possible uses are:

- making new brain cells for people with Parkinson's disease
- repairing a person's immune system if it is damaged
- making heart valves to replace ones that no longer function properly
- rebuilding bones.

However, using human embryos in this way does, of course, have ethical implications (see below).

Therapeutic cloning

One risk for people who have had an organ transplant is that their body will reject the organ, because it does not recognise the genes it contains. Transplant patients have to take strong medication to prevent this.

This is another option for using stem cells to heal or improve medical conditions. However, instead of stem cells from an outsider, one of your cells could be cloned to produce an embryo with your own genes. Stem cells could be taken from this embryo and used to develop the cells needed to treat your particular medical condition. The advantage is that, since they would be your own cells, your body would not reject them. Once again, there is the moral dilemma of creating an embryo specifically for this purpose.

Uses of genetic engineering

Plants can be genetically modified
- to be resistant to pesticides
- so that they will not be eaten by pests
- to be more resistant to certain environmental conditions
- to make them more nutritious (e.g. by adding vitamins)
- so that they yield more within a smaller space
- to last longer before going bad → longer shelf life in shops

Genetically modified, or GM, crops are also known as "biotech crops".

GM crops: advantages and disadvantages

Advantages	Disadvantages
The land is used more efficiently	The genes could mutate in ways that are not good for the plants or for us
The yield of the individual plants is greater	GM crops do not produce seeds, so the farmer has to buy new ones every time a new crop is to be planted
Farming with certain GM crops is less damaging to the land → no need for pesticides or fertilizer; the ground does not have to be ploughed up	The effect on birds and insects that eat the plants can be negative → introducing something unnatural into the ecosystem
The quality of the food can be improved	Through eating crops that have been made resistant to antibiotics, we can also become resistant, leaving us more vulnerable to certain diseases
The food can be made healthier	We do not know what the long-term effects of GM crops in the food chain will be
They do not go bad so quickly → better e.g. for supermarkets if fruit or vegetables do not have to be thrown away at the end of the day	Farmers have to depend on large companies to get the seeds they need → they cannot farm sustainably

"Designer babies"

Another possible use of genetic engineering is reprogenetics. Embryos can be genetically modified to prevent the child from developing certain diseases. However, other uses are also envisioned for the future, although they are not possible yet. These could mean creating a child that is as perfect as possible: a "super human". Parents could also be given the option of choosing their child's sex, hair and eye colour, and other physical features. This is why this concept is often known as creating "designer babies".

The implication is that parents would be able to buy their ideal child, just as they can choose a stylish car or fashionable clothes.

Dystopian visions

Although, as mentioned above, the technology to design the perfect baby does not yet exist and seems unlikely to come into use any time soon, this idea is something that writers have long since envisaged. It is an idea that captures our imagination, as we wonder what the world would be like if we could eradicate disease, or if we could have a race of "super humans" who were physically and mentally superior to others.

A more recent example of a dystopian society with an underclass is the "Hunger Games" trilogy by Suzanne Collins

In his novel "Brave New World", Aldous Huxley describes a situation that, here in the 21st century, does not seem as far-fetched as it might have done when the book was published in 1931. The novel describes a world in which society is controlled by in-vitro fertilisation and embryos bred in laboratories. Workers are cloned so that they are all the same and perform the same tasks, and are conditioned so that they do not think about changing their social status. There is a ruling class – the Alphas – and four other layers of society below them, the lowest being the slave-like Epsilons who do all the work. Sex is only used for fun, not to reproduce, and people are expected to have many sexual partners. There is no religion in this world: it has been replaced by faith in science and technology. The book shows us the possible dangers of putting our trust completely in science.

The ethics of genetic engineering

Many people regard genetic engineering as simply the result of scientific progress, a way to improve our planet and make life better for ourselves and our fellow human beings. Many other people are less sure. Genetic modification is not a natural process, and it therefore means we are changing nature to suit our purposes. This is why it is sometimes referred to as "playing God": the implication is that we do not have the right to bring about these changes, that they are something only God should do. However, even if they are not religious, there are many people who question the ethics of genetic engineering and wonder whether we have gone too far. See the next page for arguments from both sides of the ethics debate.

Genetic engineering: positive viewpoint	Ethical dilemmas
There is nothing wrong with the genetic modification of embryos: parents have the right to choose the physical features of their children.	The technology is not safe and may never be completely safe.
Parents should make sure their children have the best possible life ⟶ this includes ensuring they will not have to suffer from genetic diseases.	Perfect health does not guarantee a good life ⟶ there are many other outside factors, some of which cannot be predicted when the child is born.
The human species will become stronger and better able to survive in the future if our genes are better.	If we create a race of "super humans", they may feel it is their right to mistreat ordinary people.
	There could be serious discrimination against disabled people.
	The procedure will be expensive ⟶ only wealthy people will be able to afford a "perfect" baby; in addition to this, babies become products that can be bought.
	The genetic modification of people will damage the human gene pool ⟶ in the long term, human beings may not have the variety and resilience to survive.
Parents should have the right to choose the gender of their child.	We already have the example of societies in the world that prefer boys to girls, and encourage women to abort female foetuses ⟶ creates an imbalance in society and, often, a large surplus of males who cannot find a female partner.
Male children are important ⟶ parents need a son to provide for them and the rest of the family, especially when they get old.	Members of the other sex may feel unwanted or suffer discrimination because they are seen as unnecessary .
In other cultures, it is good to have a daughter who can physically care for her parents in their old age	If something goes wrong during the procedure and a child of the unwanted sex is born, the parents may find it hard to love the child ⟶ they did not get what they wanted.
	Parents who do this are selfish ⟶ they are not thinking about how their decision will affect their child.
	Decisions of this kind are like playing God and are unethical ⟶ parents should accept the child they are given and not try to make him/her perfect.
The use of stem cells for medical research helps people who are in a desperate situation ⟶ if they are lucky, a cure will be found .	Embryos are living creatures and using them for research in this way is murder.

As the table shows, there are a large number of ethical concerns when it comes to genetic modification. Of course, some of these concerns are about procedures that do not yet exist or are not widely used. As human beings we are naturally sceptical about change and unfamiliar things. As science progresses in the coming years, it is possible that some of the procedures described above will become the norm. This means it is also possible that people will come to accept them and the misgivings will disappear. After all, when cars first started to become more widespread, they were regarded by many as something shocking and unnatural. Today, of course, they are an integral part of our lives. So perhaps, at some time in the future, the same will apply to genetic engineering.

Talking about: Genetic engineering

ancestors – *Vorfahren*
cutting – *Steckling*
descendants – *Nachfahren*
extinction – *Aussterben*
forensic medicine – *Gerichtsmedizin*
heart valve – *Herzklappe*
to inherit – *erben*
mammal – *Säugetier*
misgivings – *Bedenken*
nutritious – *nahrhaft*
pest – *Schädling*
preventative – *vorbeugend*
to reproduce – *sich fortpflanzen*
stem cell research – *Stammzellenforschung*
trait – *Eigenschaft*
weedkiller – *Unkrautvernichtungsmittel*
yield – *Ernte*

Überblick

Der Themenkomplex Wissenschaft und Verantwortung gewinnt jeden Tag an Bedeutung und bleibt daher beständig von Interesse. Ob Stammzellenforschung oder gentechnisch veränderte Lebensmittel – die Konsequenzen unserer Errungenschaften sind real und zum Teil auch noch nicht absehbar. Verantwortliches, ethisches Handeln wird für die zukünftigen Generationen ein wesentliches Thema bleiben, welches Gesellschaft, Wirtschaft, Politik und Kunst beschäftigen wird und muss.

8 Die sprachliche Leistung im Abitur

Sowohl in der schriftlichen als auch in der mündlichen Abiturprüfung spielt die sprachliche Leistung eine wesentliche Rolle. Ihre Sprachkompetenz hat sich im Laufe Ihrer Schulzeit entwickelt und Sie finden in diesem Kapitel Listen mit thematisch geordneten hilfreichen Redemitteln, die als textstrukturierende Elemente eine tragende Rolle in der sprachlichen Leistung im Abitur spielen können.

8.1 Textstrukturierende Elemente

Sprachlicher Zusammenhang

Ihr Text sollte sprachlich zusammenhängend, er soll also kohärent sein. Die sogenannten *sentence connectives* helfen Ihnen, den Text strukturell sinnvoll zu gestalten, indem sie Verbindungen zwischen Satzteilen, Abschnitten und Inhalten schaffen. Wählen Sie sich jeweils einige Redemittel aus jeder Tabelle aus und achten Sie bei der Auswahl darauf, dass diese zu Ihrem Sprachstil passen. Je mehr Redemittel Sie beherrschen, desto mehr Freiheit haben Sie in Ihrem sprachlichen Ausdruck.

Aufzählen von Ideen, Fakten, Gründen

first(ly), ... second(ly), ...third(ly) ...	erstens, zweitens, drittens
first and foremost	zuallererst
moreover	zudem, außerdem
furthermore	zusätzlich, zudem, weiterhin
in addition to	zusätzlich
besides	außerdem, daneben
not only ... but also	nicht nur ..., sondern auch ...
as well as ...	sowie
finally	schließlich
last but not least	zu guter Letzt
eventually	schließlich, letztendlich

Gegensatz/Kontrast

yet	dennoch, trotzdem
however	jedoch
on the other hand	andererseits
on the contrary	im Gegensatz, hingegen
in contrast	dementgegen, dagegen
in spite of	trotz, ungeachtet
despite	trotz, trotzdem
although/though	obwohl
but	aber

Bedingung

if	falls, wenn
unless	außer, falls nicht
provided that	insofern
in case of	im Falle von

Folge

because	weil
since	da
so	folglich
consequently	infolgedessen
as a result	dadurch
therefore	daher, deshalb
thus	folglich
due to	aufgrund
accordingly	dementsprechend, demzufolge
hence	infolgedessen, daher, deshalb

Vergleich

both	beide, beides
in comparison with	im Vergleich zu
in the same way	genauso
likewise	ebenfalls, ebenso
similarly	gleichermaßen, ähnlich
equally	genauso, ebenso
as well as	sowie
As … as	So … wie

Beispiel anführen

for example	zum Beispiel
(as) for instance	(wie) zum Beispiel
in other words	in anderen Worten, anders ausgedrückt
such as	so wie

Adressatenorientierung und Leserleitung

Ihr Text sollte genau auf den Adressaten zugeschnitten sein und dies auch in Bezug auf die Sprache wiederspiegeln. Achten Sie dabei darauf, sich stets im neutralen Sprachregister zu bewegen. Slangwörter und reine Umgangssprache sind zu vermeiden.

Zielen Sie darauf ab, in Ihrem Text eine für den Leser nachvollziehbare Argumentationskette aufzubauen. Die folgenden Redemittel signalisieren dem Leser die Redeabsicht und können bei Verwendung wesentlich zu guter sprachlicher Leistung beitragen.

Themeneinführung

Many people seem to think …	Viele Leute scheinen zu glauben …
It has often been said …	Es wurde schon oft gesagt …
For the majority of people …	Für die Mehrzahl der Menschen …
As a general statement	Als grundsätzliche Aussage …
Literally, this statement means …	Buchstäblich bedeutet dieses Zitat
Most people would agree that …	Die meisten Menschen würden zustimmen, dass …

Tatsachen, Fakten oder Sicherheiten ausdrücken

The fact is that …	Es ist Fakt, dass …
It cannot be denied that …	Es kann nicht verleugnet werden …
It goes without saying that …	Es ist selbstverständlich …
It is obvious that …	Es ist offensichtlich …

Vermutungen ausdrücken

It may be the case …	eventuell
It seems as if …	Es scheint als ob …
Apparently …	Scheinbar …
It seems highly likely …	Höchstwahrscheinlich

Widerspruch ausdrücken

In contrast to …	im Gegensatz zu …
On the contrary …	im Gegenteil …
Whereas …	Wohingegen …

Zustimmung oder Ablehnung ausdrücken

Fortunately ...	Glücklicherweise …
He/She/It rightly mentions that …	Er/sie/es bemerkt richtigerweise …
This statement is very convincing.	Die Aussage ist sehr überzeugend.
It is only partly true that …	Es ist nur teilweise wahr, dass …
However,	Jedoch …
This statement entirely contradicts …	Diese Aussage steht in völligen Widerspruch zu …

Schlussfolgerung und die eigene Position/Meinung ausdrücken

As a consequence …	Demzufolge …
The logical result is …	Die logische Folge/Konsequenz ist …
For that reason …	Aus diesem Grund …
That is why …	Daher, darum …
As a result …	Infolgedessen …
In my opinion/to my mind/ …	Meiner Meinung nach …
I come to the conclusion that …	Ich komme zu dem Schluss, dass …
From my point of view …	Von meinem Standpunkt aus betrachtet …

8.2 Ausdrucksvermögen und Wortschatz

Im sprachlichen Ausdruck wird unter anderem bewertet, wie abwechslungsreich und vielfältig Ihr Satzbau ist. Sie sollten Ihre Kenntnisse im Bereich der grammatikalischen Eigenschaften von Aktiv- und Passivkonstruktionen, aber auch von Infinitiv-, Gerundial- und Partizipialkonstruktionen auffrischen und diese in Ihren Vorbereitungen immer wieder anwenden. Zudem können sinnvoll eingesetzte Frageformen Ihren Text aufwerten.

Wortwiederholungen sollten vermieden werden. Die folgende Tabelle dient Ihnen als Unterstützung, um einige häufig überstrapazierte Wörter ersetzen zu können und um in Ihrem Ausdruck variieren zu können:

to say (sagen/ausdrücken)	to claim, to state, to remark, to suggest, to announce, to affirm, to refer to, to declare, to express, to convey, to reveal
to think (denken/meinen)	to believe, to suppose, to consider,
because (weil)	since, as,
because of (wegen)	on account of, as a consequence, thanks to

8.3 „False Friends“ und gängige Fehlerquellen

Es gibt einige Wörter und Begriffe, die dazu verleiten, zu glauben, sie hätten in der Mutter- und der Fremdsprache die gleiche Bedeutung, da sie sich auf verschiedenen Ebenen ähneln (Aussprache, Schriftbild etc.) Die folgende Liste zeigt die häufigsten Vertreter der Gattung False Friends:

deutsch	englisch	false friend
also	so	nicht: also (auch)
aktuell	current	nicht: actually (in der Tat)
bekommen	to get	nicht: become (werden)
brav	well-behaved	nicht: brave (mutig)
Chef	boss	nicht: chef (Koch, Küchenchef))
engagiert	committed	nicht: engaged (verlobt, besetzt)
eventuell	possibly	nicht: eventually (schließlich)
Handy	mobile phone, cell phone, smart phone	nicht: handy (praktisch, handlich)
Konfession	denomination	nicht: confession (Beichte)
Konkurrenz	competition	nicht: concurrence (Übereinstimmung)
konsequent	consistent	nicht: consequently (folglich)
prägnant	concise	nicht: pregnant (schwanger)
spenden	donate	Nicht: to spend (ausgeben, verbringen)

Überblick

Die sprachliche Leistung im Abitur ist ein zentraler Baustein auf Ihrem Prüfungsweg. Durch häufiges bewusstes Anwenden der textstrukturierenden Elemente und beständiges Durcharbeiten Ihrer individuellen Arbeiten können Sie im sprachlichen Ausdruck aber sehr gut trainieren und sicherlich Fortschritte in diesem Bereich erarbeiten.

9 Die Interpretation literarischer Texte

Literatur verrät bei näherer Analyse nicht nur etwas zur Auseinandersetzung mit „ewigen" Themen (Liebe, Rache, Krieg, Verzweiflung, ...), sondern auch zu Eigenheiten der Entstehungszeit, des Ortes, der Umstände. Im folgenden Kapitel finden Sie Inhalte und Hinweise, die Ihnen helfen, die Interpretation literarischer Texte zu meistern.

Jeder der folgenden Unterabschnitte zu den drei Gattungen Lyrik, Drama und Prosa endet mit Modellanalysen in englischer Sprache. Sie sollen als Beispiele für die Verbindung der unterschiedlichen Aspekte gattungsspezifischer Textanalyse dienen und zugleich eine Hilfestellung für die englischsprachige Interpretationsarbeit liefern. Wichtig für eine knappe literarische Interpretation ist die Konzentration auf entscheidende Aspekte eines Textes. Dafür sollen die folgenden Kategorien und Begriffe eine erste Anleitung geben.

9.1 Lyrik *(poetry)*

Die ästhetische Funktion der Sprache steht in der Lyrik im Mittelpunkt der Aufmerksamkeit.

Entscheidend sind hierbei
- der Klang der Worte,
- der Rhythmus der Wörter und Sätze,
- die Wortwahl,
- die Satzstruktur,
- die Platzierung von Worten und Zeilen,
- die bildhafte Sprache.

Lyrik kann also tatsächlich zu einem „sinnlichen" Erleben werden. Ihre Aufgabe im Abitur besteht aber nicht so sehr in diesem Erleben, sondern vielmehr darin die Bedeutung des Gedichts und den Sprachgebrauch des lyrischen Ichs zu untersuchen.

Leitfragen (*guideline questions*)

Indem Sie sich die Beantwortung der im Folgenden aufgeführten Fragen zuwenden, nähern Sie sich der Lösung der Interpretationsaufgabe strukturiert und zügig.

Es wird jedoch notwendig sein, sich mit den Elementen der Lyrik, die im weiteren Verlauf des Kapitel erläutert werden, vertraut zu machen, um die Leitfragen sinnvoll und vollständig beantworten zu können.

Leitfragen	**guideline questions**
Wer ist das lyrische Ich?	Who is the speaker?
Wo befindet sich das lyrische Ich?	Where is the speaker?
An wen wendet sich das lyrische Ich? Wer wird angesprochen? Gibt es einen klaren Adressaten?	Who is the speaker addressing?
Betrachtet das lyrische Ich etwas oder jemanden?	Does the speaker contemplate something or someone?
Beschreibt das lyrische Ich etwas oder jemanden?	Is someone or something being described by the speaker?
Erzählt das lyrische Ich eine Geschichte?	Does the speaker tell a story?
Erklärt das lyrische Ich etwas?	Does the speaker explain something?
Spricht sich das lyrische Ich für oder gegen etwas aus?	Does the speaker argue for or against something?
Was ist die Einstellung des lyrischen Ich? Was sagt er oder sie aus?	What is the speaker's attitude?
Wie ist das Gedicht verfasst? Ist es durch Reime oder Strophen strukturiert?	How is the poem composed? Is there a rhyme scheme; are stanzas or other devices being used for structure?
Gibt es einen Zusammenhang zwischen der Struktur des Gedichts und den Gedanken des lyrischen Ich?	Is there a correspondence between the structure of the poem and the speaker's thoughts?
Welche Bedeutung hat der Titel des Gedichts?	What is the significance of the title?
Welche Worte hat der Dichter gewählt? Was drücken sie aus?	What words does the speaker use? What do they mean?
Wie stellt sich die Struktur der Sätze dar? Einfach? Komplex?	Is the structure of the sentences simple or complex? Why?
Welche Stilmittel werden verwendet?	What poetic devices does the speaker use?
Was ist der Effekt des Ganzen auf den Leser? Welche Erfahrung macht der Leser?	What is the overall effect? What does the reader experience?

Subjektivität: das lyrische Ich (*subjectivity: the speaker of the poem*)

Eines der Merkmale, das lyrische Werke von den Texten der Großgattungen Dramatik und Erzähltexte unterscheidet, ist die besondere „Stimme" von Gedichten. Die Stimme, die in einem Gedicht spricht, nennt man das **lyrische Ich**. Je nachdem, ob es direkt in Erscheinung tritt oder nicht, unterscheidet man zwischen einem expliziten und einem impliziten lyrischen Ich.

Begriff	**term**	**Sprecher/Stimme des Gedichts**	**Hinweis**
Lyrisches Ich?	speaker of the poem		Lyrisches Ich und Dichter sind getrennt voneinander zu sehen.
Implizites lyrisches Ich	implicit speaker (of the poem) implicit subjectivity	indirekt, suggeriert, muss abgeleitet werden	
Explizites lyrisches Ich	explicit speaker (of the poem) explicit subjectivity	direkt, klar	I, my, mine, me

Um den Unterschied zu verdeutlichen, finden Sie im Folgenden zwei Gedichte, das erste mit explizitem lyrischen Ich, das zweite mit implizitem lyrischen Ich.

Beispiel

W. H. Auden

Twelve Songs, IX (1936)

Stop all the clocks, cut off the telephone,
Prevent the dog from barking with a juicy bone,
Silence the pianos and with muffled drum
Bring out the coffin, let the mourners come.

Let aeroplanes circle moaning overhead
Scribbling in the sky the message He Is Dead,
Put crêpe bows round the white necks of the public doves,
Let the traffic policemen wear black cotton gloves.

He was my North, my South, my East and West,
My working week and my Sunday rest,
My noon, my midnight, my talk, my song;
I thought that love would last for ever: I was wrong.

The stars are not wanted now: put out every one;
Pack up the moon and dismantle the sun;
Pour away the ocean and sweep up the wood;
For nothing now can ever come to any good.

W. H. Auden: Collected Poems. Faber & Faber, London, 1976, Seite 120

Sowohl das Possessivadjektiv „my" als auch das klare „I" verdeutlichen, dass hier ein explizites lyrisches Ich spricht. Dieses lyrische Ich empfindet und drückt eine Reihe von Gefühlen aus: Trauer, Enttäuschung, Verzweiflung. Dabei wird deutlich, dass die Umwelt nur bedingt diese Trauer teilt. Zwar nehmen andere Menschen („mourners") an der Trauerfeier statt; aber der verzweifelte Versuch, selbst Hunde, Flugzeuge und Polizisten in den persönlichen Schmerz einzubeziehen, zeigt zugleich, dass der Tod des geliebten Menschen für das lyrische Ich eine zutiefst persönliche und eigene Erfahrung ist. Gerade dieser Ausdruck des Persönlichen zeichnet die literarische Gattung der Lyrik aus: Man spricht deswegen auch von der Subjektivität als einem zentralen Merkmal lyrischer Texte.

Nicht alle Gedichte lassen ihre Subjektivität so direkt erkennen wie die Verse von Auden. Oft muss man sich das subjektive Empfinden erst erschließen, dann nämlich, wenn das lyrische Ich nur implizit vorhanden ist, wie im folgenden Beispiel.

In Blakes Gedicht wird der Konflikt zwischen dem furchteinflößenden mächtigen Tiger und dem gütigen Gott der Bibel thematisiert. Das lyrische Ich, das diese Stimmung empfindet, kann man nur dadurch bestimmen, dass das zentrale Objekt des Gedichts, der Tiger, aus einer persönlichen, subjektiven Warte beschrieben wird.

Jedes lyrische Ich, egal ob explizit oder implizit vorhanden, wendet sich an ein **lyrisches Du**, das ebenfalls wieder explizit oder implizit vorhanden sein kann. In Audens Gedicht ist die Beschreibung des lyrischen Du nicht ganz einfach. Der erste Vers richtet sich mit den Imperativen „Stop all the clocks, cut off the telephone" (Z. 1) an jemanden, der ungenannt bleibt.

Beispiel

William Blake

The Tyger (1794)

Tyger! Tyger! burning bright
In the forests of the night,
What immortal hand or eye
Could frame thy fearful symmetry?

In what distant deeps or skies
Burnt the fire of thine eyes?
On what wings dare he aspire?
What the hand, dare seize the fire?

And what shoulder, & what art,
Could twist the sinews of thy heart?
And when thy heart began to beat,
What dread hand? & what dread feet?

What the hammer? what the chain?
In what furnace was thy brain?
What the anvil? what dread grasp
Dare its deadly terrors clasp?
When the stars threw down their spears,
And water'd heaven with their tears,
Did he smile his work to see?
Did he who made the Lamb make thee?

Tyger! Tyger! burning bright
In the forests of the night,
What immortal hand or eye
Dare frame thy fearful symmetry?

Margaret Ferguson et al. (Hrsg.): The Norton Anthology of Poetry: Shorter Fourth Edition. Norton, New York, 1997, Seite 395

Da der Geliebte, wie man feststellt, nicht mehr lebt – „He Is Dead" (Z. 6) –, handelt es sich beim lyrischen Du wohl um jemand anderes. Die weite Streuung der angesprochenen Personen macht deutlich, dass weniger ein einzelner Mensch als eher eine Gruppe gemeint ist. In der Tat richtet sich das Gedicht an das Umfeld des Trauernden, an die allgemeine Gesellschaft jenseits der Trauergäste.

In Blakes Gedicht ist das lyrische Du der Tiger. Allerdings wird der Tiger eher angerufen als direkt angesprochen.

Lyrische Syntax (syntax in poetry)

Der Satzbau in Gedichten muss nicht immer den Regeln der Syntax folgen, kann also von den „normalen" Regeln der Sprache abweichen.

Syntaktische Form		Beispiel	Kriterien
Chiasmus	*chiasmus*	*„Never Let a Fool Kiss You or a Kiss Fool You"* (Mardy Grothe Viking, 1999)	die überkreuzte oder umgekehrte Anordnung von Satzelementen in einem Satz oder einer Aussage
Parallelismus	*parallelism*	*„Did he smile his work to see? Did he who made the lamb make thee?"* (Z. 19–20 aus *The Tyger*, William Blake)	die identische Abfolge von Satzgliedern in mehreren Sätzen
Ellipse	*ellipis*	*„The streets were deserted, the doors bolted."* (*Report to Greco*, Nikos Kazantzakis, 1965)	Auslassung eines Satzteils
Inversion	*inversion*	*„Yet know I how the heather looks, Yet certain am I of the spot."* (*Chartless*, Emily Dickinson)	Umkehrung des normalen Satzbaus
Asyndeton	*asyndeton*	*„Ah, miserable and unkind, untrue, unknightly, traitor-hearted! Woe is me!"* (*Idylls of the King* Lord Alfred Tennyson)	Aneinanderreihung von Satzteilen ohne Konjunktion

Rhythmus, Versfuß und Metrum (*rhythm, metre and foot*)

Der Rhythmus *(rhythm)* eines Gedichts entsteht nicht nur durch Klangfarbe der einzelnen Wörter, Silbenlänge und Betonungsmuster, sondern auch durch die metrische Struktur.

zur Begrifflichkeit → Glossar, S. 235–247

Die meisten Gedichte vor der Moderne zeichnen sich durch eine sehr stark strukturierte innere Form aus. Liest man ein solches Gedicht, fällt schnell auf, dass die Abfolge der betonten und unbetonten Silben in Mustern auftritt. Man unterscheidet je nach Betonungsmuster unterschiedliche Versfüße. Um den vorherrschenden Versfuß eines Gedichts zu bestimmen, sucht man nach der kleinsten sich wiederholenden Einheit von betonten und unbetonten Silben.

Versfuß	foot	Betonung	Beispiel
Jambus	*iamb/iambic*	da **dum**	A **sight** so **touch**ing in its **ma**jesty
Trochäus	*trochee/trochaic*	**dum** da	**Ty**ger! **Ty**ger! **Burn**ing **bright**
Spondeus	*spondee/spondaic*	**dum dum**	**Wild men** who caught and sang
Daktylus	*dactyl/dactylic*	**dum** da da	**Ca**nada

Versfuß	foot	Betonung	Beispiel
Anapäst	*anapestic*	da da **dum**	They came **back** from the **ride**
Amphibrach	*amphibrachic*	da **dum** da	am**bi**tious

Je nachdem, wie oft ein Versfuß pro Vers (Zeile) wiederholt wird, spricht man von einem drei-, vier- oder fünfhebigen Versmaß. Die entsprechenden griechischen Begriffe lauten

Das wichtigste Versmaß in der englischen Dichtung ist der jambische Pentameter (iambic pentameter): *"But thy eternal summer shall not fade"* (Shakespeare, Sonnet 18)

Anzahl an Versfüßen/ number of feet	Versmaß	metre
1	Monometer	*monometre*
2	Dimeter	*dimetre*
3	Trimeter	*trimetre*
4	Tetrameter	*tetrametre*
5	Pentameter	*pentametre*
6	Hexameter	*amphibrachic*

In einem jambischen Pentameter findet man demnach in jedem Vers fünf Gruppen von je zwei Silben, wobei immer die zweite betont ist.

Natürlich halten sich nicht alle Gedichte immer an ihr Versmaß. Vielmehr verwenden manche Dichter Variationen, durch die sie bestimmte Textpassagen hervorheben. Im Gedicht von Auden werden die regelmäßig jambischen Verse der dritten Strophe am Ende durch eine Pause vor dem „I was wrong" unterbrochen. Dadurch bekommt diese Aussage besonderes Gewicht. Eine solche Unterbrechung oder Pause innerhalb eines Verses nennt man **Zäsur** *(caesura)*. Richtig erkannte Zäsuren ermöglichen es, die Aussage eines Gedichtes besser zu verstehen. Oft hilft dabei die Interpunktion, da vor Zäsuren häufig ein Gedankenstrich, Strichpunkt oder Doppelpunkt steht. Das Gegenstück zur Zäsur ist das **Enjambement** *(enjambment)*, der Zeilensprung. Dabei geht eine Sinneinheit über ein Zeilenende hinaus und in den nächsten Vers hinein. In der ersten Strophe von Audens Gedicht läuft der dritte Vers unmittelbar in den vierten weiter. Der Satz „and with muffled drum / Bring out the coffin" bereitet mit seinem Enjambement bereits auf die direkt anschließende Zäsur vor. Ein Enjambement ist in der Wirkung aufmerksamkeitsheischend; es markiert oftmals Textpassagen großer Bedeutung.

Neben der metrischen Struktur sind lyrische Texte auch von der Klangfarbe der einzelnen Wörter, der Länge der jeweiligen Silbe und schließlich dem Betonungsmuster der verwendeten Wörter in der normalen Sprache bestimmt. Erst wenn diesen Aspekten beim (lauten) Lesen eines Gedichtes Rechnung getragen wird, entsteht ein Eindruck vom **Rhythmus** *(rhythm)* eines lyrischen Textes.

Strophe und Reim

Die nächst größere Ordnungseinheit eines Gedichts nach Versfuß und Vers ist die **Strophe** *(stanza)*, die man oft schon durch die Anordnung des Textes auf der Seite erkennen kann: Leerzeilen (oder andere optische Merkmale) trennen meist die Strophen. Je nach Anzahl der in einer Strophe enthaltenen Verse unterscheidet man zwischen

Terzett	*tercet*	3 Verse pro Strophe
Quartett	*quartrain*	4 Verse pro Strophe
Sextett	*sestet*	6 Verse pro Strophe
Oktett	*octave*	8 Verse pro Strophe

Die Strophe ist gleichzeitig auch die Größeneinheit eines Gedichts, innerhalb derer das Reimschema deutlich wird.

Das Reimschema beschreibt man, indem alle reimenden Verse mit einem identischen Buchstaben markiert werden. Für die häufigsten der daraus entstehenden **Gruppierungen von Endreimen** existieren die folgenden Begriffe:

Paarreim	*rhyming couplet / rhyme pair*	2 unmittelbare aufeinanderfolgende Verse	aa bb cc
Kreuzreim	*alternate rhyme*	je 2 alternierende Reime	abab cdcd efef
umarmender Reim	*embracing rhyme*	ein Paarreim umgeben von 2 reimenden Versen	abba cddc effe
geschweifter Reim	*tail rhyme*	Auf wechselnde Paarreime folgt ein sich reimender weiterer Vers.	aab ccb ddb
Kettenreim	*chain rhyme*	Der von einem Reimpaar umgebene mittlere Vers wird zum Reimpaar der nächsten Dreiergruppe.	aba bcb cdc

Reimschemata	Wo verwendet?	
Stabreim *(alliteration)*	*Beowulf*	– reiner Reim *(true rhyme)* – lautlicher Gleichklang am Wortanfang – wurde durch Endreim abgelöst
Endreim *(end rhyme)*	*“Whose woods these are I think I know,* *His house is in the village, though;* *He will not see me stopping here* *To watch his woods fill up with snow.”* (*Stopping by Woods on a snowy evening*, Robert Frost)	– reiner Reim (*true rhyme*) – üblichster Reim in englischer Lyrik – Lautlicher Gleichklang wird an das Versende verlegt.
Männlicher / stumpfer Reim *(masculine rhyme)*	*“Stand still, and I will read to thee* *A lecture, love, in Love‘s philosophy.* *These three hours that we have spent* *Walking here, two shadows went”* (*Lecture Upon the Shadow*, John Donne)	– Gleichklang ab dem Vokal der letzten betonten Silbe *(bet / let)*
Weiblicher / klingender Reim *(feminine rhyme)*	*“A woman‘s face with Nature‘s own hand painted* *Hast thou, the master-mistress of my passion;* *A woman‘s gentle heart, but not acquainted* *With shifting change, as is false women‘s fashion;”* (Sonnet 20, William Shakespeare)	– Gleichklang ab dem Vokal der vorletzten betonten Silbe (*better/ letter*)
Dreisilbiger Reim *(triple rhyme)*	*“descending rather quickly the dec**livity*** *… midst other indications of fes**tivity**”* *Don Juan* (Lord Byron)	– Gleichklang ab dem Vokal der betonten drittletzten Silbe *(bettering / lettering)*
Assonanz *(engl. assonance)*	*“Hear the mellow wedding bells – ”* (Edgar Allan Poe)	– Gleichklang nur der Vokale
Konsonanz *(consonance)*	*“‘T‘was later when the summer went* *Than when the cricket came,* *And yet we knew that gentle clock* *Meant nought but going home.* *’T‘was sooner when the cricket went* *Than when the winter came,* *Yet that pathetic pendulum* *Keeps esoteric time.”* (Emily Dickinson, *’T‘was later when the summer went*)	– Gleichklang nur der Konsonanten
Historischer Reim *(historical rhyme)*	*“Come live with me and be my Love,* *And we will all the pleasures prove,* *That hills and valleys, dale and field,* *And all the craggy mountains yield.”* (*The passionate Shepherd to his love*, Christopher Marlowe)	– Ein Reim aus einem alten Gedicht, bei dem sich der Reim durch die ursprüngliche Aussprache der Wörter ergab, dies aber heute nicht mehr der Fall ist.

Das folgende Gedicht von William Wordsworth, *Composed Upon Westminster Bridge*, zeigt, wie schon das Reimschema eine deutliche Hilfestellung für die inhaltliche Deutung eines Gedichts geben kann.

Beispiel

William Wordsworth

Composed upon Westminster Bridge, September 3, 1802

Earth has not anything to show more fair:
Dull would he be of soul who could pass by
A sight so touching in its majesty:
This City now doth, like a garment, wear
The beauty of the morning; silent, bare,
Ships, towers, domes, theatres, and temples lie
Open unto the fields, and to the sky;
All bright and glittering in the smokeless air.
Never did sun more beautifully steep
In his first splendour, valley, rock, or hill;
Ne'er, saw I, never felt, a calm so deep!
The river glideth at his own sweet will:
Dear God! the very houses seem asleep;
And all that mighty heart is lying still.

William Wordsworth: The Works of William Wordsworth. Wordsworth, Ware, 1994, Seite 269

Das Reimschema tritt zuerst durch den umfassenden Reim des ersten Quartetts in Erscheinung: Die Wörter „*fair*“ und „*wear*“ umarmen dabei den zweiten und dritten Vers. So entsteht ein typisches „abba“ Muster. Das zweite Quartett wiederholt die Reimlaute, folgt also der „abba“ Struktur des ersten Quartetts. Man könnte diese erste Großeinheit auch Oktett nennen, und in der Tat bilden die ersten acht Verse eine Sinneinheit: Das lyrische Ich beschreibt, in noch relativ neutralen Tönen, den Anblick der Großstadt London. Es ist wohl noch sehr früh am Morgen, da vor allem die Abwesenheit anderer Menschen und jeglicher Aktivität auffällt. Die starke Personifizierung der Stadt führt dazu, dass ein Eindruck von ihrer Schönheit als Menschenwerk entsteht. Die nächsten Verse führen neue Reime ein: Die Endlautung der Wörter „*steep*“ und „*hill*“ wiederholt sich in den abschließenden Versen, die im Reimschema „cdc dcd“ entweder als zwei Terzette und damit als Kreuzreim oder als Sextett mit einem alternierenden Reim geordnet werden können. Im Gegensatz zum Oktett am Anfang des Gedichts schildert das abschließende Sextett das persönliche Empfinden des lyrischen Ich, das in Vers 11 auch erstmals explizit in Erscheinung tritt.

Im Oktett wird die bereits in Vers 4 durch den Bezug auf Kleidung personifizierte Stadt nun vollends zu einem komplexen Organismus: Das abschließende Bild des „mächtigen Herzens" („*mighty heart*") betont die zentrale Spannung des Gedichts, die sich aus dem Gegensatz der im Morgengrauen noch schlafenden Stadt London und ihrer tatsächlichen globalen Bedeutung als Zentrum eines Imperiums nährt. Die (wie die typischerweise sublim beschriebene Natur der Romantiker) hier erhaben beschriebene Stadt vermittelt damit ein quasireligiöses Empfinden. Die Großschreibung der beiden Wörter „*City*" und „*God*" betont dieses innere Verhältnis zwischen den beiden Bereichen. Wordsworth folgt in der Struktur seines Gedichtes, der Gliederung in ein Oktett und ein Sextett, eng der Vorlage von Petrarka. Allerdings weicht sein Sonett von der typischen Liebesthematik dieser lyrischen Form ab. Shakespeare dagegen verwendet in dem folgenden Sonett die englische Variante dieser lyrischen Untergattung:

Beispiel

William Shakespeare

Sonnet 138

When my love swears that she is made of truth,
I do believe her, though I know she lies,
That she might think me some untutor'd youth,
Unlearned in the world's false subtleties.
Thus vainly thinking that she thinks me young
Although she knows my days are past the best,
Simply I credit her false-speaking tongue:
On both sides thus is simple truth suppresst.
But wherefore says she not she is unjust?
And wherefore say not I that I am old?
O! love's best habit is in seeming trust,
And age in love loves not to have years told:
  Therefore I lie with her, and she with me,
  And in our faults by lies we flatter'd be.

William Shakespeare: The Complete Works of William Shakespeare. Pordes, London, 1993, Seite 1218

Das Reimschema in Shakespeares Sonett ist ebenfalls hilfreich für das Verständnis des Gedichts. Das Schema lässt sich mit abab cdcd efef gg einfach darstellen. Anders ausgedrückt: Auf drei Quartette folgt ein Paarreim. Da dieser in der Form eines jambischen Pentameters auftritt, kann man ihn auch direkt als *heroic couplet* benennen. Die Sonderstellung der letzten beiden Verse beruht nicht nur auf dem neuen Reim, sondern bezieht sich auch auf die inhaltliche Seite: Wie in den meisten Sonetten, die dieser Gliederung folgen, liefert das *he-*

roic couplet eine Art von Synthese oder Zusammenfassung der in den Quartetten vorgestellten Thematik.

In *Sonett 138* zeigt das *heroic couplet*, dass es sich bei der „Liebe" zwischen dem lyrischen Ich und der als *„my love"* bezeichneten Angebetenen (die hier übrigens nicht als lyrisches Du direkt angesprochen wird) bestenfalls um eine Zweckbeziehung handelt. Die Doppeldeutigkeit des Wortspiels um *„lie"*, das sowohl „liegen" als auch „lügen" bedeuten kann, impliziert in den letzten beiden Versen, dass es sich bei der hier beschriebenen Liebe (*„lie with her"*) eben um eine Lüge handelt, wie es in den ersten beiden Versen des Gedichts bereits indirekt angesprochen wurde.

Tipp: Formale Gedichtanalyse

Bei der Analyse von formalen Aspekten eines lyrischen Textes (Versfuß, Metrum, Reimschema etc) sollte stets die inhaltliche Deutung des Gedichts im Vordergrund stehen. Die Benennung eines bestimmten Reimschemas liefert auf sich allein gestellt selten etwas Spannendes; erst die Beschreibung der Wirkung einer konkreten Gliederung liefert einen sinnvollen Kommentar.

Stilmittel *(stylistic device)*: Bildhaftigkeit *(imagery)*

Metapher	*metaphor*	– verlangt vom Leser erhöhte Eigenarbeit (anders als der Vergleich (*similie*) – überträgt ein Wort aus einem Bereich in einen sinnverwandten anderen Bereich, wobei ein bestimmter Aspekt der ursprünglichen Bedeutung erhalten bleibt (z. Bsp. die Stärke des Löwen)	he was a lion
Metonymie	*metonymy*	Ein Wort wird durch ein anderes ersetzt, zu dem es aber in einem engen, realen Sinnzusammenhang steht.	I read Shakespeare yesterday.
Synekdote	*synecdoche*	Ein Teil steht für ein Ganzes oder umgekehrt. (Dichter und Werke)	
Euphemismus	*euphemism*	positive, beschönigende Darstellung eines negativen, peinlichen oder tabuisierten Sachverhalts	"my days are past the best" Shakespeare, Sonnet 138

Vergleiche
Lyrisches Ich Ich-perspektive: first-person-perspective

"I'll love you, dear, I'll love you/Till China and Africa meet,/ And the river jumps over the mountain/ And the salmon sing in the street,/I'll love you till the ocean/Is folded and hung up to dry." (*As I walked one evening*, W.H. Auden)	Hyperbel	*hyperbole*	Deutliche Über- oder Untertreibung, um Tragweite oder Dimension zu verdeutlichen
"bright and glittering" (*Composed upon Westminster Bridge*, William Wordsworth)	Hendiadyoin	*hendiadys*	Verwendung zweier sehr ähnlicher Wörter, meist durch ein und/and verbunden dient der zusätzlichen Betonung
bitter-sweet memories	Oxymoron	*oxymoron*	besteht aus zwei gegensätzlichen Worten
"My heart leaps up when I behold / A rainbow in the sky: / So was it when my life began; / So is it now I am a man; / So be it when I shall grow old, / Or let me die! / The Child is father of the Man." (*My heart leaps up*, William Wordsworth)	Paradoxon	*paradox*	verbindet Worte oder Gedanken, die zunächst widersprüchlich erscheinen, jedoch auf einen tieferen Sinn hinweisen

Obwohl die bildhafte Verwendung von Sprache auch im Alltag eine große Rolle spielen kann, ist die Bedeutung dieser Stilmittel in lyrischen Texten ungleich größer, nicht zuletzt weil Dichter wesentlich bewusster mit konkreten Bildern spielen. Allen bildhaften Stilmitteln ist gemein, dass sie einen bestimmten Aspekt einer Situation verdeutlichen wollen, der durch direkte, nicht bildhafte Ausdrucksweise nicht in gleicher Weise zur Geltung käme. Damit können lyrische Texte vermeintlich vertraute Gegenstände und Situationen in einem neuen, verfremdeten Licht erscheinen lassen.

Stilmittel *(stylistic device)*: Wortwiederholung *(repetition)*

Wortwiederholung werden vom Dichter gewollt eingesetzt. Sie können Situationen und Umstände auf vielfältige Art und Weise betonen und Interpretationsansätze liefern.
Je nachdem, wo und wie im Vers die Wiederholung auftritt, kann man unterschiedliche Typen unterscheiden:

"What the hammer? what the chain? In what furnace was thy brain? What the anvil? what dread grasp Dare its deadly terrors clasp?" (*The Tyger*, William Blake)	Anapher	anapher	Wiederholung am Anfang von Versen oder Sätzen

Epipher	epipher	Wiederholung am Ende von Versen oder Sätzen	When I was a child, I spoke as a child, I understood as a child, I thought as a child. (*Corinthians 13:11*)
Epanalepse	epanalepse	unmittelbare oder nur durch wenige Wörter unterbrochene Wiederholung	The King is dead. Long live the king!
Polyptoton	polyptoton	Wiederholung in verschiedenen Flexionsformen	There ist no end of it, the voiceless wailing,/ No end to the whithering of withered flowers,/ To the movement of pain that is painless and motionless,/ To the drift of the see and the drifting wreckage, … (*The Dry Salvages*, T. S. Eliot)
Figura etymologica	figura etymologica	Wiederholung in verschiedenen Wortarten	

In Wordsworths Gedicht (→Seite 153) betont die dreifache Wiederholung von „*never*“, die zugleich Anapher und Epanalepse ist, die Einzigartigkeit des Erlebnisses. Erst durch die einzigartigen Umstände dieses besonderen Morgens kommt es zu dem subjektiven Empfinden, das den Anlass für das Gedicht liefert.

Beispielanalysen

Beispielanalyse 1
Analyse how the speaker's views are presented. Focus on structure, use of language and poetic devices.

Christopher Marlowe (1564–1593)

The Passionate Shepherd to His Love

Come live with me, and be my love,
And we will all the pleasures prove
That valleys, groves, hills and fields,
Woods, or steepy mountain yields.

And we will sit upon the rocks,
Seeing the shepherds feed their flocks
By shallow rivers, to whose falls
Melodious birds sing madrigals.

And I will make thee beds of roses,
And a thousand fragrant posies,
A cap of flowers, and a kirtle,
Embroidered all with leaves of myrtle.

A gown made of the finest wool
Which from our pretty lambs we pull,
Fair lined slippers for the cold,
With buckles of the purest gold.

A belt of straw and ivy buds,
With coral clasps and amber studs,
And if these pleasures may thee move,
Come live with me, and be my love.

The shepherd swains shall dance and sing
For thy delight each May-morning.
If these delights thy mind may move,
Then live with me, and be my love.

Christopher Marlowe: The Collected Poems of Christopher Marlowe. Oxford University Press, New York, 2006, Seiten 157 – 158

Christopher Marlowe's poem belongs to the tradition of pastoral poetry: it presents the lives of shepherds in an idealized manner. The lyrical *I* approaches the lyrical *you* with promises of love and devotion. The natural environment appears as a bountiful source of beauty – all, it seems, in the service of the pair of lovers.

The poem follows its metre and rhyme scheme very strictly. An iambic tetrameter is observed throughout; all the quatrains consist of two rhyming couplets. When the poem, in the first verse of the third stanza, switches from the dominant masculine to a feminine rhyme, it keeps this pattern for the whole stanza. For the modern reader, the renaissance text has a few surprises in terms of word stress and also pronunciation: the first and the last couplet are examples of an historical rhyme; the word "lined" in verse 15 has two syllables. If one considers all the historical changes, the poem shows remarkable regularity and a very smooth rhythm.

The tone of the poem is light: not only do the scenes, like the sitting on a rock in verse 5 or the bird song in verse 8, exude an atmosphere of ease and relaxation, there is hardly a moment in the poem where the lyrical *I* seems ruled by passion. The love expressed in the poem in fact concentrates on an almost courtly celebration of romantic love. The second verse, with its mentioning of "pleasure", is about the only reference to sexual love. However, verse 19, which repeats "pleasures", implies that the lyrical *I* does not think of his beloved as a lover. While metaphorical language in love poetry is often a coded form of describing sexual love, this poem does not follow such a strategy. In fact, the ideal of pastoral love presented in this poem seems to be free of sexual desire.

Instead, the area from which imagery is drawn, namely nature, hints at a different understanding of the role of love. The conspicuous absence of passion and the focus on the detailed description of the shepherds' environment together lend weight to the notion that the poem is not in the strict sense of the word a love poem; or rather, that Marlowe's work is less in praise of passionate (physical) love but instead a celebration of a life-style that, for most of his contemporaries, has been lost. What the poem then expresses is great admiration for the natural environment, the purity of flowers, rivers, lambs, or straw. While many love poems praise the beloved by going over all of her or his beautiful attributes, this poem provides no information about the lyrical *you*: the object of love becomes almost unimportant. It would also be possible to see in this refusal to acknowledge the individuality of the beloved woman a certain unwillingness to see her as anything but "my love". Marlowe's poem thus fits in the idealistic tradition of pastoral poetry. It praises the purity and beauty of nature, while it presents love as untainted by sexual desire. As a result, it celebrates life as a sequence of leisurely amusements in a beautiful natural environment.

The absence of a critical attitude towards questions of love, work, gender identity, or social issues in general hints at the fact that Marlowe's poem was written for an audience that did not feel the need for social change, either out of complacency or out of a feeling that subordination to social inequalities was an unchangeable necessity. It is precisely such an audience that may have appreciated the kind of dreamy utopianism that is one of the trademarks of pastoral poetry.

Beispielanalyse 2
Analyse how the speaker's views are presented. Outline the speaker's main message. Focus on structure, use of language and poetic devices.

Dylan Thomas

Do not go gentle into that good night

Do not go gentle into that good night,
Old age should burn and rave at close of day;
Rage, rage against the dying of the light.

Though wise men in their end know dark is right,
Because their words had forked no lightning they
Do not go gentle into that good night.

Good men, the last wave by, crying how bright
Their frail deeds might have danced in a green bay,
Rage, rage against the dying of the light.

Wild men who caught and sang the sun in flight,
And learn, too late, they grieved it on its way,
Do not go gentle into that good night.

Grave men, near death, who see with blinding sight
Blind eyes could blaze like meteors and be gay,
Rage, rage against the dying of the light.

And you, my father, there on the sad height,
Curse, bless me now with your fierce tears, I pray.
Do not go gentle into that good night.
Rage, rage against the dying of the light.

Dylan Thomas: Collected Poems, 1934 – 1953. Everyman, London, 1993, Seite 148

This poem by Dylan Thomas has a very clear structure. It consists of five tercets rhyming aba followed by one quatrain rhyming abaa. Two lines from the first tercet are repeated in other stanzas of the poem: the first line also ends the second and fourth tercet; the third line ends the third and fifth stanzas. The two lines also reappear as a rhyming couplet at the very end of the poem. Since the metre throughout the poem is an iambic pentameter, the last two verses form a heroic couplet. The repetition of two verses gives the poem the quality of a song with a recurring refrain. The reference to music is not accidental: this poem uses the structure of the villanelle, which derives from a folk song tradition.

At a few moments in the poem, the strict metre forms a contrast with the natural rhythm of the words used. In particular the first syllables of the third verse, “Rage, rage”, break with the iambic pattern and instead present a spondaic opening of the line. The dual emphasis on the word “rage“ is at the same time a clue to the dominant emotions in the poem: rage, anger, and powerless frustration.

While the rhyme and metre are highly regular, the poem frequently uses enjambments that add easy flow to an otherwise very regular text. Verses 5 and 6 very elegantly tie in the refrain at the end of the stanza with the syntactical structure of the previous verse. The third stanza opens with another enjambment. This frequent use of open line structures can be seen as a refusal to obey and be controlled by the format of the traditional line of a poem. Like the overall refusal to accept death as the absolute limitation of life, Dylan Thomas resorts to enjambments as a means to break up the confines of his strict format.

Since this is a poem about dying, a topic that is traditionally banned from direct discussion by taboo, it is not surprising to find figural language used frequently. The first verse uses a euphemism: the image of “going into the night" that avoids direct mention of death. The second refrain, verse three, also avoids direct reference of human death. Instead, it uses "light," with its lexical relationship to "the light in someone's eyes", as a synecdoche: as the light in the eyes is extinguished, the person dies.

Verse 17, the last verse before the final refrain, includes the image of "fierce tears": this personification implies that even tears, usually devoid of their own emotions, are overcome by wild passions. The anger of the lyrical *I* is projected onto the surrounding objects. They appear to be in a state of heightened emotions, replicating the inner feelings of the speaker.

The lyrical *I* in this poem only appears in the last stanza of the poem. It is also only at this point that the implicit lyrical *you*, which was addressed indirectly in the imperatives of the refrain verses, is stated directly. It now becomes clear that the poem is written by a son whose father is dying. The anger thus becomes more focused on one particular death. At the same time, the universal fact of mortality receives an individual note: each death is presented as both a universal and thereby normal experience and simultaneously an individual and thereby extremely sad moment.

The repetition of "men" at the opening of all but the first and last stanza further emphasizes the omnipresence of death. If one understands "men" as referring, gender-neutrally, to all of humanity, it becomes clear that it does not matter how one lives. "[W]ise men", "Good men", "Wild men", and "Grave men": they all rebel against approaching death; or at least that is the hope that the lyrical *I* expresses in the poem. While the dual refrain of the poem gives voice to the anger of the lyrical *I*, the poem's atmosphere also allows for a more positive reading of death. Rage may not stop death, but it at least offers a response, a verbal reaction to a fact of life that is unalterable. Seen in this way, the poem as a verbal protest becomes an act of rebellion.

Weitere Stilmittel *(other poetic devices)*

"He held him" (*Rime of the Ancient Mariner* by Samuel Taylor Coleridge	Alliteration	*alliteration*	Wortfolge, bei der alle Wörter den gleichen Anfangslaut haben
"Love without end, and without measure Grace" … (*Paradise Lost*, John Milton)	Chiasmus	*chiasm*	Kreuzstellung von Satzgliedern oder Worten
"over the cobbles he clattered and clashed in the dark inn-yard, / He tapped with his whip on the shutters, but all was locked and barred; Tlot tlot, tlot tlot! Had they heard it? The horse-hooves, ringing clear; / Tlot tlot, tlot tlot, in the distance! Were they deaf that they did not hear?" (*The highwayman*, Alfred Noyes)	Onomatopöie	*onomatopoeia*	Lautmalerei: die Verwendung von Worten, die so klingen wie der Gegenstand, den sie beschreiben
"Have you got a brook in your little heart, Where bashful flowers blow, And blushing birds go down to drink, And shadows tremble so?" (*Have You Got A Brook In Your Little Heart*, Emily Elizabeth Dickinson)	Personifikation	*personification*	macht aus allgemeinen Dingen Menschen und Personen, indem sie ihnen Handlungsweisen oder Eigenschaften von Lebewesen zuschreibt

9.2 Dramatik *(drama)*

Entscheidend für eine sinnvolle Interpretation von Dramen ist die Einsicht, dass die meisten Dramentexte für die **Aufführung im Theater** geschrieben sind.

Dialog, Figurenkonstellation und die Entwicklung einer Handlung kennzeichnen somit das Drama neben seinen rein theatralischen Seiten. Bei älteren Dramen mit ihren streng metrisch strukturierten und oft gar gereimten Sprechtexten fällt zudem auf, dass die Sprache sich durchgängig einer lyrischen Ausdrucksart bedient. Dabei wird deutlich, wie problematisch die Unterscheidung in die drei Großgattungen ist.

Die Unterscheidung der drei großen Gattungen hilft zwar dabei, literarische Texte in einen ersten Ordnungszusammenhang zu stellen, allerdings sollte man sich dessen bewusst sein, dass die Grenzen zwischen den einzelnen Genres nicht immer eindeutig zu ziehen sind. Die Tatsache, dass Romane dramatische oder lyrische Momente enthalten können, macht dies deutlich.

Es kann bei einer literarischen Interpretation also auch darauf ankommen, die Abweichungen von Genrekonventionen zu beschreiben.

Untergattungen des Dramas *(types of drama)*

Seit der Antike unterscheidet man zwei große Untergattungen des Dramas: die Tragödie und Komödie.

Tragödie	*tragedy*	– beschreibt den Sturz eines Helden, der meist der oberen Gesellschaftsschicht entstammt – Meist ist der Sturz die Folge eines Fehltritts, eines Vergehens oder eines Irrtums, genannt Hamartia *(hamartia)*. – Fehler entstehen oft aus Situationen, die der Held nicht ganz überblickt. – Auf die Hamartia folgt die Katharsis *(catharsis)*, die reinigende, tragische Auflösung. – Diese führt beim Publikum zu einem Empfinden von Erleichterung. – Der Held wird für sein Vergehen bestraft *(poetic justice)*.
Rachetragödie	*revenge tragedy*	– Sonderform der klassischen Tragödie – Ein Held steht im Widerspruch: Er will ein Unrecht sühnen und gerät dadurch selbst in die Situation (womöglich) ein Unrecht zu begehen. Der Held kann dieses Widerspruch nicht auflösen, er leidet darunter und stirbt, während oder weil er rächt. – Shakespeares Hamlet ist ein Beispiel für die Rachetragödie.

Komödie	*comedy*	- Die Komödie unterliegt weniger strengen formalen Vorgaben als die Tragödie. - Ziel ist in erster Linie, das Publikum zu unterhalten. - Figuren entstammen meist den niederen Schichten. - Themen entstammen in vielen Fällen alltäglichen Situationen. - Die Figuren haben normale menschliche Schwächen. - Einige Komödien geben die Figuren dem Spott des Publikums preis. - Würdenträger oder andere wichtige Funktionsträger der Gesellschaft können auch „Opfer" des Gelächters werden.
Restaurationskomödie	*restoration comedy*	1660 wurden (nach einem 18 Jahre andauernden Verbot von Theateraufführungen) die Theater in England wieder eröffnet. Die dann neu entstehenden Dramen gingen mit sexuellen Themen oft vergleichsweise offen um. Natürlich entzündete sich daran Kritik. Ein weiterer Vorwurf war, dass das Prinzip der *poetic justice* nicht mehr befolgt werde, weil gerade Schurken häufig regelrechte „Helden" der Stücke waren und ungestraft davonkamen.

Elemente des Dramas im Überblick *(elements of drama)*

Exposition	*exposition*	Einführung. Sie gibt dem Zuschauer Informationen, die für das Verständnis des Stückes notwendig sind: Grundstimmung, Konflikte, Ausgangssituation …
steigende Handlung	*rising action*	Verdichtung der Handlung, Spannungsanstieg
Höhepunkt	*climax/turning point*	Konflikt gelangt zum Höhepunkt; entscheidende Auseinandersetzung …
fallende Handlung	*falling action*	Die Spannung klingt ab. Die Handlung rundet sich. Die Lösung des Konflikts deutet sich an.
Ende	*ending*	Gegen Ende wird der Konflikt gelöst. In der Tragödie ist dies üblicherweise der Untergang des Helden.

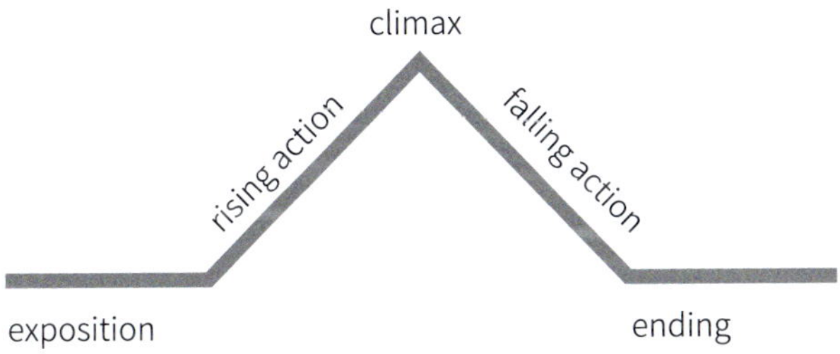

Elements of drama (nach Gustav Freytag, 1816–1895)

Handlung/Handlungsablauf	*plot*	Handlungsstruktur eines Dramas (oder eines erzählenden Textes.
Bühnenanweisungen	*stage directions*	Geben Anweisungen und Hinweise in Bezug auf Bühnenbild, Geräusche, Handlungen und Sprache. Sie helfen eine Rolle zu charakterisieren, eine Atmosphäre zu schaffen oder haben Symbolcharakter (siehe Tabelle Bühnenanweisungen).
Rollen/Figuren/ Charaktere	*characters*	Eine Rolle wird durch ihre Aktion, die Interaktion mit anderen, den Dialog und die äußere Erscheinung präsentiert (siehe Tabelle Bühnenanweisungen) Es gibt einfachere Rollen, deren Verhalten abschätzbar und vorhersehbar ist *(flat character)* und vielschichtige Rollen *(round character)*, die lebensecht und ausgestaltet wirken. Je nach Kontext werden auch die Begriffe Figur oder Charakter verwendet.
Dialog	*dialogue*	Kommunikation zwischen den Rollen/Figuren
Monolog	*monologue*	Selbstgespräch, eine Rede, die sich – so scheint es – nicht an einen Zuhörer richtet. Im Drama können so innere Vorgänge oder Gedanken vermittelt werden.

Bei den Bühnenanweisungen gibt es eine Reihe von visuellen und akustischen Elementen, die Sie bei Ihrer Analyse berücksichtigen sollten.

visuelle Bühnenanweisungen – zur Rolle *(visual stage directions)*	Größe	*size*
	Mimik	*facial expression*
	Gestik	*gestures*
	Kostüm	*costume*

Je nach Charakter gehört zum Beispiel die Verwendung von Slang oder gehobener Sprache zu dessen Rollendefinition. Siehe S. 167 Sprache im Drama.

akustische Bühnenanweisungen – zur Rolle *(acustic stage directions)*	Stimme	*voice*
	Sprachmelodie	*intonation*
	Sprache	*language*
visuelle Bühnenanweisungen – zur Bühne *(visual stage directions)*	Bühnenbild	*stage design*
	Kulisse	*scenery*
	Beleuchtung	*lighting*
	Requisiten	*properties*
akustische Bühnenanweisungen – zur Bühne *(acustic stage directions)*	Musik	*music*
	Geräusch	*sound/noise*

Auftakt und Exposition *(opening and exposition)*

Da anders als der Leser von Romanen oder Gedichten der Zuschauer einer Theateraufführung den Anfangsmoment des litararischen Werkes nicht selbst bestimmen kann, kommt dem Einstieg von Dramen, vor allem bei Theateraufführungen, eine besondere Bedeutung zu. Man kann zwischen zwei Funktionen unterscheiden.

Der Auftakt signalisiert den Beginn der Aufführung und stellt einen Kommunikationskanal zwischen Publikum und Schauspielern her.

Beispiel

Peter Shaffer

Amadeus

Darkness.
Savage whispers fill the theatre. We can distinguish nothing at first from this snake-like hissing save the word Salieri! repeated here, there and everywhere around the theatre.
Also, the barely distinguishable word Assassin!

Peter Shaffer: Amadeus. In: Landmarks of Modern British Drama: The Plays of the Seventies. Methuen, London, 1986, Seiten 219–327; hier: 225

Die Formulierung „*everywhere around the theatre*“ legt nahe, dass die Figuren nicht nur auf der Bühne angesiedelt sind, sondern ebenfalls im Zuschauerraum flüstern.

Während der Auftakt einfach gesagt den Beginn einer Theateraufführung festlegt, hat die **Exposition** *(exposition)* die Funktion, eine inhaltliche Einführung in die Figurenkonstellation und Thematik zu liefern. In *Romeo and Juliet* kommt

diese Funktion dem Chor zu, dessen das Drama eröffnende Sonett eine Zusammenfassung nicht nur des Liebeskonflikts beinhaltet, sondern darüber hinaus bereits den Ausgang des Dramas vorwegnimmt.
Shakespeare lässt durch diesen Beginn die Funktionen von Auftakt und Exposition verschmelzen. In *Amadeus* wird das Publikum ebenfalls frühzeitig mit dem Konflikt zwischen Salieri und Mozart vertraut gemacht. Allerdings erfährt man erst allmählich von der Tragweite dieses Verhältnisses. Die Exposition hat die Aufgabe dem Publikum eine inhaltliche Einführung in die Thematik und die Figurenkonstellation zu liefern. Der Prolog in "*Romeo and Juliet*" ist ein Beispiel.

Beispiel

William Shakespeare

Romeo and Juliet

Enter Chorus
Two households, both alike in dignity
In fair Verona, where we lay our scene,
From ancient grudge break to new mutiny,
Where civil blood makes civil hands unclean.
From forth the fatal loins of these two foes
A pair of star-cross'd lovers take their life;
Whose misadventur'd piteous overthrows
Doth with their death bury their parents' strife.
The fearful passage of their death-mark'd love
And the continuance of their parents' rage,
Which, but their children's end, nought could remove,
Is now the two hours' traffick of our stage;
The which if you with patient ears attend,
What here shall miss, our toil shall strive to mend.

William Shakespeare: The Complete Works of William Shakespeare. Pordes, London, 1993, Seite 826.

Sprache im Drama *(language)*

Anders als in den meisten Theaterstücken seit der Restauration und in modernen Dramen kommt der Sprache in klassizistischen Dramen oder in den Werken von Shakespeare eine zentrale Unterscheidungsfunktion der einzelnen Figuren zu. Je nachdem, ob sich eine Figur in metrischer oder gar gereimter Sprache ausdrückt oder in mehr oder weniger alltäglichen Wendungen spricht, lässt sich der soziale Stand des Sprechers eindeutig zuordnen. Dabei kann man bei Shakespeare mindestens drei Stufen der Sprachebene allein nach der metrischen Struktur unterscheiden. Für besondere Momente, oder um Figuren aus ihrem Umfeld abzuheben, verwendet Shakespeare gereimte und streng metrisch gefasste Verse. So beschließen oft zwei gereimte jambische Pentameter, genannt *heroic couplet*, eine Szene oder einen Akt, um dem Publikum das Ende einer inhaltlichen Einheit deutlich zu machen. Beispielsweise endet die erste Szene im ersten Akt mit je einem Vers von Romeo und Benvolio, wodurch ein *heroic couplet* entsteht: „*Farewell. Thou canst not teach me to forget. / I'll pay that doctrine, or else die in debt.*" Sehr häufig tritt der ungereimte fünfhebige Jambus auf, auch Blankvers *(blank verse)* genannt, der sich zwischen Renaissance und Moderne größter Beliebtheit erfreute. Diese immerhin metrisch strukturierte Sprache unterscheidet sich stilistisch betrachtet nach oben hin zu gereimten Versen und nach unten hin zur ungereimten und nicht-metrischen Sprache. Diese dritte Art des Ausdrucks nennt man, nicht nur bei Shakespeare, *free verse*.

In modernen Bühnenstücken ist diese freie, beinahe alltägliche Sprache längst Normalität. Spätestens im 19. Jahrhundert setzt sich im Theater eine natürliche und realistische Sprache durch, die sich von Reim und Metrum vollständig befreit zeigt. Allerdings markiert auch hier noch die Sprache soziale Hintergründe: In G. B. Shaws Drama *Pygmalion* (1913), das auch in der Musicalversion unter dem Titel *My Fair Lady* große Erfolge feiert, wird diese sehr englische Angewohnheit, Menschen nach ihrer Sprache zu beurteilen, ironisch thematisiert. Spätestens in den Dramen des 20. Jahrhunderts kommt der Alltagssprache, abgebrochenen Sätzen oder langen Pausen (zum Beispiel bei Harold Pinter) eine große Bedeutung zu.

Sprache kann also durch verschiedene „Tricks" auf etwas hinweisen

Was?	Beispiel	Wie?
… das Ende einer Szene oder eines Aktes durch ein *heroic couplet* anzeigen.	*Romeo and Juliet* *Romeo: "Farewell. Thou canst teach me to forget."* *Benvolio: "I'll pay that doctrine or else die in debt."*	durch unterschiedliche metrische Strukturen. Der erste Akt endet durch je einen Vers von Romeo und einen Vers von Benvolio = *heroic couplet* (zwei gereimte jambische Pentameter).
… Figuren hervorheben und ihren gesellschaftlichen Stand oder ihre Position anzeigen.	*Romeo and Juliet* *Enter Benvolio.* *Gregory: Say "better," here comes one of my master's kinsmen.* *Sampson: Yes, better, sir.* *Abram: You lie.* *Sampson: Draw, if you be men. Gregory, remember thy swashing blow.* *They fight.*	Zu Beginn der Szene sprechen einfache Bedienstete, die Sprache wandelt sich zu metrischer Form als Benvolio als Mitglied der Oberschicht auftritt.

Was?	Beispiel	Wie?
… Kontraste auf inhaltlicher Seite vorführen.	*Romeo and Juliet* Chor zu Begin Szene 1, Act 1 Gespräch zwischen Sam, Gregory, Sampson und Abram)	Der Chor spricht in metrischer Sprache von der Liebe zweier Menschen und dem tragischen Verlauf der Geschichte. Die derbe, umgangssprachliche Ebene der Bediensteten dagegen verstärkt die aggressiven und sexuellen Anspielungen.

Beispiel

William Shakespeare

Romeo and Juliet

Gre. *[Aside to Sampson.]* Say 'better'; here comes one of my master's kinsmen.

Sam. Yes, better, sir.

Ab. You lie.

Sam. Draw, if you be men. Gregory, remember thy swashing blow.

[They fight. Enter Benvolio].

Ben. Part, fools!

Put up your swords; you know not what you do.

William Shakespeare: The Complete Works of William Shakespeare. Pordes, London, 1993, Seite 827

Beachten Sie auch die zwei Ebenen der Kommunikation innerhalb des Dramas:

1. das innere System *(inner system of communication)*: die Kommunikation zwischen den Charakteren,
2. das äußere System (outer system of communication): die Kommunikation zwischen Bühnenautor (playwright) und Publikum *(audience).*

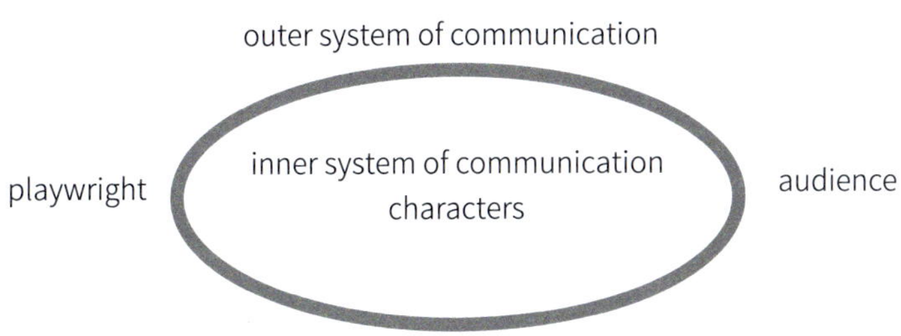

Systems of communication in drama

Figuren und Sprecher

Auf der Bühne agieren die Figuren in Gruppen oder alleine. Je nachdem, wer zu wem spricht, unterscheidet man zwischen Dialogen und Monologen. Wie das Beiseitesprechen (*aside*) hat der Monolog vor allem die Funktion, Einblicke in die innere Verfassung einer Figur zu liefern. Das Fehlen eines Erzählers wie im Roman, der meistens Informationen über das Innenleben von zumindest einer Figur liefern kann, führt dazu, dass das Drama seine eigenen Techniken entwickelt hat, wie dem Leser oder dem Publikum die innere, psychische Entwicklung der Figuren offenbart werden können. Während in Dialogen nicht unbedingt alle Figuren ihre tatsächliche Meinung an den Tag legen, liefert der Monolog die Möglichkeit, das eigentliche Befinden einer Figur deutlich zu machen. Oft befindet sich eine Figur für ihren Monolog allein auf der Bühne, führt also ein Selbstgespräch. Im Englischen nennt man einen solchen Monolog ***soliloquy***. Daneben gibt es natürlich auch längere Reden, die sich direkt an andere Figuren richten. Diese Solorede *(monologue)* tritt meist an einer zentralen Stelle des Dramas auf. Sie verdeutlicht eine wichtige innere Entwicklung einer der Hauptfiguren.

Die Figuren eines Dramas lassen sich auch nach ihrer jeweiligen Bedeutung für die Kernhandlung des Stückes unterscheiden. Während die Bedeutung der Hauptfiguren unschwer erkannt werden kann, ist die Funktion der Nebenfiguren nicht immer auf den ersten Blick erkenntlich. Diese durch komische Elemente erreichte Aufheiterung einer tragischen Handlung ***(comic relief)*** wird im klassischen Drama oft durch eine Figur niederen Standes wahrgenommen. Da nicht alle Begebenheiten einer dramatischen Handlung auf der Bühne dargestellt werden können, beispielsweise große kriegerische Auseinandersetzungen oder die Landung eines Flugzeugs, gibt es für solche Momente wie bei der Wortkulisse eine verbale Lösung. Anstatt mit großem Aufwand einen Kriegsschauplatz darzustellen, verwendet man oft einen Boten, der von den Entwicklungen jenseits des auf der Bühne dargestellten Raums berichtet. Verwandt mit diesem **Botenbericht** ist die **Mauerschau** *(teichoscopy)*, bei der Figuren auf der Bühne kommentierend berichten, was auf der anderen Seite einer Mauer und damit unsichtbar für das Publikum geschieht. Beide Techniken helfen ebenfalls, grausame Szenen von der Bühne fernzuhalten.

Dramatische Ironie

Der Spannungsaufbau vieler Dramen lebt davon, dass das Publikum bereits den Ausgang der Handlung kennt, während die Figuren ihrem Schicksal noch ahnungslos gegenüber stehen. Es braucht für diesen Spannungsaufbau einen unterschiedlichen Kenntnisstand zwischen Zuschauer und Figur: Die Zuschauer wissen etwas, was die Figur nicht weiß; eine Figur ist sich der Bedeutung ihrer Aussage nicht bewusst, dem Publikum hingegen ist die Bedeutung und Tragweite klar.

Für die Informationsvergabe an das Publikum sind das Beiseitesprechen *(aside)* und der Monolog von zentraler Bedeutung. In beiden Fällen kommt es zur Informationsvergabe von einer Figur an das Publikum, ohne dass die anderen Figuren den Inhalt erfahren. Durch das Beiseitesprechen tritt auch das Empfinden der Figuren deutlicher hervor, da in solchen Momenten meist die Gedanken, Ängste oder Wünsche der Figuren zum Ausdruck kommen. Die gleiche Funktion haben Monologe.

In *Romeo and Juliet* geht der Wissensvorsprung auf den Anfang des Dramas zurück. Noch vor dem ersten Akt betritt der Chor die Bühne und liefert eine vollständige Zusammenfassung der Handlung, die nicht nur den Familienzwist und die vom Schicksal verdammte Liebe der Hauptfiguren ankündigt, sondern auch deren letztendlichen Tod.

In Romeo and Juliet besteht somit vom ersten Moment an diskrepante Informiertheit zwischen Figuren und Publikum, da der Chor bereits das Ergebnis der Liebesbeziehung vorweggenommen hat.

In *Amadeus* weiß das Publikum ebenfalls von Salieris üblen Plänen, befindet sich also Mozart gegenüber, der sich von Salieri Hilfe erhofft, in einem Wissensvorsprung. Aussagen von Mozart zu oder über Salieri, sofern diese das Verhältnis der beiden angehen, bekommen dadurch eine ironische Note.

Diskrepante Informiertheit kann jedoch auch zwischen den einzelnen Figuren entstehen. Die berühmte erste Balkonszene in *Romeo and Juliet* zeigt, wie das Beiseitesprechen Romeos von Julia nicht wahrgenommen wird, ihre Liebeserklärung von Romeo jedoch gehört wird, wodurch für ihn ein Wissensvorsprung entsteht.

Beispiel

William Shakespeare

Romeo and Juliet

Jul. O Romeo, Romeo! – wherefore art thou Romeo?
Deny thy father and refuse thy name;
Or, if thou wilt not, be but sworn my love,
And I'll no longer be a Capulet.
Rom. *[Aside.]* Shall I hear more, or shall I speak at this?
Jul. 'Tis but thy name that is my enemy;
Thou art thyself though, not a Montague

William Shakespeare: The Complete Works of William Shakespeare. Pordes, London, 1993, Seite 826.

Romeo weiß ab diesem Moment von Julias Gefühlen, wodurch sich der Prozess des Sich-Näherkommens deutlich beschleunigt. Wenn sich später in *Romeo and Juliet* die Ereignisse überstürzen, dann wird diese große Geschwindigkeit auch dadurch ermöglicht, dass die beiden Liebenden schon hier von ihrer Liebe Kenntnis bekommen. Die Szene birgt noch einen weitern Moment der dramatischen Ironie, wenn nämlich Julia davon spricht, dass sie nicht mehr lange eine Capulet sein werde: Darin deutet sich ihr baldiger Tod bereits an.

Beispielanalysen

Beispielanalyse 1
Compare the use of language and its impact in Shakespare's "Hamlet" with the given excerpt from "Rosencrantz and Guilendstern are dead". Focus on structure, use of language and poetic devices.

Tom Stoppard (1937–)

Rosencrantz and Guildenstern Are Dead (1966) ACT TWO

Hamlet, Ros[encrantz] and Guil[denstern] talking, the continuation of the previous scene. Their conversation, on the move, is indecipherable at first. The first intelligible line is Hamlet's, coming at the end of a short speech – see Shakespeare Act II, scene ii.

Hamlet: S'blood, there is something in this more than natural, if philosophy could find it out. *[A flourish from the Tragedians' band.]*

Guil: There are the players.

Hamlet: Gentlemen, you are welcome to Elsinore. Your hands, come then. *[He takes their hands.]* The appurtenance of welcome is fashion and ceremony. Let me comply with you in this garb, lest my extent to the players (which I tell you must show fairly outwards) should more appear like entertainment than yours. You are welcome. *[About to leave]* But my uncle-father and aunt-mother are deceived.

Guil: In what, my dear lord?

Hamlet: I am but mad north north-west; when the wind is southerly I know a hawk from a handsaw.

[Polonius enters as Guil turns away.]

Polonius: Well be with you gentlemen.

Hamlet: *[To Ros]* Mark you, Guildenstern *[Uncertainly to Guil]* and you too; at each ear a hearer. That great baby you see there is not yet out of his swaddling clouts … *[He takes Ros upstage with him, talking together.]*

Polonius: My Lord! I have news to tell you.

Hamlet: *[Releasing Ros and mimicking]* My lord, I have news to tell you … When Roscius was an actor in Rome …

[Ros comes downstage to re-join Guil.]

Polonius: *[As he follows Hamlet out]* The actors are come hither my lord.

Hamlet: Buzz, buzz.

[Exeunt Hamlet and Polonius.]

[Ros and Guil ponder. Each reluctant to speak first.]

Guil: Hm?

Ros:	Yes?
Guil:	What?
Ros:	I thought you ...
Guil:	No.
Ros:	Ah.
[Pause.]	
Guil:	I think we can say we made some headway.
Ros:	You think so?
Guil:	I think we can say that.
Ros:	I think we can say he made us look ridiculous.
Guil:	We played it close to the chest of course.
Ros:	*[Derisively]* 'Questions and answers. Old ways are the best ways'! He was scoring off us all down the line.
Guil:	He caught us on the wrong foot once or twice, perhaps, but I thought we gained some ground.
Ros:	*[Simply.]* He murdered us.
Guil:	He might have had the edge.
Ros:	*[Roused]* Twenty-seven-three, and you think he might have had the edge? He murdered us.

Tom Stoppard: Rosencrantz and Guildenstern Are Dead. Faber & Faber, London, 1967, Seiten 40–41

Stoppard's play takes place inside the world of Shakespeare's *Hamlet*. It uses two minor characters from the play both to celebrate the original play from the perspective of (post)modern art and to ask questions about the nature of theatre, language, and history.

The first half of the excerpt above comes directly from Shakespeare's play. However, whereas in the original, Rosencrantz and Guildenstern simply disappear from the rest of the scene only to reappear later in the play, the action in Stoppard's re-invention of Hamlet stays with the two hapless characters. Through subverting a canonical text, Stoppard's play also questions the system of literature and the formation of a canon.

While Shakespeare's Hamlet already plays with the power of language by pretending to have gone mad, Stoppard's play takes this critical attitude towards the power of language a step further. The fact that none of the other characters ever seems to be quite clear how to tell Hamlet's two friends apart (he himself is revealed in the stage directions to turn „Uncertainly to Guil", having just addressed Rosencrantz by his friend's name) already points to the fact that language does not always clearly refer to particular referents.

The second half of the excerpt above takes this playful notion of language one step further. As in other moments of the play, Rosencrantz and Guildenstern are shown to use language simply as a game. They turn their conversation with Hamlet into a sort of word-tennis, where they are losing badly to their royal friend. However, the ultimate (dramatic) irony at the end of the passage above is reached when they argue that Hamlet „murdered us". The remark emphasizes that there is a reality beyond words: after all, both characters are killed at the end of the play, and it is Hamlet's scheming that leads to their death. So, ultimately, Hamlet's skilled use of language leads to the death of Rosencrantz and Guildenstern.

Looked at from this perspective, their conversation with Hamlet does have a deadly meaning. Other than what the rest of the play may imply, language is then, after all, shown to create facts, to have an effect on reality. The play, in many ways, presents the complex case of both making an argument and at the same time presenting evidence against it. The relationship of *Rosencrantz and Guildenstern Are Dead* to Shakespeare's *Hamlet* repeats this dual attitude. By writing a satirical comment on the earlier play, Stoppard both subverts his source and, through his text, contributes to the lasting importance of Shakespeare's work.

Beispielanalyse 2
Analyse the relationship between the characters in the given excerpt from "Death of a salesman" using elements related to drama which appear in the play.

Arthur Miller (1915–2005)

Death of a Salesman (1949)

Willy *[stops short, looking at Biff]:* Glad to hear it, boy.

Happy: He wanted to say good night to you, sport.

Willy: *[to Biff]* Yeah. Knock him dead, boy. What'd you want to tell me?

Biff: Just take it easy, Pop. Good night. *[He turns to go.]*

Willy: *[unable to resist]:* And if anything falls off the desk while you're talking to him – like a package or something – don't you pick it up. They have office boys for that.

Linda: I'll make a big breakfast –

Willy: Will you let me finish? *[To Biff.]* Tell him you were in the business in the West. Not farm work.

Biff: All right, Dad.

Linda: I think everything –

Willy: *[going right through her speech]:* And don't undersell yourself. No less than fifteen thousand dollars.

Biff: *[unable to bear him]:* Okay. Good night, Mom. *[He starts moving.]*

Willy: Because you got greatness in you, Biff, remember that. You got all kinds of greatness ... *[He lies back, exhausted. Biff walks out.]*

Linda: *[calling after Biff]:* Sleep well, darling!

Happy: I'm gonna get married, Mom. I wanted to tell you.

Linda: Go to sleep, dear.

Happy: *[going]:* I just wanted to tell you.

Willy: Keep up the good work. *[Happy exits.]* God ... remember that Ebbets Field game? The championship of the city?

Arthur Miller's *Death of a Salesman* is considered to be one of the most American plays ever written. First produced in 1949, it is an open condemnation of the underside of the American dream: dishonesty, superficiality, and appearances are shown to contribute to the suicide of a father and the spoiling of his sons. Willy, the eponymous salesman, lives in a world of pretense, reminiscing about the past, day-dreaming about his professional success, imagining brilliant futures for his sons. Secretly, however, he has been plotting his own death so as to leave his family the insurance money that will provide them with the financial security he has been never able to achieve.

The excerpt above, taken from the end of the first act, shows how Willy is prone to withdraw into his inner world of happiness and promise, ignoring all evidence from around him that would contradict him. While Biff is obviously unwilling to dream along in this scene, his father imagines a very positive outcome from the planned meeting next morning. His social pretensions become clear when he tells his son not to be too subservient: "They have office boys for that." Even though his son has hardly any qualifications that would justify the kind of treatment Willy expects, the simple promise "you got greatness in you" is supposed to make up for all shortcomings. The relationship between Willy and his wife, Linda, highlights the fragile mental state of the husband. While his outer world is falling apart, he compensates by ruling over his wife, talking over her, telling her to be quiet and insisting on her showing him respect. At this stage in their relationship, Linda has also become affected by her husband's tendency to block out reality by withdrawing into an inner world. Happy's announcement that he is getting married is met with silence. While his statement would surely warrant some kind of response, she simply tells him: "Go to sleep, dear." By protecting her feeble husband, whose suicidal tendencies she has already started to notice, she herself has also begun to withdraw from reality. She does not want to face the facts and instead choses to ignore aspects of the life around her that may upset the equilibrium.

The stage directions in this scene, beyond pointing out characters' coming and going, contribute to the understanding of the relationship between the characters. Willy's dismissive tone towards his wife is emphasized by the stage directions, making it clear to the reader (and the director) how Miller had envisioned the balance of power on stage. Biff's view of his father, whose shallowness he saw through when still a child, is also frequently expressed non-verbally, through the stage directions that indicate his thoughts and feelings. Biff also does not voice his opinion so as not to shatter the imaginary realm of Willy's view of life.

Lastly, the language marks the characters throughout as inauthentic and struggling for a personal sense of belonging. The repeated use of clichéd expressions paired with words that hardly describe clearly what is being meant, add to the feeling that Willy (and his family) is unable to use thinking and speaking as a means to represent reality. Willy's phrase "You got all kinds of greatness" provides a good example: while "you got greatness" is highly unspecific and in the case of Biff at best wishful thinking (as Biff himself points out at the end of the play), the addition of "all kinds" hardly makes Willy's statement any clearer. In fact, nearly every single sentence in the scene above (like "Glad to hear it" or "Knock him dead") is an empty phrase. Language, as a whole, has turned into an empty vessel.

The banalities that the characters in *Death of a Salesman* exchange on stage point to one of the central themes of the play, namely the emptiness that is at the centre of Willy, the protagonist. His suicide at the end of the play represents the climax of the process of self-annihilation that has been going on for most of his life. The absence of meaning that marks most sentences thus mirrors the absence of meaning from his life; and the play's superficial dialogue echoes the superficiality of Willy's view of life. The play thus presents some clear, if indirect, criticism of the vacuity at the heart of the American way of life during the post-war years.

9.3 Erzähltexte *(narration)*

Der Begriff Prosa beschreibt vor allem die Art der Sprachverwendung und umfasst Texte, die weder Lyrik noch Drama sind. In diesem Kapitel liegt der Fokus auf den Erzähltexten, die zur Prosa zählen. Deren Hauptmerkmal ist die Anwesenheit einer erzählenden Instanz, die zwischen Leser und Figurenrealität vermittelt. Wir unterscheiden drei Hauptgattungen: Lyrik ***(poetry),*** Drama (***drama)*** und Erzähltexte ***(narration)***.

Narrative texts can have many forms, among them short story, novel, fairy tale, satire, parable, legend, etc.

Untergattungen von Prosatexten

Die Untergattungen der Prosa unterscheiden sich vor allem durch ihre jeweilige Länge und den damit verbundenen Einschränkungen (epische Breite versus Knappheit). Kann ein Roman das Leben seiner Hauptfigur über viele Jahrzehnte und große Räume hinweg begleiten, etwa in Daniel Defoes *Robinson Crusoe* (1719) oder in Virgina Woolfs *Orlando* (1928), so verhindert die Knappheit der Kurzgeschichte das Entstehen solch epischer Breite.

Prosaformen	**Beispiele**	**Kriterien**
Kurzgeschichte *(short story)*	*"An Occurrence at Owl Creek Bridge"* (Ambrose Bierce)	- die Kurzgeschichte will ein konkretes Gefühl oder eine bestimmte Stimmung erzeugen - unmittelbarer Einstieg in die Handlung - fehlende Entwicklung der wenigen Charaktere - Beschränkung auf ein einziges, oft schicksalhaftes Ereignis
Roman *(novel)*	*"Ulysses, Finnegan's Wake"* (James Joyce)	- der Roman will eine Gesamtdarstellung des Lebens liefern - zeichnet sich durch seine Länge aus - Zeitspanne umfasst oft mehrere Jahre oder gar Generationen. - viele, detaillierte Charaktere - detaillierte Beschreibung des geografischen, politischen und sozialen Umfeldes
Kurzroman *(short novel)*	*"Heart of Darkness"* (George Orwell)	- beschränkte Anzahl von Personen - Zentrales Element ist ein außergewöhnliches Ereignis.

Mimesis/Poiesis, Utopie/Dystopie und Science Fiction ***(mimesis/poiesis, utopia/dystopia and science fiction)***

Mimesis	*mimesis*	- realistische Literatur - folgt dem Prinzip der Nachahmung	Nick Hornby *"About a Boy"*,
Poiesis	*poiesis (fantasy)*	- fantastische Literatur - ästhetische Neuschaffung der Welt	J. R. R Tolkien *"Lord of the Rings"*

Utopie	*utopia*	fiktionaler Text, der sich mit einer idealen (zukünftigen) Gesellschaft auseinandersetzt	Oliver Onions *"The New Moon: A Romance of Reconstruction"*
Dystopie	*dystopia*	- fiktionaler Text - Entwurf einer Gesellschaft, in der die menschliche Freiheit massiv eingeschränkt ist - Stellt häufig die jeweils gegenwärtige Gesellschaft an den Pranger, indem Tendenzen und Trends in Richtung totalitärer Systeme aufgezeigt werden.	Aldous Huxley *"Brave new World"* George Orwell *"1984"*
Science Fiction	science fiction	- Mischform, kann utopische und/oder dystopische Züge aufweisen - Bezug auf Naturwissenschaften erzeugt den Eindruck von Realitätsnähe, gleichzeitig bewegt sich der Text dennoch in einer imaginären Welt.	Mary Shelly *"Frankenstein"*

Grundelemente von Erzählungen *(elements of narration)*

Wohl die wichtigste Erkenntnis in der Beschreibung von Erzähltexten bezieht sich auf die Unterscheidung von *story* und *discourse*. Mit diesen beiden oder ähnlichen Begriffen bezeichnet man auf der einen Seite das *Was* einer Erzählung *(story)* und auf der anderen das *Wie* ihrer Darstellung *(discourse)*.

Textbausteine aus dem Bereich *kernel* für eine Kriminalgeschichte zu definieren ist relativ einfach (Ablauf des Mordes, Tatmotiv, Beweismaterial). In den meisten Kurzgeschichten finden sich fast keine Textpassagen, die als *satellites* zu beschreiben wären.

Handlung	*plot*	Siehe die Abbildung zum Aufbau des Dramas (Seite 165).
handlungstragende Aspekte	*kernel*	entscheidende Aspekte der Handlung
vom Thema abschweifende Aspekte	*satellites*	digressive, für die Handlung nicht entscheidende Aspekte
Reihenfolge/ Abfolge	*sequence*	- Muss nicht chronologisch sein. - Umgestelltes Erzählen *(reverse narration)* ist möglich.
Schlüsselmomente	*key events*	Sie dienen der Spannungssteigerung.
Thema	*theme*	Themen sind (fast) immer Abstrakta: Liebe, Armut, Rache, Rassismus, Kindheit …
Personen/Charaktere	*figure/-character*	fiktive Person, die in einem Prosatext auftritt

Erzählsituation	*narrator/ point of view*	– Es gibt drei Grundtypen:
auktoriale Erzählsituation	*authorial narrative situation*	– Allwissender Erzähler, der außerhalb der Romanhandlung steht. – hat Einblick in Psyche der Personen – Vorgeschichte und Ausgang sind dem Erzähler bekannt.
Ich-Erzählsituation	*first person narrator*	– erzählt in der ersten Person als erzählendes Ich *(narrating I)* – gehört der Welt der anderen Charaktere der Handlung an – ist in den Darstellungsmöglichkeiten stark eingeschränkt (da kein Zugang zur Psyche anderer Figuren) – Erzähler kann Kenntnis vom Ausgang haben, wenn das narrating I von einem deutlich späteren Zeitpunkt aus die früherern Erlebnisse des erlebenden Ich *(experiencing I)* schildert.
personale Erzählsituation	*figural narrative situation*	– Das Erzählen kann nicht einer bestimmten Figur zugeordnet werden. – „Es" wird erzählt (ohne eigentlichen Erzähler). – Passive Distanz ergibt sich aus wechselndem Fokus auf einzelne Personen der Erzählung, aus deren Perspektive berichtet wird *(the focaliser)*.
Darstellung und Einblick in das Bewusstsein der Figuren	*mode of presentation*	– *Showing/scenic presentation:* Der Erzähler beschreibt Szenen sehr detailliert. Figuren werden durch ihre Handlungen vorgeführt – *Telling/panoramic presentation:* Erzähler fasst mehrere Situationen zusammen, Figuren werden direkt beschrieben.
innerer Monolog	*interior monologue*	– eines der Kennzeichen der *scenic presentation* – Sprache gibt den assoziativen Gedankenfluss einer Person wieder. – oft abgebrochene Sätze *(anacoluthon)* und fehlende Interpunktion *(lack of punctuation)* – umgangssprachliche Ausdrücke möglich – unzensierte Gedankengänge
Gedankenbericht	*psycho -narration*	– tritt häufig bei Verwendung auktorialer Erzählsituation *(authorial narrative situation)* auf – Darstellung des Bewusstseins einer Figur (Gegensatz zum inneren Monolog)
erlebte Rede	*free indirect discourse*	– Stimme der Figur und des Erzählers überlagern sich. – das Fehlen von "he said..." oder "she thought..." – Raumadverbien, die sich auf den Figurenstand beziehen (tomorrow, here, now) – empathische Ausrufe *"Oh!"* und affektive/ argumentative Interjektionen *(for sure, however)* – rhetorische Fragen
Erzählzeit	*discourse time*	Zeit, die benötigt wird, um eine Ereignis zu erzählen
erzählte Zeit	*story time*	Zeit, die innerhalb der erzählten Welt vergeht

Die folgenden Romananfänge sind Beispiele für die Grundtypen des Erzählens.

Beispiel 1
auktoriale Erzähl-situation

It is a truth universally acknowledged, that a single man in possession of a good fortune, must be in want of a wife.
However little known the feelings or views of such a man may be on his first entering the neighbourhood, this truth is so well fixed in the minds of the surrounding families, that he is considered as the rightful property of some one or other of their daughters.
"My dear Mr. Bennet," said his lady to him one day, "have you heard that Netherfield Park is let at last?"
Mr. Bennet replied that he had not.

Jane Austen: Pride and Prejudice. Penguin, London, 2003, Seite 5

Im ersten Beispiel eines Romananfangs klingt die ironisch-zynische Stimme des Erzählers von außerhalb und jenseits der Figuren. Die Wünsche und Hoffnungen der beteiligten Personen werden jedoch nicht nur dargestellt, sie sind dem auktorialen Erzähler also offensichtlich einsehbar, sie werden zugleich kommentiert. Die Tatsache, dass die Nachbarn keine Einsicht in die Psyche anderer haben, ausgedrückt in der dritten Zeile des zweiten Absatzes, lässt vermuten, dass die Erzählstimme in Austens *Pride and Prejudice* sehr wohl Kenntnis des Innenlebens der Figuren hat.

Beispiel 2
Ich-Erzähl-situation

In my younger and more vulnerable years my father gave me some advice that I've been turning over in my mind ever since.
"Whenever you feel like criticizing any one," he told me, "just remember that all the people in the world haven't had the advantages that you've had."
He didn't say any more but we've always been unusually communicative in a reserved way and I understood that he meant a great deal more than that.

F. Scott Fitzgerald: The Great Gatsby. Scribner, New York, 2003, Seite 5

Das zweite Beispiel verwendet eine Ich-Erzählsituation. Der Erzähler, Nick Carraway, ist zwar nicht der Protagonist, er ist aber die Figur, die uns von Gatsbys Erlebnissen berichtet. Der fehlende Einblick in die Motivation der anderen Figuren wird bereits in diesen ersten Zeilen des Romans deutlich. Nick zitiert seinen Vater, ist sich aber nicht ganz sicher, ob er dessen Aussage richtig verstanden hat. Diese fehlende Einsicht in die Innenwelt der anderen Figuren, die sich aus der Ich-Erzählsituation von Nick zwangsweise ergibt, hat jedoch den Vorteil, dass Gatsby den Lesern bis zum Schluss als eine mysteriöse Figur erscheint. Die Erzählsituation trägt zu der Stimmung des Romans entscheidend bei.

Mrs Dalloway said she would buy the flowers herself.
For Lucy had her work cut out for her. The doors would be taken off their hinges; Rumpelmayer's men were coming. And then, thought Clarissa Dalloway, what a morning – fresh as if issued to children on a beach.
What a lark! What a plunge! For so it had always seemed to her when, with a little squeak of the hinges, which she could hear now, she had burst open the French windows and plunged at Bourton into the open air.

Virginia Woolf: Mrs Dalloway. Wordsworth, Ware, 2003, Seite 3

Beispiel 3
personale Erzählsituation

Das dritte Beispiel zeigt, wie eine personale Erzählsituation zwischen verschiedenen Reflektorfiguren oszilliert. Virginia Woolfs *Mrs Dalloway* verzichtet fast vollständig auf eine erzählende Stimme, die man als Person fassen könnte. Vielmehr liefert der Text verschiedene Einblicke in das Innenleben der wichtigsten Figuren, vor allem Clarissa Dalloway und Septimus Warren Smith. Deren innere Zustände werden mehr oder weniger unvermittelt dargestellt. Sie liefern dabei einen sehr spezifischen Blick auf die Situation. Die Handlung, bzw. *story*, von *Mrs Dalloway* müssen sich die Leser aus den einzelnen Eindrücken selbst konstruieren.

Beispielanalysen

Mary Shelley (1797–1822)

Frankenstein (1818)

Beispielanalyse
Analyse the given excerpt from Mary Shelly's Frankenstein. Consider the elements of narration as well as the language which is used.

[...] These motives urged me to comply with his demand. We crossed the ice, therefore, and ascended the opposite rock. The air was cold, and the rain again began to descend: we entered the hut, the fiend with an air of exultation, I with a heavy heart and depressed spirits. But I consented to listen; and, seating myself by the fire which my odious companion had lighted, he thus began his tale.

Chapter 11
'It is with considerable difficulty that I remember the original era of my being: all the events of that period appear confused and indistinct. A strange multiplicity of sensations seized me, and I saw, felt, heard, and smelt, at the same time; and it was, indeed, a long time before I learned to distinguish between the operations of my various senses. [...]

Mary Shelley: Frankenstein, or, The Modern Prometheus. Wordsworth, Ware, 1993, Seite 71

Shelley's novel is presented in a highly complex and densely structured fashion. Most of the novel appears to be told in the first person by Victor Frankenstein,

who is the first person narrator at the end of chapter 10. Chapter 11, however, begins the tale of his creature. The novel uses various layers of embedded narratives. In fact, the first narrative frame has a young scientist, R. Walton, travel to the North pole. He is writing letters to his sister, telling her, at one point, about having met Victor Frankenstein, who then takes over as (embedded) first person narrator.
The layering of the narrative frames makes it easier for the readers to move from the scientific Walton, whom one may take to be reliable, to the fantastic creature. The novel thus incorporates a number of narrative modes that cover both realistic and fantastic ground. In fact, Shelley's novel has been called one of the earliest science fiction texts since it mixes some realistic portrayals of scientific, or rather medical, advances with highly imaginary (and somewhat Gothic) inventions that are clearly not derived from a mimetic approach to reality.

The insistence on keeping to first person narratives heightens the novel's atmosphere of being a genuine report of events that truly happened. The continued use of opening quotation marks throughout chapters 11 to 16 not only reminds readers of a change of speaker, it also emphasizes the fact that somebody is speaking, that a person is recounting his personal memories. Through relying on eyewitnesses, the text claims greater veracity. By situating the various episodes of the novel in easily identifiable parts of Europe, Shelley further heightens the mimetic quality of her narrative. She also brings the natural environment directly into her text, which is filled with the Romantic view of nature as a powerful place that confronts humanity with its own insignificancy vis-à-vis the divine creation.

The scene quoted above takes place in a typical location for *Frankenstein*, namely in a sublime natural environment. The inhospitability is emphasized by words like "ice", "rock", and "fire." Surrounded by the elements, Victor appears fragile and at risk. His creature, on the other hand, seems remarkably at ease on the glacier. Victor's scientific rationality is in direct opposition to the creature's physical presence. While Victor is all scheming intellect, the creature turns out to be driven by desires and emotions; it (or rather, he) almost seems to be the better human being. The opening words of Chapter 11 show that the creature is by no means a brute: on the contrary, both the eloquent tone of voice and the keen perceptions that mark the first moments of his life present him as a sensitive being. When he claims that he "saw, felt, heard, and smelt," he proves to be connected to his environment, in touch with the natural world around him. The fact that later on he "learned" proves him to have intelligence, so that he can be said to fulfil at least the second half of the *homo sapiens* description.

In contrast to the creature's harmonious relationship with the powerful natural environment, Victor's distance from his physical surroundings is highly noticeable. His arrogant hubris raises moral questions. The novel as a whole has been described as a critique of the scientific world view. The need to question the responsibility of science can easily be transferred to a contemporary setting. Shelley's novel can thus even be read as a commentary on such questions as whether cloning has to be discussed from a moral point of view.

Überblick

Sie haben nun einen Überblick über die verschiedenen Literaturgattungen und deren Besonderheiten bekommen. Gleichzeitig wurden Ihnen anhand von Beispielen Vorgehensweisen vorgestellt. Je mehr Texte Sie nunmehr selbst verfassen, desto klarer werden Zusammenhänge und umso sicherer wird Ihr persönlicher Schreibstil werden.

10 Analyse und Interpretation von Sachtexten

Wenden wir uns den nüchtern erscheinenden Sachtexten zu. Im Folgenden werden Sie erfahren, welche Textsorten in diese Gruppierung gehören. Der Umgang mit Sachtexten in Vorbereitung auf das Abitur erfordert Ihre Kenntnisse der Operatoren sowie Kenntnisse verschiedener Stil- und Sprachmittel. Unsicher? Schlagen Sie Operatoren und Stilmittel ruhig nochmals in den Kapiteln 1 und 9 nach. Im nun folgenden Kapitel werden Sie Redemittel als Anregung und Hilfestellung finden, um die Anforderungen der Aufgaben in diesem Bereich erfolgreich lösen zu können.

10.1 Verschiedene Texttypen

Im Bereich der Sachtexte gibt es verschiedene Textsorten, die sich durch Besonderheiten im Stil oder in der Form auszeichnen. Im Folgenden finden Sie dazu eine Auflistung.

Bedenken Sie, dass das Ziel einer (politischen) Rede ist, den Zuhörer vom Standpunkt des Redners zu überzeugen indem beispielsweise an die Gefühle des Zuhörers appelliert wird oder gar der Versuch der Manipulation erfolgt. In jüngster Zeit werden immer wieder „alternativen Fakten" *(alternative facts)* – also nicht zutreffende (erfundende/erlogene) Fakten – hierzu verwendet. Politische Reden gliedern sich meist in Einleitung *(introduction)* den Hauptteil *(main part)* und den Schluss *(conclusion)*.

genre	**Besonderheiten**	**Hinweise zur Bearbeitung**
political speech	Eine vorbereitete Rede, die sich inhaltlich mit einem bestimmten Sachverhalt oder einer Situation auseinandersetzt	**Leitfragen**: - Was ist das Hauptthema der Rede? - Was ist der politische, soziale und historische Kontext? - Was wissen Sie über den Redner (Biografie, politische Gesinnung …) **Achten Sie auf:** - Schlüsselbegriffe - Bezugnahmen auf historische Begebenheiten oder Personen - Bezugnahmen auf literarische Werke - Einsatz von Stilmitteln und Slogans **Häufig verwendete Redetechniken:** - Kurze, prägnante Sätze, damit der Zuhörer der Argumentationskette gut folgen kann. - Zitieren von glaubwürdigen Quellen Verwendung von Daten, Zahlen, Fakten, um Expertenstatus zu demonstrieren. - Probleme aufzeigen und Lösungen anbieten, um Kompetenz zu zeigen - die Verwendung von Personalpronomen wie wir/uns/unser

genre	**Besonderheiten**	**Hinweise zur Bearbeitung**
editorial	Ein Artikel, der die Ansichten und die Meinung des Redakteurs oder des Verlages wiedergibt.	**Leitfragen:** – Was ist das Hauptthema des (Leit)artikels? – Welche Hauptargumente/welches Anliegen vertritt der Autor/der Verlag? – Was wissen Sie über den Schreiber/den Verlag (Biografie oder Historie, politische Gesinnung ...)? **Achten Sie auf:** – Schlüsselbegriffe – Bezugnahmen auf historische Begebenheiten oder Personen – Bezugnahmen auf literarische Werke – Einsatz von Stilmitteln und Slogans – häufig verwendete Techniken: flüssige Argumentation; Zitieren von glaubwürdigen Quellen; Verwendung von Daten, Zahlen Fakten
essay	Ein Essay ist meist der Ausdruck der persönlichen Ansichten und Meinungen des Autoren zu einem bestimmten Thema, beispielsweise: politische Manifeste, Literaturkritiken, Beobachtungen des täglichen Lebens. Es gibt auch Essayformen, in denen das Thema ohne Rücksichtname auf die Meinung des Autoren präsentiert wird *(expository essay).*	3 verschiedene Formen des Essay: – *Comment:* Meinung/Position des Autoren zu einem bestimmten Thema – *Argumentative essay:* Der Autor wägt Pro- und Kontraargumente zu einem bestimmten Thema ab. – *Expository essay:* Das Thema wird dem Leser klar und präzise dargelegt, ohne dass die Meinung des Autors den Text dominiert. .
report	Zeitungsbericht zu einem bestimmten Ereignis. Ziel ist es, den Leser zu informieren, ohne ihn dabei zu beeinflussen. Der Zeitungsbericht bedient sich ausschließlich der Faktengrundlage.	**Leitfragen:** – Was? Wer? Wo? Wann? Warum? **Achten Sie auf:** – Überschrift *(headline)* – Abschnitte *(parapgraphs)* im Hauptteil *(main body)* – bestehend aus einer Einleitung und dann aufeinanderfolgend den Antworten auf die Leitfragen) – Abschluss *(conclusion)*

Der Unterschied zwischen einem *report* und einem *article* ist, dass der letztere eine Position des Autoren oder des Verlags vertritt und den Leser beeinflussen will. Der *report* hingegen bleibt objektiv und neutral.

Je nach Aufgabenstellung können Sie mit einem oder mehreren Texten konfrontiert werden. Sie werden aufgefordert, Fragen zu diesen Texten zu beantworten.

Üblicherweise werden Sie drei Hauptaspekte bearbeiten:

1. Womit befasst sich der vorliegende Text? (*content* – Inhalt)
2. Was ist die Funktion des vorliegenden Textes? *(text analysis)*
3. Was bringt der Text zum Ausdruck? (*interpretation*)

10.2 Womit befasst sich der Text? *(content)*

Um diesen Aufgabenbereich zu bearbeiten, werden Sie häufig aufgefordert, eine kurze Zusammenfassung (*summary*) zu schreiben. In dieser fassen Sie die wichtigsten Aspekte des vorliegenden Textes in eigenen Worten zusammen.

Die sieben Regeln zum Schreiben einer Zusammenfassung:

1. Lesen Sie den vorliegenden Text sorgfältig durch.
2. Markieren Sie wichtige Information (z.B. den Satz, in dem das Hauptthema genannt wird).
3. Formulieren Sie einen einleitenden Satz, der
   - Textsorte,
   - Titel,
   - Autor,
   - Erscheinungsjahr- und Datum
   - sowie das Hauptthema beinhalten sollte.

   The newspaper article "Developing nations leaving rich ones behind" written by Edward J. Blakely and published on September 28, 2010 in The Sydney Morning Herald deals with the consequences of globalization.

globalisation (BE) – globalization (AE)

4) Schreiben Sie objektiv, worum es geht, und vermeiden Sie Interpretationen sowie Kommentare.
5) Konzentrieren Sie sich auf die wichtigen Informationen (Fakten, Ereignisse, Aspekte) und klammern Sie Details (Zahlen, Statistiken, Zitate) aus.
6) Schreiben Sie im Präsens.
7) Fassen Sie sich kurz!

Hier finden Sie einige hilfreiche Redemittel:

Formulierungen, um die Intention des Autors darzulegen	– *The author starts his article with … a quote/figures from/facts about* – *He/she points out that …* – *He/she suggests that …* – *He/she emphasizes …* – *He/she concludes …*
Formulierungen, um das Kernthema des Textes vorzustellen	– *The author discusses the question of whether…* – *The general theme/topic/subject of the text is….*

10.3 Was ist die Funktion des vorliegenden Textes? (analysis)

Um eine vollständige Analyse zu erarbeiten, stellen Sie zunächst fest, welcher Art der vorliegende Text ist.

expository (erklärend)	*The given text is mainly expository since it is based on the objective analysis of complex facts/ because its main purpose is to inform us about/ as it explains…– He/she points out that …*
argumentative (erörternd)	*From the focus on the subjective evaluation of the problem we can conclude that this text is argumentative. / The text is argumentative because it intends to convince the reader of…*
descriptive (beschreibend)	*The given passage from … is descriptive since it illustrates…./ because it describes…*
narrative (erzählend)	*The concentration on perceptions shows us that the given text is narrative./ The given text is narrative because it tells the story of…*

Die Überschrift (*heading*) oder die Schlagzeile (*headline*) sollten ebenfalls Gegenstand Ihrer Betrachtung sein.

Wortwahl/Sprachgebrauch der Überschrift/Schlagzelle	*The heading is worded in a …* *- dramatic* *- ambiguous* (unklar, mehrdeutig, doppeldeutig) *- baffling* (verwirrend, verblüffend) *… manner.* *The author's intention is to shock/ to baffle/ to interest his reader by means of the headline.*

Gerade in Englands „Yellow Press", der Regenbogenpresse, kommt den Überschriften eine große Bedeutung zu, da diese den eigentlichen Kauf- bzw. Leseanreiz darstellen. Bei manchen Zeitungen gibt es eigene Überschriftenredakteure.

Versuchen Sie herauszufinden, ob der Text eine der folgenden Absichten verfolgt:

a) informieren *(to inform)*
b) überzeugen *(to persuade)*
c) instruieren *(to instruct)*
d) beschreiben *(to describe)*
e) erörtern *(to discuss)*

Unter **www.historyplace.com/speeches** finden Sie viele der berühmtesten Reden der Geschichte. Untersuchen und vergleichen Sie diese anhand der hier genannten Kriterien.

Desweiteren untersuchen Sie, wie der Autor seinen Text aufgebaut hat, welche Sprache verwendet wird, etc. – und welche Effekte verwendet werden, um letztendlich die entsprechende Absicht zu erzielen.

Sie können die Untersuchung der Struktur und der angewendeten Mittel gut an Artikeln aus der englischsprachigen Tagespresse versuchen. Unter www.guardian.co.uk oder dem Suchbegriff: *current newspaper articles* werden Sie fündig.

Beginnen Sie mit der Struktur und dem Aufbau des Textes: Wie viele Abschnitte (*paragraphs*) gibt es und was ist deren Inhalt?

Formulierungen, um die Struktur zu beschreiben	– *The text is divided into….paragraphs.* Der Text ist in … Abschnitte unterteilt. – *The given passage of the speech consists of/can be categorized into… parts.* Der Ausschnitt der Rede besteht aus … Teilen/ Kategorien. – *The first paragraph forms a contrast to the … paragraph since it is …* Der erste Abschnitt stellt einen Kontrast zum … Abschnitt dar, weil er … – *In the last two paragraphs the author compares/ contrasts/ deals with …* In den letzten beiden Abschnitten vergleicht der Autor/stellt der Autor gegenüber/beschäftigt sich der Autor …

Benennen Sie nun die verwendeten Mittel und verknüpfen Sie diese mit der Wirkung, die sie auf den Leser haben.

Mittel – *typical means*	***effect they have***
use of numbers and data	*gives the reader a sense of reliability* (Glaubwürdigkeit) Die Verwendung von Zahlen und numerischen Fakten vermittelt dem Leser Glaubwürdigkeit.
quotes from experts	*create reliability and lend authenticity* Die Verwendung von (Experten-)Zitaten vermitteln Glaubwürdigkeit und verleihen Authentizität (Echtheit).
rhetorical questions	*make readers think or be more attentive, flatter the reader, increase interest* Rhetorische Fragen regen den Leser zum Nachdenken an, steigern seine Aufmerksamkeit, schmeicheln dem Leser, erhöhen das Interesse.
use of pronouns we, our, you	*gives the reader the feeling of being included* Der Gebrauch von „wir, uns, du“ geben dem Leser das Gefühl, eingebunden zu sein.
repetition	*the intentional message is being emphasized, "hammered in"* Durch Wiederholungen wird die beabsichtige Botschaft betont, „eingebläut“.
figurative language (metaphor, simile, symbol, etc)	*creates a picture in the reader's mind, evokes a clear image* Bildhafte Sprache vermittelt dem Leser ein Bild, eine klare Vorstellung.
irony, pun	*helps the reader to understand the criticism* Ironie oder Wortspiele helfen dem Leser, die Kritik zu begreifen.

10.4 Was bringt der Text zum Ausdruck? *(conclusion)*

In diesem Aufgabenbereich werden Sie aufgefordert, den Text und seine Absicht zu interpretieren. Sie müssen indirekt vermittelte Bedeutungen oder direkt geäußerte Absichten erkennen – das heißt Sie betrachten auch das, was „zwischen den Zeilen“ steht. Beachten Sie die vorgegebenen Operatoren in „Ihrer“ Aufgabe und die angemessenen Arbeitsweisen.
Die folgenden Redemittel können Ihnen im Bereich der Interpretation weiterhelfen:

Formulierungen, um die Haltung des Autors zu beschreiben	*The author …* – *claims* (behauptet) … – *implies* (deutet an) … – *rejects* (lehnt ab) … – *agrees with* (stimmt zu) … – *is certain about* (ist sich sicher) … – *doubts whether* (zweifelt ob) … *The author adopts a(n)* … (Der Autor vertritt eine … Sichtweise …) – *pessimistic/optimistic* – *middle-class* – *humanitarian* … *point of view* *He shows/displays a(n)* … (Der Autor zeigt/präsentiert eine … Haltung …) – *objective/subjective* – *open-minded/biased* – *humanitarian* … *attitude*

Tipp

Erstellen Sie sich eine eigene Schritt-für-Schritt Anleitung für eine vollständige Textanalyse. So überprüfen Sie nicht nur, ob Sie den Aufbau verstanden haben, sondern können sich gleich noch eigene Formulierungen und passende Redewendungen zurechtlegen.

Überblick

Sachtexte können Ihnen in unterschiedlichster Form begegnen. Um diese Texte analysieren und interpretieren zu können, müssen Sie nicht nur mit der inhaltlichen Thematik des Textes vertraut sein, sondern Sie sollten auch sprachlich in der Lage sein, die Absicht des Autors, die verwendeten Stilmittel sowie die Wirkung des Textes zum Ausdruck zu bringen. Der in diesem Kapitel dargestellte Aufbau einer solchen Analyse und Interpretation hilft Ihnen klar und strukturiert vorzugehen.

11 Analyse und Interpretation von visuellen Materialien

Bilder oder Illustrationen können zur Unterstützung und Verdeutlichung eines Textes, aber auch als Kontrapunkt eingesetzt werden. Das gilt auch für filmische Sequenzen. Um ein Bild zu analysieren, müssen Sie dieses Bild optisch und inhaltlich so genau wie möglich erfassen. Hierzu sind eine systematische Vorgehensweise und die Verwendung des entsprechenden Vokabulars unabdingbar.

11.1 Bildbeschreibung

Das Ziel der Bildbeschreibung ist es, die Gesamtheit des Bildes so detailliert wie möglich zu erfassen, ohne dabei bereits zu interpretieren oder zu werten. Sie finden im Folgenden thematisch zusammengefasste Redemittel, welche den einzelnen Arbeitsschritten zugeordnet sind. Achten Sie auch bei Verwendung von „Formulierungsblöcken" auf einen natürlichen und authentischen Sprachfluss. Sie sollten Formulierungen wählen, die zu Ihrem persönlichen Schreibstil passen und sich harmonisch einfügen.

Schritt 1 Erster Eindruck

Beschreiben Sie zunächst die Bildart, die sie sehen.	*The picture is a photograph …*
Beschreiben Sie kurz, welche Situation das Bild zeigt.	*The picture is a photograph showing a group of monks who are surrounded by armed officers.*
Nennen Sie (wenn angegeben) die Quellen des Bildes. (Titel des Bildes, Künstler oder Fotograf, Entstehungsdatum, Veröffentlichungsort, Veröffentlichungsdatum …)	*It was taken by an unknown artist and published by National Geographic on the 21st of May, 2010.*
Möglicherweise gibt es auch einen Hinweis bezüglich des Grundes bzw. des Anlasses der Veröffentlichung (z. B.: Olympische Spiele, Wahlen, aktuelle Diskussionen, …)	*The photograph was published in connection with uprisings in China.*

Phrases for describing illustrations and photographs

Formulierungen und Redemittel

Beschreibung der Bildart	*The picture is a(n) …* – *… photograph.* – *… electronic image.* – *… still (from a film).* – *… painting.* – *… collage.* – *… illustration.*
Beschreibung des ersten Eindrucks	– *When I first saw the photograph I thought …* – Als ich … zum ersten Mal sah, dachte ich … – *The collage reminds me of …* – … erinnert mich an … – *When I see the painting my first association is …* – Meine erste Assoziation bei der Betrachtung des Gemäldes ist … – *The picture gives the impression that …* – Das Bild vermittelt den Eindruck, …
Beschreibung der gezeigten Situation	– *The photograph shows …* – … zeigt … – *This is a painting showing a typical scene …* – … welches … zeigt … – *This electronic image illustrates …* – … zeigt … – *This is a still (from the film …) showing the situation in which …* – … welches zeigt … – *In this illustration you can see that …* – … kann man sehen, dass …

Schritt 2 Beschreibung des Bildes

Bedenken Sie bei der Beschreibung eines Bildes die grammatikalische Zeit, das Tempus. Wenn sie beschreiben, wen oder was Sie auf einem Bild sehen, verwenden Sie das *Simple Present*.
*In the foreground there **is** a young girl.*

Wenn Sie aber beschreiben, was die Person im Bild gerade tut, verwenden Sie *Present Progressive/Present Continuous*.
*She **is holding** a baby in her arms.*

- Betrachten Sie das Bild genau und wählen Sie je nach Art des Bildes eine der beiden, im nachfolgenden beschriebenen Methoden zur Beschreibung. Beantworten Sie möglichst die W-Fragen „wer?" „wo?", „was?".
- Beschreiben Sie die Körpersprache der dargestellten Menschen, also Gestik *(gestures)*, Mimik *(facial expression)*, Körperhaltung *(posture)*, Ausdruck *(expression)*.

Zeigt das Bild eine dominante Situation wie zum Beispiel eine Person in einem Raum, ein Gebäude in einer Landschaft, etc., dann beginnen Sie mit der detaillierten Beschreibung eben dieses Hauptaspekts, der im Vordergrund steht. Danach befassen Sie sich mit der Beschreibung des Hintergrundes.
Besteht keine ersichtliche Dominanz einer Person oder eines Gegenstandes, dann empfiehlt es sich mit einer Beschreibungsrichtung zu arbeiten, das heißt, Sie arbeiten beispielsweise von links nach rechts oder von oben nach unten.

Bild und Text

Nennen Sie die Techniken, die der Künstler verwendet. Beschreiben Sie den Einsatz von Licht und Schatten. Gibt es verschwommene, unscharfe Zonen, wie wird Farbe eingesetzt?

Beschreiben, wo sich etwas im Bild befindet	- *In the foreground/In the centre you can find …* – Im Vordergrund/im Zentrum … - *At the top there is …* – Oben befindet sich … - *At the bottom there is …* – Unten befindet sich … - *In the upper right-hand corner you can see …* – In der oberen rechten Ecke … - *On the left-hand side …can be found …* – Auf der linken Seite … - *In the lower left-hand corner the viewer finds …* – In der unteren linken Ecke entdeckt der Betrachter … - *In the background … can be seen …* – Im Hintergrund …
Beschreibung der künstlerischen Techniken	*The colours are …* - *… bright, dark, soft, intensive.* - *… black and white.* *The photograph is …* - *… clear.* - *… blurred.* - *… not in focus.* - *… not well lit.* - *… full of contrasts.* *The artist used…* - *…oils/water colours/crayons.* *The technique of using… creates …* - *…light brush strokes/only outlines/a mix of material* *The photographer used …* - *a close up/a soft focus/a sharp focus … to stress*
Beschreibung der Atmosphäre	*This creates a/an … atmosphere.* - *cosy, friendly, warm, lively, peaceful, …* *The atmosphere is …* - *dark, depressing, scary, serious, terrifying, …* *These factors contribute to the atmosphere being …* - *exotic, hectic, mysterious, confusing …* *The …* (siehe künstlerische Techniken) *in the photo conveys an atmosphere of great …* - *happiness, sadness, confusion, …*
Beschreibung der Mimik, Gestik, Körpersprache	*The person's body language shows that he/she is …* - *… in pain, self-confident, scared, insecure, helpless, joyful …* *From his/her facial expression you can conclude that …* - *… he/she is … amazed, frightened, annoyed, calm, happy, questioning …*

Schritt 3 Die Beschriftung

Beachten Sie Unterschriften *(caption)*, Überschriften *(heading)* oder Titel *(title)* und bringen Sie diese in klaren Bezug zum Dargestellten.

11.2 Bildanalyse/Bildinterpretation

Im Anschluss an Schritt 3 erfolgt dann der Teil der Analyse und Interpretation. Hier greifen Sie die Informationen auf, die Sie durch die Bildbeschreibung gewonnen haben, und verwerten diese. Das heißt, Sie ziehen Schlussfolgerungen aus dem Beschriebenen bezüglich der Intention *(intention)* des Künstlers und bilden sich abschließend eine persönliche Meinung über das Bild, die Sie hinreichend begründen. Die Bildbeschreibung ist immer der Ausgangspunkt der Bildanalyse.

Schritt 4 Analyse, Interpretation und Intention

Schließen Sie an Ihre vorangegangenen Betrachtungen die Schlussfolgerungen an. Folgende Fragen können hierbei richtungsweisend sein:

- In welcher Beziehung stehen die Menschen auf dem Bild zueinander? Welche Interpretationen lassen die Körperhaltung, Mimik und Gestik der Personen zu und was ist die Botschaft dahinter? Werden die Personen positiv, negativ oder neutral dargestellt?
- Bezieht sich das Bild auf etwas Bestimmtes? (Historisches Ereignis, soziale Fragestellung, politische Entwicklung…)
- Welchen Eindruck versucht das Bild zu vermitteln? Was soll dem Betrachter suggeriert werden?
- Was ist die Absicht des Künstlers? Welche Botschaft möchte er/sie vermitteln und was soll dadurch bewirkt oder erreicht werden?
- Gibt es eine Zielgruppe *(target group)* und wenn ja welche?

Formulierungen und Redemittel

Redemittel zur Analyse und Interpretation von Bildmaterial.

Analyse	– *The photograph has to do with … (e.g. the recent discussion about stem cell research).* – *The painting deals with … (e.g. relationships today).* – *The illustration refers to … (e.g. the text "…").* – *The collage represents … (e.g. society's fear of Islamic terror).* – *The electronic image is meant to criticize … (e.g. Britain's latest regulation regarding…).*
Interpretation	– *The collage suggests …* – … deutet an… – *The painting gives you the impression that …* – … erweckt den Eindruck, dass … – *The photograph arouses feeling of …* – … erzeugt/erweckt … Gefühle …/lässt den Betrachter fühlen, … – *Judging by the facial expression you could conclude that …* – Dem Gesichtsausdruck nach zu urteilen, kann man darauf schließen, dass … – *From the look of the woman, you can assume that …* – Aufgrund des Aussehens der Frau kann man annehmen, dass …

Intention	- *The artist wants to express his/her approval/disapproval of …* – …will seine Zustimmung/Ablehung gegenüber … zum Ausdruck bringen. - *The artist wants to illustrate the problem of …* – … will das Problem der … darstellen. - *Perhaps his/her intention is to show …* – Vielleicht ist seine/ihre Absicht … - *The illustration is aimed at …* – … zielt ab auf … - *The photograph targets mainly …* – …. spricht vor allem … an … - *… are the target group.* – … sind die Zielgruppe.

Schritt 5 Wirkung und persönliche Meinung

Im abschließenden Teil der Bildanalyse zeigen Sie die Wirkung des Bildes auf Sie auf, stellen ihre persönliche Meinung dazu dar und begründen diese.

Wirkung und persönliche Meinung	*In my opinion the painting is meant to …* *The impression I get from this illustration is that …* *The painting makes me feel …* *The collage is …* *- … shocking/brilliant/terrifying/impressive/depressing/amusing …* *To my mind it would be better/clearer/more impressive … if the artist had used more/less …* *It touches/moves me.* *It does not appeal to me.* *It leaves me cold.* *I like/dislike it because …* *In conclusion I can say …*

Beispiel Bildanalyse

Aufgabenstellung: Analyze the photograph dated from the turn of the last century, set in India.

The black and white photograph immediately reminds the viewer of stories about British India. Various books and movies have dealt with the portrayal of the life of British colonizers in India, some more idealistically and some less so.

It shows a tea party scene, in which a group of probably British people is seated in a garden surrounded by Indian servants. A white and seemingly large building is visible in the background, located behind bushes and trees. The background is blurred which makes it hard to >>

>> Beispiel Bildanalyse

say whether that building is a residence or an official building of some sort. The focus is on the group of people in the middle of the picture. They are grouped into two rows. In the back row the Indian servants wait to receive orders. On the left-hand side there is an elderly man with a beard, dressed in a dark traditional uniform in military attire. His upright posture and the light coloured, decorated headgear mark him as a personal guard or personal head servant. Next to him, standing a little further to the right, two more servants are visible. These are dressed in white, wearing the traditional wound turban. They are standing very close to each other. The man on the left is balancing a round, silver tray on one hand and appears to be looking straight into the camera. His companion to the right is staring straight ahead and standing slightly at an angle. Both men are noticeably younger than the "guard" to the left. Even further to the right there is another servant, glancing downwards to the English man seated directly in front him. This servant is also dressed traditionally, with a dark, long-sleeved shirt belted with some patterned fabric. His headgear resembles that of the "guard" but is not decorated as much and not as noticeable. The last person in that second row is a British gentleman dressed in a dark suit with a white collar and a light top hat. His right hand is on his hip and his left hand seems to be resting on the back of the chair of the lady seated in front of him, although that is not visible due to the angle. He is also looking straight into the camera.
There are six people in the front row, and they seem to be grouped into pairs. Starting from the right, there is an elderly, half-bald and heavily built gentlemen dressed in a dark suit and a dark haired woman who is wearing a white blouse beneath a fitted light-coloured jacket and matching long skirt. While the gentleman is comfortably leaning back in his chair, holding his hat in one hand, her posture is more erect and she is leaning forward. She is holding something on her lap, one object in each hand but due to the slightly blurred quality of the photograph it is almost impossible to make out and could be a cricket bat or a rifle. Moving to the left the viewer finds the next couple who appear to be the centre of the group. First the slim, dark-haired gentleman dressed in a dark suit with a white collar. He is looking straight at the camera and both the gesture of his left hand and his mock stern expression imply that he is communicating with someone. He is actually sitting at the table in front of him. To his right the viewer finds a dark-haired lady dressed in a white fitted dress with a matching white hat leaning forward. She is holding a tea-cup and the saucer in her hands and is looking at someone who seems to the left of the photographer. Her facial expression is rather stern but a hint of amusement can be detected. The last couple on the right-hand side of the picture are again a lady and a gentleman. The lady is comfortably leaning backward and laughing while looking at the couple in

>>

>> Beispiel Bildanalyse

the centre. She is wearing a white blouse beneath a fitted jacket and a slim skirt. Her hat is rounded and she appears to be younger than the rest of the group. Next to her on the right there is an elderly gentleman in a dark, striped suit with an open jacket and a waist coat underneath. He has a walking stick in one hand and is looking straight into the camera.

Due to body language and facial expressions of the tea party members the photograph does not convey the atmosphere of a relaxed social get-together but instead reveals undercurrents in regard to the relationship between the members of the tea party, as well as the role of the photographer and the servants and guards. Only the young lady who is laughing seems to be relaxed and at ease, while all the other guests appear fairly strained and the lady on the right-hand side seems distinctively uncomfortable judging by her facial expression and the fact that she is leaning forward and away from the gentleman's hand resting on the back of her chair. Judging by her facial expression and that of the gentleman to her right, one could conclude that there has been or still is reason for embarrassment, possibly caused by the host and his mock stern expression and gesture as he seems to be reprimanding someone. This mock reprimand could be the source of amusement for the youngest lady of the group. Monitoring the servants more closely, the viewer can also detect differences in manner and thus possibly attitude. While the "guard" on the left hand side conveys an air of dignity and professional concentration, the other "guard's" body language suggests some kind of suppressed aggression hidden behind a mask of humility and resignation to his fate of being the white man's servant. The gentleman seated at the left-hand end of the first row appears to be the one who has the most actual power, suggested through his relaxed but dignified composure and his guard's body language, dress and composure. However, the "host" couple in the centre seem to be very full of themselves, hence the lack of an air of real power surrounding them.

The impression I get from this photograph is that, on the one hand, there is an interesting story behind it, but on the other hand it makes me think about the British rule in India and its implications for both colonizers and natives.

11.3 Cartoons beschreiben und analysieren

Eine besondere Form des Bildes *(visual)* ist die Karikatur *(cartoon)*. Zumeist besteht eine Karikatur aus einem Bild oder einer Skizze und einem kurzen Text. Dieser kann entweder in Form von Sprechblasen *(speech bubble)* oder Beschilderungen *(label)* im Bild integriert sein oder als Bildunterschrift *(caption)* auftreten.

Sie finden ein Vielzahl an Karikaturen wenn Sie den Suchbegriff: *cartoons* eingeben. Spezifizieren Sie diesen mit entsprechenden politischen, landeskundlichen oder gesellschaftlichen Schlagwörtern und Sie finden die entsprechenden Karikaturen. Auch hier gilt: Je häufiger Sie sich mit diesen befassen und üben, desto sicherer werden Sie im Ernstfall – der Prüfung – sein.

Karikaturen sind satirische Darstellungen von Personen oder Situationen. Sie haben zum Ziel, durch Übertreibung und Verformung gesellschaftliche Zustände, Institutionen oder Persönlichkeiten kritisch darzustellen, und bedienen sich dabei verschiedener Stilmittel.

Eigenschaften werden überzogen und überspitzt dargestellt.	- *exaggeration* – Übertreibung - *e.g.: The artist chose to reduce President Sarkozy's actual height to that of a mere child whereas President Obama's height is drastically increased thus stressing the difference in strength by exaggerating their physical appearance.*
Das Gegenteil des Gesagten ist gemeint.	- *irony* – Ironie - *e.g.: The political spokesman is saying that his country would never dream of faking evidence when it comes to mass destruction weapons. The second panel shows a number of faceless employees who are cutting paper and blotting sentences out of reports while President Bush is dictating the following:" ..."*
Verdrehung von Wörtern und Doppel- oder Mehrdeutigkeiten	- *pun* – Wortspiel - *e.g.: The young ladies are asking for their salads to be served naked, meaning here without dressing.*
der direkte Vergleich zwischen zwei Dingen, indem „*like*" oder „*as*" verwendet werden, um sie in Beziehung zu setzen	- *simile* – Vergleich - *She was as light as a feather.*
der Verweis auf etwas Abstraktes durch etwas Konkretes	- *symbol* – Symbol - *e.g.: The young man is holding a globe, used as a symbol of globalisation, in his hand.*

Grundsätzlich ist die Analyse eines Cartoons ähnlich aufgebaut wie die Bildbeschreibung/Bildanalyse, denn sie gliedert sich ebenfalls in vier Schritte. Redemittel aus dem Bereiche der Bildbeschreibung und Analyse können für diese Analyse übernommen und entsprechend adaptiert werden. Im Folgenden sind zusätzliche und spezifische Redemittel aufgelistet.

Schritt 1 Karikatur beschreiben

Es gibt verschiedene Arten von Karikaturen: Karikaturen, die aus einem Bild und einer entsprechenden Unterschrift unter dem Bild bestehen, werden ***single-panel cartoon*** genannt.

Karikaturen, die ähnlich einem Comic aus einer inhaltlichen verbundenen Serie von Illustrationen bestehen, werden ***comic strip*** genannt .

Karikaturen, die im Zusammenhang mit einem (Leit)Artikel stehen, werden ***editorial cartoon*** genannt und sind häufig ernster in Ton und Thematik. Es werden Metaphern *(metaphors)* und Ironie *(irony)* eingesetzt, um soziale oder politische Situationen oder Zustände satirisch darzustellen *(to satirise)*.

Beschreibung der Karikatur	*The cartoon consists of …* – *… an illustration showing …* – *… a single panel showing …* – *… two panels which show …* *The comic strip shows …* *There is a caption/speech bubble containing quotation marks enclosing the following: …* *The caption below the cartoon says: "…"* *There is a caption which reads: "…"* *In the first speech bubble it says: "…"* *The text in the speech bubble is spoken by …*
Die Aussagen in den Sprechblasen können auch in indirekter Rede wiedergegeben werden.	*In the first speech bubble it says. "Could I perhaps borrow that buggy? I'd look so multi-taskable!"* *The younger woman is asking if she could perhaps borrow the buggy to appear more "multi-taskable" meaning more attractive due to her multi-tasking abilities.* *The speech bubble above the man's head reads:" I still like to call it Independance day!"* *While the man is trying to hold his balance with a gasoline hose wrapped around his leg he is saying that he still likes to call it Independance day.*

Schritt 2 Die Karikatur interpretieren/analysieren

Der Aufbau einer Cartoonanalyse unterscheidet sich kaum vom Aufbau einer Bildanalyse. Zuerst beschreiben Sie um welche Art von Karikatur es sich handelt und welche Situation dargestellt ist (siehe Schritt 1). Im folgenden ist es hilfreich bei der Analyse der Karikatur folgende Fragen in Betracht zu ziehen:

Setting – Zusammenhang	– In welchen räumlichen und zeitlichen Kontext ist die Karikatur zu setzen? – In welchem Zusammenhang steht die Karikatur thematisch?
Characters – Personen	– Welche Aktionen und Gefühle werden durch die Körpersprache *(to communicate through body language)* der Personen zum Ausdruck gebracht? – Welche Gefühle werden durch Mimik *(facial expression)* zum Ausdruck gebracht? – Was wird anhand der Körpersprache bezüglich der Beziehung zwischen den Personen angedeutet oder suggeriert?
Action – Ereignisse	– Was geschieht gerade? – Wie wird das Geschehen dargestellt?
Language – Sprache	– Welches Sprachregister wird verwendet? Was wird tatsächlich gesagt? – Inwiefern wird Interpunktion verwendet, um Emotionen zu suggerieren?
Stereotypes and symbols – Klischees und Symbole	– Verwendet der Karikaturist/der Künstler Klischees *(stereotypes)*? – Verwendet der Karikaturist/der Künstler Symbole, um auf eine andere Bedeutungsebene zu verweisen?

Ordnen Sie die Informationen bezüglich *setting, language, characters, action* etc. auf Konzeptpapier mithilfe der entsprechenden Methoden (siehe Kapitel 2) und versuchen Sie die ihrem persönlichen Stil entsprechenden Redemittel und Formulierungen einzusetzen.

Formulierungen und Redemittel

Phrases for interpreting and analysing cartoons

Interpretation und Analyse	– *The cartoon refers to/deals with ... the situation of ...* – *The topic of the cartoon is ... (the lack of true environmental awareness).* – *The figure bears a likeness to ... (the current British Prime Minister).* – *The figure is a caricature of... (the President of the United States of America).* – *The cartoonist exaggerates character traits by... (means of clothing and body language).* – *The person's body language conveys that/shows that ...* – *The person's formal language hints at ...* – *From his/her facial expression you can conclude that ...* – *... symbolizes/stands for/is a symbol of ...*

Schritt 3 Botschaft und persönliche Meinung

In diesem Schritt ist es ratsam, sich nochmals auf die politischen und sozialen Umstände zu besinnen, in deren Kontext die Karikatur zu verstehen ist. In Bezug auf diesen Kontext versuchen Sie nun die Botschaft und die Absicht des Karikaturisten (*cartoonist*) darzulegen. Abschließend bewerten Sie die Karikatur nach Wirkung und Effekt.

Botschaft der Karikatur	*The cartoonist is making a sarcastic comment on …* *He/she is making fun of …* *He/she wants to ridicule* (lächerlich machen) … *The artist is criticizing the behaviour of …* *Perhaps the intention of the cartoonist is to show that …* *The artist's point seems to be …* *Probably he/she wants to reveal what is behind …* *He/she wants to make the reader aware of …* *The real point the cartoon is making seems to be …*
Darlegung der persönlichen Meinung	*In my opinion, the cartoonist is successful/not successful in …* – *… his/her portrayal of … because …* – *… his/her portrait of …because …* – *… his/her presentation of … because …* – *…his/her intention of …because …* *The cartoon is effective/not effective in its presentation/intention/portrayal of … because …* *In conclusion I feel touched/don't feel touched by the cartoon because …* *From my point of view the cartoon is not easy to understand because …*

Beispiel-Bildanalyse Cartoon/Karikatur

Analyse this cartoon. (Einstieg und beschreibender Teil sind aufgebaut wie in einer Bildanalyse. Im Folgenden finden Sie den Interpretationsteil und die Botschaft)

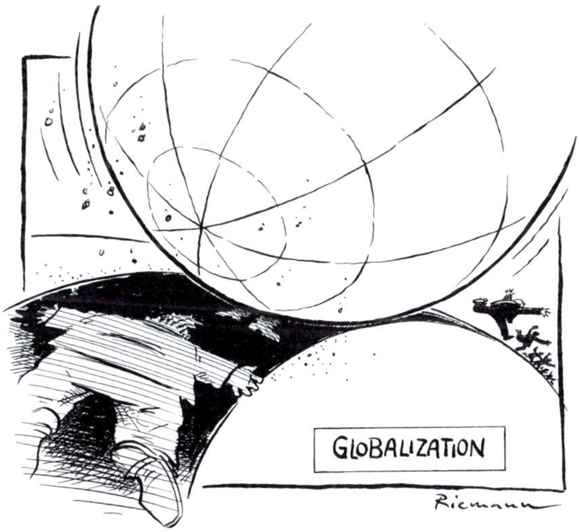

The topic of the cartoon is the dynamic of globalization. The person in the foreground, who has been run over by the globe, symbolizes mankind as the victim of the globalization process. The big globe is obviously a symbol of globalization and the dark road on which it is rolling ahead the path society paved for it. The fact that there are still people trying to flee by racing ahead of the globe demonstrates that the process is still in full swing and we have not reached the end. Due to the sheer size of the globe, and the fact that the path is curving downwards towards the people fleeing, it seems unlikely that they will be spared the fate which has already struck the victims in the foreground. We can find different layers of interpretation if we look closely. The first victim seems to be wearing some kind of business suit, so perhaps the cartoonist wants to hint that the staunch defenders and so-called masters of globalization will end up being run over by their protégée.

The cartoonist is making a sarcastic comment on the process of globalization and those who claim that they control that process. From my point of view the cartoon is very effective in conveying that message because it is kept simple and uses exaggerated elements, such as the huge globe, to make its message clear.

11.4 Filme beschreiben und analysieren

In verschiedenen Bundesländern umfassen die Schwerpunktthemen mittlerweile auch Filme. Um Aufgaben, die sich mit diesem Teil der Schwerpunktthemen befassen, sinnvoll bearbeiten zu können, sollten Sie mit verschiedenen Bildimpulsen, aber auch grundlegenden Begriffen zur Filmanalyse vertraut sein. Auch für die Filmanalyse bietet sich eine strukturierte Vorgehensweise an.

1. Basisinformation angeben	– Titel, Regisseur Herkunftsland – Produzent – Schauspieler – Thematik	*Grand Torino is a feature film directed by Clint Eastwood. It was produced in the US in 2008 …, starring Clint Eastwood and …*
2. Basisinformation angeben	– Zusammenfassung der Handlung mit Angaben zum Handlungsort und -zeit – Charaktere	*The film tells the story of … and shows how …*
3. Filmsequenzen analysieren	– erster Eindruck der ausgewählten Sequenz – Inhalt der Szene – Position im Gesamtverlauf	*The sequence is touching/tragic/shocking because …* *The sequence is about…* *It is set in … after/before* *It introduces new characters …* *It represents a new aspect …*
	– Handlungsverlauf (was passiert?)	*First … then … finally.*
	– Handlungsort und -zeit	*It is set in … during the time of/before/after*
	– beteiligte Charaktere	*The two main characters in this scene are …*
	– Spannungsaufbau (Wo liegt der Konflikt?)	*The sequence focuses on …* *Suspense is created by/arises from …*
	– Atmosphäre	*The atmosphere in this sequence is terrifying/ scary/ dark/ depressing/ romantic …*
	– Verhalten der Charaktere	*The main character seems to be aggressive/ anxious/rude/ shy …*
	– Aussehen der Charaktere	*He/ She is well groomed/ elegantly dressed/ dressed in traditional attire/…*
	– Beziehung/ Interaktion der Charaktere beschreiben	*The character finds himself/ herself in an inner conflict with …* *The relationship between … and … is ambiguous because …*
	– Sprache	*In this scene he/she uses sophisticated language/ street slang/ drastic language …*
	– Kommunikation	*His/her gentle/ loud/soft/ aggressive … tone of voice suggests …* *The character's monologue is about …* *There is a heated discussion/quiet conversation …* *The dialogue in this scene is the key to …*

Gestaltungselemente (zur Analyse gehörend, aber nur zu erwähnen, falls wesentlich oder charakteristisch. Wobei in Einzelfällen auch die Abwesenheit erwähnenswert sein kann. Etwa bei dem „Fehlen“ von Dialog oder Musik)	– Kameraführung *(camera postition)*	*The scene is shot from the character's point of view/a high angle/eye-level …* *The effect is created by a close-up/tracking shot/over the shoulder shot/hand-held camera*
	– Schnitt *(cut)*	*The director deliberately used fast cuts/ freeze frames/fast motion/slow motion … in order to stress …*
	– Bildteilung und *special effects*	*To contrast the characters the director makes use of intense colour/black and white …*
	– Beleuchtung	*The artificial illumination/semi-darkness/ back light … creates a dangerous/ pleasant/ cold … atmosphere*
	– Ton und Musik	*The authenticity is stressed by the use of background noises/ repeated sound …* *The film music plays a major part in regard to atmosphere …*

camera position: high angle/low angle/eye-level/long shot/static shot/over the shoulder shot/medium shot/ close-up/tracking shot/ hand-held camera

cut: fast cuts/freeze frame/slow motion/fast motion

colour: black and white/warm colours/ cold colours

light: back light/ semi-darkness/artificial illumination/low-key lighting/strong light

Überblick

Die Beschreibung, Analyse und Interpretation von Bildern/Filmen erfordern Kenntnisse der dargestellten Umstände und das Vermögen, sich sprachlich klar und angemessen auszudrücken. Dieses Kapitel hat Ihnen eine Hilfestellung zum Aufbau und Inhalt solcher Beschreibungen/Analysen/ Interpretationen geliefert und Ihnen einen Fundus an konkreten Redemitteln dargeboten. Beginnen Sie schon bei Ihrem nächsten Text diese Redemittel anzuwenden (nachschlagen ist nicht verboten), je häufiger Sie das tun, umso selbstverständlicher und stressfreier wird Ihnen das auch in der Prüfung gelingen.

12 Kriterien der Zieltextformate

In der Abiturprüfung wird von Ihnen erwartet, einen eigenständigen Text zu einer bestimmten Themenstellung zu erstellen. Sie werden während der Vorbereitung auf die Prüfung bereits verschiedene Zieltextformate kennengelernt haben. Hier finden Sie eine Übersicht dieser Textformate.

12.1 Brief (*letter*)

Machen Sie sich mit den Besonderheiten der äußeren Form der möglichen Briefvarianten vertraut und beachten Sie deren inhaltliche Gliederung.

Je nach Bundesland begegnet Ihnen dieses Zieltextformat im Teilaufgabenbereichen der Sprachmittlung oder im Bereich *(re-)creation of text*.

Beachten Sie, dass Sie beim Zieltextformat *Letter* Vorgaben zur äußeren Form einhalten müssen:
- Eigene Adresse, oben rechts
- Empfänger, darunter links
- Datum (Monatsname ausgeschrieben)
- Anrede
- Schlussformel
- Unterschrift

Textformat	Sprachregister	Gliederung des Inhalts
förmlicher Brief *formal letter*	*formal English*	Einleitung: Bezugnahme auf Ausgangstext / Thema und Zweck gemäß der Aufgabenstellung Hauptteil: klare und kohärente Darlegung der in der Aufgabenstellung geforderten Information unter Verwendung textstrukturierender Elemente (*sentence connectives …*) Schlussteil: kurze Zusammenfassung und, falls erforderlich, Formulierung einer Erwartung an den Empfänger
Leserbrief *letter to the editor*	in der Regel *formal English*	Einleitung: Hinführung zum Thema gemäß Ausgangstext und Aufgabenstellung sowie erster Hinweis auf eigene Position zum Ausgangstext Hauptteil: klare und kohärente Darlegung der eigenen Argumente als persönliche Stellungnahme unter Verwendung textstrukturierender Elemente (*sentence connectives, topic sentences …*) Schlussteil: Zusammenfassen der wesentlichen Aussage(n)

Ein Leserbrief ähnelt mehr einem Artikel/ *comment* als einem Brief. Das gewählte Sprachregister muss sich an der Art der Publikation ausrichten, an die der Brief gerichtet ist. Bei einem Leserbrief an eine Schülerzeitung wären beispielsweise bewusst und sparsam platzierte Interjektionen und *question tags* möglich.

Textformat	Sprachregister	Gliederung des Inhalts
persönlicher Brief *personal letter*	informal English	Einleitung: Bezugnahme auf Ausgangstext / Thema und Grund (gemäß der Aufgabenstellung) Hauptteil: (gemäß der Aufgabenstellung) Erzählung, Erläuterung oder Darlegung der geforderten Informationen unter Verwendung textstrukturierender Elemente (*sentence connectives* …) Schluss: Vorschläge, Fragen, Ausblick

12.2 E-Mail (*e-mail*)

Die E-Mail stellt eine Sonderform des Briefs dar. Als digitale, schriftliche Äußerung hat diese Art des Briefs natürlich eine andere äußere Form als der herkömmliche Brief auf Papier, der entweder persönlich oder durch die Post ausgetragen wurde. Die inhaltliche Gliederung unterscheidet sich jedoch nicht, sie muss sich lediglich der jeweiligen Aufgabenstellung anpassen.

Die Betreffzeile der E-Mail sollte klar nennen, worum es geht. Anrede und Schlussformel sind identisch zum herkömmlichen Brief zu formulieren. Der Adressat und Kommunikationszweck bestimmt das zu verwendende Sprachregister. Eine E-Mail an einen Freund kann etwa im *informal English* verfasst werden. Schreibt man dagegen an einen künftigen Arbeitgeber ist sicherlich *formal English* die richtige Wahl.

E-Mail *e-mail*	je nach Aufgabenstellung *formal English* oder *informal English*	Einleitung: Bezugnahme auf Ausgangstext /Thema und Zweck/ Grund gemäß der Aufgabenstellung Hauptteil: klare und kohärente Darlegung der in der Aufgabenstellung geforderten Information unter Verwendung textstrukturierender Elemente (*sentence connectives, topic sentences, closing remarks* …) Schlussteil: kurze Zusammenfassung und falls erforderlich entsprechend formulierte Erwartung an den Empfänger

12.3 Rede (*speech/script*)

Textformat	Sprachregister & Stil	Gliederung des Inhalts
Vortrag *talk*	– *formal English* – rhetorische Mittel	Einleitung: – Begrüßung und Vorstellung der eigenen Person – Bezugnahme auf Ausgangstext/Thema – Benennen der Grundinhalte und Ziele des Vortrags Hauptteil: je nach Aufgabenstellung dem Zweck entsprechende klare und kohärente Darlegung von Informationen unter Verwendung textstrukturierender Elemente (*sentence connectives* …) Schlussteil: – Zusammenfassung und, falls erforderlich, Appell und Ausblick – Dank an die Zuhörer

Eine öffentliche oder politische Rede dient der Information der Zuhörer und/oder der Einflussnahme auf die Zuhörer (Meinungsbildung).

Textformat	Sprachregister & Stil	Gliederung des Inhalts
Öffentliche Rede *public/ formal speech*	– *formal English* – rhetorische Mittel – gegebenenfalls informelle Elemente	Einleitung: – Begrüßung und Hinführung zum Thema gemäß Ausgangstext/Aufgabenstellung – Benennung des Anlasses/des Grundes/der Problemstellung sowie des Ziels/der möglichen Lösung Hauptteil: klare und kohärente Darlegung der Fakten, Argumente und Wertungen untermauert durch Belege und Beispiele Schlussteil: Zusammenfassung und Appell
Debatte/ These *debate/ statement*	– *formal English* – rhetorische Mittel	Einleitung: Begrüßung und Hinführung zum Thema (unter Verwendung von rhetorischen Mitteln, und einfachen Satzgefügen) Hauptteil: klare und kohärente Darlegung der Fakten, Argumente und Wertungen untermauert durch Belege und Beispiele Schluss: Zusammenfassung und Appell, Dank an die Zuhörer

Eine Debatte wird häufig mit einer These, einem Statement eingeleitet, um die Standpunkte der beteiligten Lager/Kontrahenten klar zu definieren.

12.4 Berichte und Artikel (*newspaper article*)

Je nach Aufgabenstellung müssen Sie für eine der folgende Medien schrieben:
– *popular paper tabloids)/*
– *quality paper*
– *school magazine*
– *online journal*
– *website*
Dies hat Einfluss auf Sprachregister und Stil, bedenken Sie dies.

Bevor Sie sich an das Verfassen machen, sollten Sie sich stets die Kommunikationssituation vor Augen führen und folgende Fragen beantworten können:

- Für welches Medium schreibe ich?
- Wann und wo?
- Wer bin ich (Autor) und an wen (Adressat) richtet sich mein Schriftstück?
- Welche Mitteilungsabsicht verfolge ich?

Textformat	Sprachregister & Stil	Gliederung des Inhalts
Bericht *report*	– *formal English* gegebenenfalls mit informellen Elementen – objektiver, sachlicher Stil – Sinnabschnitte	Überschrift Einleitung: Hinführung zum Thema Hauptteil: objektive und sachliche Darlegung einer Begebenheit gemäß Aufgabenstellung/Ausgangstext, in Sinnabschnitte unterteilt Schlussteil: abrundendes Ende gemäß Begebenheit/Aufgabenstellung
Kommentar *comment*	– *formal English* – rhetorische Mittel – gegebenenfalls informelle Elemente	Einleitung: Hinführung zum Thema gemäß Ausgangstext/Aufgabenstellung durch Hintergrundinformation, Fragestellungen Hauptteil: klare und kohärente Darlegung des geforderten Standpunktes durch Fakten, Argumente und Wertungen, untermauert durch Belege und Beispiele Schlussteil: Zusammenfassung der wesentlichen Aspekte, klare Benennung des eigenen Standpunktes und Ausblick

Interview	– Dialogform – *informal English* – rhetorische Mittel	Einleitung: Benennung der situativen Vorgaben gemäß der Aufgabenstellung sowie Begrüßung des Gesprächspartners und Hinführung zum Thema Hauptteil: Frage und Antwort in klarer und sinnvoller Verknüpfung, kohärente Darlegung der Fakten, Argumente und Wertungen aus Sicht des Gesprächspartners Schluss: Zusammenfassung und Ausblick, Dank	Das Interview ist die persönliche Stellungnahme aus Sicht des fiktiven Gesprächspartners und wird ausschließlich in Dialogform geschrieben.

12.5 Literarische Texte

Das Schreiben literarischer Texte wird Ihnen vor allem im Rahmen von kreativen Aufgabenstellungen begegnen. Der Fokus liegt dabei auf der konsequenten Ausgestaltung des Ausgangstextes.

Es ist wesentlich, dass Sie die Grundelemente des Ausgangstextes (Erzählperspektive, Charaktereigenschaften und Sprache der Figuren, Ort und Zeit, etc) beibehalten.

Folgende Aufgabenstellungen sind denkbar:
- ein Ende oder eine Fortsetzung ausgestalten,
- ein alternatives Ende ausgestalten,
- die Perspektive eines bestimmten Charakters annehmen und aus dessen Sicht etwas beschreiben,
- Begebenheiten, die dem Leser nur teilweise bekannt sind, kreativ ausgestalten,
- vollständige Erzählung aufgrund eines Gedichts oder eines Zeitungsartikels.

Textformat	Sprachregister	Gliederung des Inhalts
Erzählung *narrative text*	– gemäß dem Stil des Ausgangstextes – Tempus des Ausgangstextes (meist *past tense*)	Einleitung: Anknüpfung an Ausgangssituation, -ort und –zeit Hauptteil: logische und konsequente, dennoch kreative Ausgestaltung des gegebenen *plots* gemäß der Aufgabenstellung Schlussteil: abrundendes Ende, das gegebenenfalls wieder an den Ausgangstext anknüpfbar wäre
Dramatische Texte (Schauspiel/Film) *drama*	– gemäß dem Stil des Ausgangstextes – Bühnenstück inkl. Dialogen und Regieanweisungen – meist im *present tense*	Einleitung: Anknüpfung an Ausgangssituation, -ort und - zeit Hauptteil: logische und konsequente, dennoch kreative Ausgestaltung des gegebenen *plots* gemäß der Aufgabenstellung Schlussteil: abrundendes Ende, das gegebenenfalls wieder an den Ausgangstext anknüpfbar wäre

12.6 Eine *composition* schreiben

Welche Art von Text soll ich schreiben?

In Klausuren und Prüfungen begegnen Ihnen verschiedene Texttypen in der Aufgabenstellung des Bereichs *composition*.

Art des Textes	Zweck	Gliederung des Inhalts	Sprache
Comment	– detaillierte Stellungnahme zu einer Thematik – These/ Argument (Beweis)/ Beispiel – abschließendes Urteil	– Einleitung: Thema umreißen – Hauptteil: Betrachtung verschiedener Aspekte (klar strukturiert: These/Argument, Beweis/Beispiel) – Schluss: Urteilsfindung und eigene Meinung	formal/ neutral
Essay	– umfängliche Betrachtung einer Thematik, Abwägung positiver und negativer Aspekte – Gründe für und gegen auflisten	– Einleitung: Thema umreißen, erläutern, illustrieren – Hauptteil: variable Anordnung der Argumentationsweise (*pro/con, con/pro* etc.), klare Struktur – Schluss: Betonung des eigenen Standpunkts	formal/ neutral
Interpretation	– Bedeutung eines literarischen oder sachorientierten Texts oder Bildes – Aufschlüsselung von Symbolen und Bildhaftem – übergeordnete Bezüge herstellen – eigene Meinung zum Dargestellten	– Einleitung: Fakten bezgl. des Textes/ Bildes, erste Eindrücke – Hauptteil: detaillierte Betrachtung und daraus resultierende Schlussfolgerungen und Vermutungen in größeren Kontext stellen – Schluss: Zusammenfassen der wesentlichen Punkte und eigene Meinung	formal/ neutral

Wie sollte der Text strukturiert sein?

Der Grundaufbau Einleitung/Hauptteil/Schluss ist in den meisten geforderten Textarten sinnvoll und daher einzuhalten.

Hier einige Tipps zum Verfassen einer Einleitung:

- Zweck der Einleitung: Darstellen des Themas und Interesse des Lesers wecken.

Möglichkeiten: Ein Zitat zum Einstieg angeben, eine provokative Aussage machen, eine (vermeintlich) rhetorische Frage stellen, eine persönliche Erfahrung schildern, aktuelle Statistiken nennen, eine öffentliche Meinung darstellen, …

- Inhalt der Einleitung: Kurzer Überblick der Thematik zum jetzigen Zeitpunkt und in der Vergangenheit, kurze Vorstellung ihres Textes (was werden Sie im Folgenden tun?)

Formulierungen für die Einleitung	– It is a well-known fact that … – Nowadays many people wonder about … – Have you ever … – Imagine this: You are …/There is … – According to the latest statistics …
Hinführung zum Thema	– Many people seem to think … – Most people would agree that … – For the majority of people … – It has often been said that …
Hinführung zur Ausgangslage	– The given statement claims … – As a general statement this means … – From this point of view … – We like to think that …

Struktur des Hauptteils

Unter Verwendung der gelernten Methoden sammeln und ordnen Sie Ihre Gedanken/Ideen auf Konzeptpapier. Notieren und gewichten Sie Ihre Argumente (entweder vom schwächsten zum stärksten Argument oder in umgekehrter Reihenfolge). Setzen Sie passende Beispiele dazu. Die Übersichtlichkeit und Darstellung des Hauptteils ist wesentlich für die Bewertung ihres Aufsatzes.

- Sammeln Sie Ideen, Argumente und Beispiele.
  Ordnen Sie mithilfe von *mind-maps*, *flow charts* etc. Ihre Argumente.
- Lassen Sie zwischen Einleitung und Hauptteil eine Zeile frei und beginnen Sie im Hauptteil für jedes neue Argument einen neuen Absatz.
  Pro Absatz nennen Sie Argument und Beispiel(e).
- Verwenden Sie Bindewörter, um Ihre Argumente in Bezug zu setzen.

Formulierungen, um Gründe anzugeben	– Regarding this fact, we can say … – The cause is that … – This is due to … – There are a couple of/various/several questions to consider when discussing … – There are many points of view to think about in this case. – The issues which should be discussed here are …
Formulierungen, um Argumente weiterzuführen	besides, still, also, too, above all, what is more, moreover, furthermore, in addition

Formulierungen, um Argumente auszulisten	- To begin with, to start with, first of all, next, then, finally … - For one thing….(and) for another (thing) … - First…secondly…thirdly…last of all … - Last but not least …
Formulierungen, um Ähnlichkeiten aufzuzeigen	likewise, equally, similarly, in the same way
Formulierungen, um Einschränkungen auszudrücken	although, even if, after all, in any case, in spite of
Formulierungen, um Bezugnahmen auszudrücken	concerning, regarding, related to, referring to, looking at
Formulierungen, um zeitliche Verbindungen herzustellen	now, then, while, as soon as, before, after, as long as, initially, previously, recently, finally, eventually, meanwhile, at the same time, in the end, at last, since, from now on, time and again, off and on, in the past, in days long gone, in the future, in present times
Formulierungen, um Gegenteile/ Kontraste auszudrücken	yet, however, although, but, on the contrary, in contrast to, in spite of, despite, on the other hand
Formulierungen, um Beispiele anzuführen	- for example, for instance, in other words, such as - This can be illustrated through the story of … - It is common knowledge that … - All of us remember …

Verfassen des Schlussteils

Der Schlussteil sollte eine kurze Zusammenfassung des Wesentlichen beinhalten und mit Ihrer eigenen und begründeten Meinung zur Thematik abschließen. Nennen Sie keine neuen Argumente im Schlussteil.

Formulierungen für den Schlussteil	- As a result … - On the whole … - In my opinion … - From my point of view … - finally, eventually, in conclusion, last of all, the final point is, there is only one point left …
Formulierungen, um Stellung zu nehmen	- It seems to me that … - I firmly believe that … - It evokes the feeling of … - I suppose … - I (dis)approve … - I distinguish between … and … - I want to point out that … - I must concede … - If you ask me … - I would like to emphasize/ point out … - First and foremost …

Formulierung einer Schlussfolgerung	– The logical result of this is … – In consequence … – For that reason … – This is why … – This suggests … – consequently, therefore, hence, accordingly, thus …

Überprüfen Sie die von Ihnen bereits verfassten Texte auf Struktur, Inhalt und Redemittel und überarbeiten Sie diese. Versuchen Sie sich an neuen Texten und überprüfen Sie Beispiellösungen, welche Sie im Unterricht besprechen. So entwickeln Sie ein sicheres Gespür für die Struktur und den Aufbau der *composition*.

Beachten Sie bei der Erarbeitung von *compositions*, dass Übung den Meister macht. Je mehr Sie sich an diesen Formulierungen versuchen, desto schneller werden Sie auch herausfinden, welche zu Ihrem persönlichen Schreibstil passen, damit Sie Texte zunehmend flüssig und vor allem authentisch verfassen können.

Überblick

Textproduktion ist sicherlich eine anspruchsvolle Aufgabe – aber keine vor der man zurückschrecken sollte. Gut geplant vorzugehen, ist schon der halbe Weg zum Erfolg. Machen Sie sich klar, was gefordert ist, bauen Sie Ihren Text strukturiert auf.

Und haben Sie den Mut zu eigenen Einschätzungen und Stellungnahmen. Wenn Sie dann noch die Vielzahl der Redemittel berücksichtigen, die Ihnen dieses Buch vorstellt, dann kann es eigentlich nicht mehr schief gehen.

13 Idioms and sayings

Englisch ist eine bildhafte Sprache, in der viele idiomatische Redewendungen zum Einsatz kommen. Da manche dieser Redewendungen sehr offensichtlich sind, andere hingegen aber verwirrend erscheinen, bietet Ihnen dieses Kapitel einen Überblick über die gebräuchlichsten idiomatischen Redewendungen mit Beispielen. Ein sicheres Verständnis dieser Ausdrucksweisen hilft Ihnen, Texte besser zu verstehen, und verleiht Ihren eigenen Texten Authentizität und sprachliche Vielseitigkeit.

13.1 Colour idioms

- out of the blue → suddenly, unexpectedly
  "Susanne certainly took us by surprise when she announced, ***out of the blue****, that she was moving to Hong Kong for a year!"*
- once in a blue moon → very seldom
  "Old Mrs Jones is very lonely. Her son only visits her once ***in a blue moon****."*
- to get/be given the green light → to be given permission to go ahead with something
  Opponents to the new airport runway are still hoping that the project will not ***get the green light****.*
- to catch someone red-handed → to discover someone doing something they shouldn't be doing
  The teacher walked into the room and ***caught*** *the pupils* ***red-handed*** *downloading a game onto a school computer.*
- the black sheep (of the family) → someone whose behaviour is very different from the rest of his/her family's, or who goes against other people's values
  Charlie Wood is ***the black sheep*** *of his family: all the others are doctors, but he decided to become a jazz musician.*
- a white lie → to tell a lie so as not to hurt someone's feelings
  I knew that Emma had put a lot of work into her talk, so although I found it boring, I told ***a white lie*** *and said I'd enjoyed it.*

13.2 Idioms with food

- to have one's cake and eat it → to want to have the advantages of two different situations when only one option is possible
  If you want to save up enough money to buy a car, you can't go on expensive holidays all the time. Sorry, but you can't ***have your cake and eat it.***

- a piece of cake → very easy
  If you study really hard, the test should be ***a piece of cake.***
- to take something with a pinch/grain of salt → to not believe something until you have checked all the facts
  If Andy tells you he's a TV star, you should ***take it with a pinch of salt.*** *He was once in a crowd scene in a soap opera – that's all!*
- a couch potato → someone who sits around most of the time watching TV
  "We are raising a generation of ***couch potatoes****", said the sports minister. "We need more programmes to encourage young people to get active."*

13.3 Idioms connected to parts of the body

- to keep a straight face → to look serious when you want to laugh at something
  When she got married, my cousin read out a poem she'd written that was so ridiculous I could hardly ***keep a straight face****.*
- to face something → to accept the facts in a particular situation
  Let's ***face it****: Manchester United are unlikely to win the championship this year.*
- can't make head or tail of something → to be unable to understand something because it is confusing
  No wonder I ***couldn't make head or tail*** *of Georgia's message: it turns out that the first part was missing, which is why it didn't make any sense!*
- to put one's foot in one's mouth → to say something embarrassing or upsetting to somebody, often unintentionally
  Well, I really put my foot in mouth when I asked Toby how his girlfriend was doing! Nobody told me they'd split up!
- to stand on one's own two feet → to do something independently
  When you go away to university, your mum won't be around to do everything for you any more. You'll have to learn to ***stand on your own two feet.***
- to get out of hand → when a situation gets out of control
  A lot of people at the football match had been drinking, so extra police officers were sent to the ground to make sure things didn't ***get out of hand****..*
- to look down one's nose → to be snobbish towards someone, to think someone or something is inferior
  Tina's father came from a rich family, and they always ***looked down their noses*** *at her mother because of her working class background.*
- to stab someone in the back → to betray someone who trusted you
  I thought Clare was my friend, but then she ***stabbed me in the back*** *by telling my parents what happened on the night of the party.*

13.4 Animal idioms

- to kill two birds with one stone → to do two things at the same time
  Since I had to go into town anyway, I thought I might as well ***kill two birds with one stone*** *and get my hair cut while I was there.*
- you can't teach an old dog new tricks → it can be hard for people to change if they are used to doing something in a certain way
  I've shown my granddad how to send e-mails but he still prefers to use the phone. Well, I guess ***you can't teach an old dog new tricks.***
- to sound fishy → to seem suspicious, as if there is something wrong
  Hmm, their plan ***sounds very fishy*** *to me. Don't give them any money until you've checked all the facts*
- to have a whale of a time → to really enjoy oneself
  The children ***had a whale of a time*** *at the lake – they didn't want to go home!*
- a one-horse town → a boring place where nothing much happens
  I come from a real ***one-horse town****. That's why I moved to New York as soon as I could – I wanted to live somewhere where there's a bit of action!*

13.5 Idioms with clothes

- to tighten one's belt → to spend less money
  When Mark lost his job, the family had to ***tighten their belt****s until he found a new one.*
- to take one's hat off to someone → to show that you admire what someone has done
  Well, I ***take my hat off to you****. I didn't believe you'd be able to fix my computer!*
- to put yourself in someone else's shoes → to see things from another person's point of view
  I know that homeless man stole your wallet, but ***put yourself in his shoes*** *– he was desperate.*

13.6 Miscellaneous idioms

- to cut someone slack → to be less hard on someone, to make allowances
  Cathy didn't manage to finish her essay on time, but the teacher ***cut her some slack*** *because her grandmother had just died.*

- the penny drops → someone finally understands something
  My parents told me they'd sold their house and were going to travel around in a caravan for a couple of years. I thought they'd gone mad, till ***the penny finally dropped*** *and I realised it was April 1st!*
- not rocket science → something that is not difficult to do or understand
  All you have to do is click on this button, and then you can copy and paste the information. Come on, ***it's not rocket science****!*
- by no stretch of the imagination → no matter how hard you might try to imagine or believe something, it isn't true
  By no stretch of the imagination *could he be called a good goalkeeper: he's let in at least 20 goals in the last two months!*
- to jump to conclusions → to make a judgement of something before you have all the facts
  Don't ***jump to conclusions****. Just because English isn't his first language, it doesn't mean he can't understand what you're saying.*
- for love nor money → used to talk about something that is impossible to get, no matter how hard one tries
  I wanted to get a similar jacket to the one I bought a couple of years ago, but they just don't sell them any more. I looked everywhere, but couldn't get one ***for love nor money.***
- to make a mountain out of a molehill → to make something unimportant seem far more serious than it really is
  It isn't broken – it just needs new batteries. There's no need to ***make a mountain out of a molehill!***

Überblick

Wenn man Englisch als Fremdsprache erlernt, ist es nur zu natürlich, dass man nicht jede Redewendung des Englischen kennen kann – dazu sind es nun wirklich zu viele. Gelegentlich begegnet man aber Formulierungen, die in ihrer Bildlichkeit Spaß machen. Spätestens dann lohnt es sich, sich mit dieser besonderen Redewendung zu beschäftigen. So erweitert man seinen Vorrat an *idiomatic phrases*. Mitunter kann man sie wortwörtlich übersetzen (*"to get the green light"* = „grünes Licht bekommen"), andere verwenden eine ganz andere Bildlichkeit (*"to kill two birds with one stone"* = „zwei Fliegen mit einer Klatsche schlagen") und wieder andere sind nicht in die andere Sprache zu bringen (*"a piece of cake"* = „sehr einfach"). Man kann also nicht einfach drauflos übersetzen, andernfalls ist die Gefahr zu groß, beim „Filser-Englisch" zu landen: *„To race like a monkey-tooth"* ist ein viel zitiertes und abschreckendes, wenn auch belustigendes Beispiel.

14 Kurze Literaturgeschichte: Großbritannien und USA

Literatur entsteht stets aus einem Kontext heraus.
Bei der Lektüre hilft deswegen eine solide Kenntnis derjenigen Umstände, welche die Autoren bei der Schreibarbeit umgeben haben.
Dieses Kapitel soll Ihnen ein Überblick über die Entwicklung der englischen Literatur im Laufe der letzten 1400 Jahre ermöglichen.

Zum **literarischen Kontext** gehören ganz unterschiedliche Bereiche: Sprache, Kultur, Genre-Traditionen, Buchmarkt, politisches Klima, ethnische Zugehörigkeit, Religion oder Geschlechterrollen. All diese Bereiche unterliegen einem historischen Wandel, der sowohl das einzelne Werk betrifft als auch, unter Umständen, von diesem selbst aktiv beeinflusst werden kann. So hat sicherlich für die Frauenrechts- oder Bürgerrechtsbewegung die entsprechende Literatur mit dazu beigetragen, ein Bewusstsein in der Bevölkerung zu schaffen, das den jeweiligen Reformbewegungen zusätzliche Dynamik verlieh.

Auch für die Gegenwart gilt, dass die Bereiche Literatur und Realität keineswegs getrennt voneinander existieren. So zeigt sich beispielsweise in der literarischen Beschäftigung mit der politischen Vergangenheit Deutschlands, dem kolonialen Erbe Englands oder der Rassenpolitik in den USA, dass der historische und der literarische Prozess sich gegenseitig bedingen.

Im Einzelfall kann von literarischen Texten sogar ein Impuls für gesellschaftlichen Wandel ausgehen: So hat Upton Sinclair mit *The Jungle* (1906) zur Veränderung der Lebensverhältnisse der Bevölkerung von Chicago direkt beigetragen. Während die sprachlichen und landeskundlichen Gegebenheiten der Britischen Inseln und der Vereinigten Staaten auf den Seiten 41 bis 131 behandelt werden, soll dieser Teil in die literarischen Traditionen einführen. Kapitel 8 liefert darauf aufbauend einige grundsätzliche Hilfestellungen zur Kunst der literarischen Interpretation.

14.1 Tabellarischer Überblick

Epoche	Zeitraum	Beispiele	Kontext
Altenglisch (Old English)	450 n. Chr. – 11. JHdt.	*Beowulf*	Einfluss der Angelsachsen
Mittelenglisch (Middle English)	11. Jhdt. – 14. Jhdt.	*Canterbury Tales*	französischer Einfluss durch Normannen
Utopie	Renais-sance	*Utopia* (Thomas More)	Humanisten betonen und verbreiten die antike Bildung und Gelehrsamkeit.
Englisches Sonett	14. Jhdt.	William Shakespeare, Henry Howard	Schwerpunkt Liebesthematik
Elisabethanisches Drama	16. Jhdt.	William Shakespeare, Christopher Marlowe, Ben Johnson	Theater für alle Bevölkerungsschichten
Restaurations-komödie	17. Jhdt.	– *The Country Wife* (William Wycherly) – *The Rover* (Aphra Behn – erste weibliche Literatin)	Reaktion auf puritanisches England; unter Einfluss Karl II (Restaurationszeit)
Metaphysische Lyrik (metaphysical poetry)	17. Jhdt.	John Donne	hohe Komplexität und Dichte durch Metaphern (*conceit*)
Höfische Dichtung (cavalier poetry)	17. Jhdt.	*Paradise Lost* (John Milton)	von klassischen Formen geprägt, repräsentiert aber weltliche, fast hedonistische Lebensauffassung
Prosa-Allegorie	17. Jhdt.	*The Pilgrim's Progress* (John Bunyan)	Meilenstein in der Entwicklung des Romans
Romances	17.Jhdt.	*Oroonoko* (Aphra Behn)	fantastische Romanzen um die höfische Liebe
Englischer Roman (novel) Briefroman Bildungsroman Abenteuerroman Gesellschafts-kritischer Roman Metafiktionaler Roman	18.Jhdt	– *Robinson Crusoe* (Daniel Defoe) – *Pamela or Virtue Rewarded* (Samuel Richardson) – *Joseph Andrews* (Henry Fielding) – *Gulliver's Travels* (Jonathan Swift) – *Tristram Shandy* (Laurence Stern)	Sprache lehnt sich an das gesprochene Englisch an; bürgerliches Interesse an realistischen Themen aus eigenem Lebensumfeld.
Romantik	18.Jhdt.	– *The Rape of the Lock* (Alexander Pope) – *Seasons* (Alexander Thomas) – *Lyrical Ballads* (William Woodsworth & Samuel Coleridge)	Neue lyrische Form, in der die strenge Metrik aufgegeben wird und ein anderes Medium für dichterische Sprache entdeckt wird.
Amerikanische Literatur	18. Jhdt.	– *Common Sense* (Thomas Paine) – *Autobiography* (Benjamin Franklin) – *Letters from an American Farmer* (J. Hec-tor St Jean de Crevecoeur)	Formung des amerikanischen Bewusstseins durch Literatur
Amerikanischer Roman	18. Jhdt.	– *The Power of Sympathy* (William Hill Browns)	gilt als erster amerikanischer Roman.

Epoche	Zeitraum	Beispiele	Kontext
Spätromantik	19. Jhdt.	- *Ode on a Grecian Urn* (John Keats) - *Child Harold's Pilgrimage* (Lord Byron) - *Ode to the West, The Cloud* (Percey Shelley)	
Schauerroman (gothic novel)		- *The Castle Otranto* (Horace Walpole) - *Frankenstein* (Mary Shelley)	Als Gegentendenz zur Aufklärung widmet sich der Schauerroman dem Unerklärlichen und dem Verbotenen.
Der weibliche Roman		- *Pride and Prejudice* (Jane Austen) - *The Mill on the Floss* (George Elliot) - *Jane Eyre* (Charlotte Bronte) - *Wuthering Heights* (Emily Bronte) - *Agnes Grey* (Anne Bronte)	zunehmende Thematisierung der Situation der Frau
Realismus	19. Jhdt. (2. Hälfte)	- *Oliver Twist* (Charles Dickens) - *Mary Barton* (Elizabeth Gaskell)	Gegenreaktion zur Romantik und literarische Verdeutlichung der Lebensumstände des Industrieproletariats
Utopische und dystopische Romane	Spätes 19. Jhdt bis ins 20. Jhdt.	- *News from Nowhere* (William Morris) - *The Time Machine* (H. G. Wells) - *Brave New World* (Aldrous Huxley) - *1984* (George Orwell)	fiktive Auswege aus der Lebenskrise aber auch kritische Hinterfragung der technisch orientierten Lösungen in Science-Fiction-Werken
Nonsense-Dichtung	19. Jhdt.	- *Alice's Adventures in Wonderland* (Lewis Carrol)	Abkehr von der Realität, diese Form der Dichtung etabliert sich zur britischen Spezialität.
Gesellschaftskritische Romane	19. Jhdt.	- *Tess of the d'Urbervilles* (Thomas Hardy) - *Heart of Darkness* (Joseph Conrad)	Auseinandersetzung mit dem Wandel der Geschlechterrollen und dem Verhältnis des Empire zu seinen Kolonien
Ästhetizismus	19. Jhdt.	- *The Picture of Dorian Grey* (Oscar Wilde)	Suche nach dem Sinn der Kunst in der Schönheit, Symbolcharakter der Sprache, Endzeitstimmung
Historischer Roman (Amerika)	19. Jhdt.	- *Lederstrumpf*-Romane (Fenimore Cooper) - *Uncle Tom's Cabin* (Harriet Beecher Stowe) - *The Adventures of Huckleberry Finn* (Mark Twain)	Rassismus der Europäer und Entrechtung der Ureinwohner wird thematisiert.
Hochphase der amerikanischen Literatur	19. Jhdt. (Mitte)	- *Leaves of Grass*, Lyric (Walt Whitman) - *Moby Dick* (Hermann Melville) - *The Scarlett Letter* (Nathaniel Hawthorne) - *Walden*, Prosa (Henry David Thoreau)	literarische Behandlung der Naturlandschaften Amerikas sowie des intuitiven und individuellen Erlebens der Natur Konflikt mit den Naturgewalten
Transzendentalismus		- Ralph Waldo Emerson - Emily Dickinson - Henry James	erste Andeutungen der Moderne

Epoche	Zeitraum	Beispiele	Kontext
Moderne (High Modernism)	20. Jhdt.	– *Ulysses* (James Joyce) – *Mrs. Dalloway* (Virgina Woolf)	stärkere Fokussierung auf die Innenwelt der Romanfiguren durch Bewusstseinsströme und innere Monologe
Feministische afro-amerikanische Erzählung		– *Her Eyes Were Watching* (Zora Neal Hurston)	
Irische Literatur		– *At Swim-Two-Birds* (Flann O'Brien)	
Englisches Drama		– *Mrs Warren's Profession* (G. B. Shaw)	neue Impulse für das Englische Drama z. B. durch deutliche politische Stellungnahme
Amerikanisches Drama		– *Death of a Salesman* (Arthur Miller)	Probleme der amerikanischen Mittelschicht werden thematisiert.
Lyrik der Moderne		– *The Second Coming* (William Butler Yeats – *The Love Song of J. Alfred Prufrock* (T.S.Eliot) – *In a Station of the Metro* (Ezra Pound)	Urbane Anonymität, der innere Zerfall als moderne Befindlichkeit werden thematisiert.
Postmoderne Der englischsprachige Nachkriegsroman	20. Jhdt.	– *The Golden Notebook* (Doris Lessing) – *Bloody Chamber* (Angela Carter) – *The House of Doctor Dee* (Peter Ackroyd)	Verlust des Glaubens an sinnstiftende (Lebens-)Einheit als zentrales Element; neue Auseinandersetzung mit der (Literatur-)Geschichte; spielerisch-ironische Einstellung zu Literatur und Wirklichkeit
Ironisierung des Viktorianischen Romans		– *The French Lieutenant's Woman* (John Fowle) – *White Noise* (Don DeLillo) – *Life after God* (Douglas Coupland)	Thematisieren den inneren Zerfall der (amerikanischen) postmodernen Gesellschaft
Nordamerikanische englische Literatur		– *Desert Solitaire* (Edward Abbey) – *Pilgrim at Tinker Creek* (Annie Dillard) – *The Handmaid's Tale* (Margaret Atwood)	inspiriert durch die Naturlandschaft Nordamerikas
Postmodernes Drama		– *Amadeus* (Peter Shaffer) – *Rosencrantz and Guildenstern are dead* (Tom Stoppard)	befasst sich mit der Frage, wie eine historische Erinnerung entsteht; Selbst- und Fremdbestimmung
Postkoloniale Literatur	20. Jhdt.	– *Midnight's Children* (Salman Rushdie) – *The God of Small Things* (Arundhati Roy) – *Omeros* (Derek Walcott)	Autoren aus den ehemaligen Kolonien und Migraten werden zu zentralen Autoren, *„The Empire writes back"* als Ausdruck für ehemals unterworfene Kulturen, die nun ihre literarische Stimme erheben.
Anglophone afrikanische Literatur		– *Things Fall Apart* (Chinua Achebe) – *The Whale Rider* (Witi Ihimaera)	Tendenz, die Heterogenität einer Gesellschaft auszudrücken, steht im Vordergrund.
Englische Gesellschaftsstudien in Romanform		– *My Beautiful Laundrette* (Hanif Kureishi) – *The Remains of the Day* (Kazuo Ishiguro) – *Brick Lane* (Monika Ali)	Portraits von Menschen in Großstädten, die aufgrund ihrer Abstammung, Klassenzugehörigkeit oder sexuellen Orientierung am Rande der Gesellschaft leben müssen.
Amerikanische Gesellschaftsstudien in Romanform		– *The Color Purple* (Alice Walker) – *Beloved* (Toni Morrison) – *The Woman Warrior* (Maxine Hong Kingston) – *Love Medicine* (Louise Erdrich) – *Green Grass, Running Water* (Thomas King)	Fragen nach persönlichen, ethnischen aber auch nationalen Identitäten stehen im Vordergrund. Thematisierung der Problematik der Integration von Menschen mit Migrationshintergrund.

14.2 Alt- und Mittelenglisch

Nach dem Abzug der Römer um das Jahr 400 n. Chr. können sich die keltisch sprechenden Einwohner der britischen Inseln nur kurz ihrer politischen (und linguistischen) Freiheit erfreuen. Schon sehr bald, um 450, müssen sie sich mit den verstärkt anlandenden Angeln, Sachsen und Jüten auseinandersetzen. Deren Zuwanderung bringt germanische Dialekte in das spätere England; bis ins 11. Jahrhundert bleiben die Angelsachsen linguistisch betrachtet die vorherrschende Volksgruppe. Ihre Sprache bezeichnet man als **Altenglisch** (Old English). Einer der wichtigsten überlieferten Texte aus dieser Zeit ist das Heldenepos *Beowulf*, das zwischen dem 6. und 8. Jahrhundert entsteht. Ursprünglich wohl mündlich überliefert, findet das Werk um das Jahr 1000 eine schriftliche Form.

Das sprachliche Umfeld der „Engländer" ändert sich grundlegend mit der Ankunft des Normannenkönigs Wilhelm (*William the Conqueror*), der aus Nordfrankreich kommend ab 1066 England zu einem **französisch sprechenden** Herrschaftsgebiet macht. Da Englisch für offizielle Anlässe keine Verwendung mehr findet, sondern „nur" noch von der allgemeinen Bevölkerung gesprochen wird, verwandelt es sich in relativ kurzer Zeit in sehr starker Weise: Ist das Altenglische noch eine typische germanische Sprache, mit all den dazugehörigen Flexionsformen, Höflichkeitspronomina und Syntaxvorgaben, so entsteht nun eine neue Sprachform, die man **Mittelenglisch** (Middle English) nennt. Sie zeichnet sich außer durch die stark vereinfachten Endungen auch durch einen hohen Zuwachs an französischen Lehnwörtern aus. Diese Bereitschaft, fremde Wörter in die eigene Sprache aufzunehmen, trägt noch heute dazu bei, dass das Englische einen sehr großen Wortschatz hat.

Trotz der historischen Distanz lässt sich die mittelenglische Literatur relativ gut lesen. Einer der berühmtesten Texte aus dieser Zeit, die sonst vor allem Rittererzählungen hervorbringt, ist *The Canterbury Tales* (ca. 1386). Der Autor, Geoffrey Chaucer, schreibt bis zu seinem Tod im Jahre 1400 an dem Werk, das sich aus einem Prolog und 24 Erzählungen der unterschiedlichen Pilger zusammensetzt, die auf dem Weg zur Wallfahrtsstätte Canterbury sind.

14.3 Renaissance und 16. Jahrhundert

Der Epochenbegriff der Renaissance, die das lange „dunkle“ Mittelalter (Dark Age) ablöst, bezeichnet die Wiedergeburt oder Rückbesinnung auf die griechisch-römische Antike. Die technischen Entwicklungen in der europäischen Waffen- und Navigationstechnik, die „Entdeckung“ Amerikas ab dem Jahre 1492 sowie die revolutionäre Erfindung des Buchdrucks durch Gutenberg, der die Technik 1448 in Mainz demonstriert, und dessen Verbreitung in England (1476/77) durch William Caxton verändern die Lebensumstände in ganz Europa grundsätzlich. Martin Luthers Reformation, seine Bibelübersetzung und die sich daran anschließenden verheerenden Konfessionskriege tun ein Übriges. Es ändern sich jedoch auch die Kunstformen, oft ebenfalls in Anlehnung an klassische Vorbilder: eine Entwicklung, die auch auf die neue Verbreitung des Altgriechischen zurückgeht.

Die antike Bildung und Gelehrsamkeit betonen und verbreiten in der Renaissance die Humanisten.

Eine bedeutende lyrische Form der Renaissance ist das Sonett, das von Petrarca im 14. Jahrhundert in Italien etabliert wird und bald in ganz Europa begeisterte Nachahmer findet. Das englische Sonett unterscheidet sich in seinem Reimschema und der Stropheneinteilung von der italienischen Vorgabe. Beide vereint die Liebesthematik.

In England verhilft die Unterstützung von Königin Elizabeth I (1558–1603), der letzten Monarchin der Tudor-Dynastie, dem **Theater** zu einer neuen Blüte, die den Namen Elisabethanisches Drama zu Recht trägt.

Der bedeutendste Autor dieser Zeit ist jedoch **William Shakespeare**, dessen Werk wie kaum ein anderes die englische Literatur dominiert. Viele seiner knapp 40 Dramen stehen noch heute in den wichtigsten Theatern der Welt regelmäßig auf dem Programm: *Macbeth*, *Hamlet*, *Othello*, *The Tempest*, *Romeo and Juliet*, *Julius Caesar*, *A Midsummer Night's Dream*. Die Spanne reicht von Historien über Tragödien zu Komödien und Romanzen, in denen übernatürliche Kräfte walten. Gerade in den Tragödien zeigt sich die Zeitlosigkeit von Shakespeare, dessen Protagonisten stets mit ihren Leidenschaften ringen, sei es die Eifersucht in *Othello* oder der Ehrgeiz in *Macbeth*. Zu Shakespeares Genialität gehört neben seiner Sicherheit in der Figurenentwicklung und sprachlichen Ausführung auch die Bereitschaft, bereits bestehende Stoffe, wie in *Hamlet* oder *Romeo and Juliet*, neu zu interpretieren. Diese Tradition setzt sich nach Shakespeare fort. Auch im 21. Jahrhundert entstehen regelmäßig Verfilmungen sowie Neufassungen von Shakespeares Dramen, sei es in Romanform oder als Musical.

14.4 Das 17. Jahrhundert

Die politische Entwicklung des 17. Jahrhunderts hat weitläufige Konsequenzen für das literarische Schaffen der Zeit. Während das Theater unter Elizabeth eine Hochzeit erlebt, muss es unter den Puritanern, die nach der Hinrichtung von Charles I (1625–1649) unter Oliver Cromwell eine Militärherrschaft einführen, erst einmal vollständig im Untergrund verschwinden. Nach einem Parlamentsbeschluss werden 1642 alle Theateraufführungen verboten, da sie den religiös konservativen Puritanern als frivol gelten. Erst 1660 kommt es mit der Restauration, der Wiedereinsetzung der Monarchie, auch zu einer Wiedereröffnung der Theater, zuerst allerdings nur auf zwei Londoner Bühnen. Der frisch gekrönte Charles II (1660–1685) hatte in seinem französischen Exil neue Theatertraditionen zu schätzen gelernt, was nun auch zu veränderten Räumlichkeiten führt: nämlich zur Verbreitung der Guckkastenbühne, die abgesehen von dem noch eher bescheidenen Bühnenhaus schon an die heutigen Theatergebäude erinnert. Die Kulissen und Beleuchtung versuchen, die Wirklichkeit durch Illusion nachzubilden. Das Publikum muss nun weniger eigene Vorstellungsarbeit aufbringen.

Dramatik

Diese Tendenz hin zu einer weniger anspruchsvollen Bühnenkunst zeigt sich auch darin, dass als wichtigste Untergattung die Komödie große Bedeutung gewinnt. Stücke wie William Wycherlys *The Country Wife* (1675) oder George Ethereges *The Man of Mode* (1676) erfreuen sich noch heute großer Beliebtheit.

Mit Aphra Behn weist die Restaurationszeit auch die erste weibliche Literatin auf, die das Schreiben zu ihrem Beruf macht: Neben Dramen wie *The Rover* (1677) schrieb sie mit *Oroonoko* (1688) auch einen frühen Roman.

Viele der Dramen-Charaktere dieser Zeit stellen eher Typen als Individuen dar: den Einfaltspinsel, den unmoralischen Schurken oder den Heiratsschwindler. Sie greifen damit auch mittelalterliche Traditionen auf, die sich oft allegorischer Figuren bedienten. Ihre Aktualität können die Stücke aufgrund dieser zeitlosen und allgemeinmenschlichen Ansprüche gut erhalten. Anders als die damals ebenfalls populären klassizistischen Heldendramen wie John Drydens *All for Love* (1678) oder die eher seltenen Tragödien wie Thomas Otways *Venice Preserved* (1682) überlebt die Restaurationskomödie ihre Zeit.

Allerdings wird gegen die oft freizügigen Stücke schon im späten 17. Jahrhundert der Vorwurf der Amoralität vorgebracht. Die Tatsache, dass nun erstmals auch weibliche Schauspielerinnen auf der Bühne zu sehen sind, tut ihr Übriges, dem Theater einen moralisch zwielichtigen Ruf zu verschaffen. Die bald öffentlich geführte Debatte über den moralischen Anspruch des Theaters leitet den zwischenzeitlichen Niedergang der englischen Theatertradition ein: Zwischen dem frühen 18. Jahrhundert und dem späten 19. Jahrhundert entwickelt sich die Dramentradition in Großbritannien dann auch kaum weiter.

Zwar bleiben die Schauspielhäuser gut gefüllt, jedoch stehen auf dem Programm vornehmlich leichte Melodramen und Musikstücke, die vor allem ein Massenpublikum zu unterhalten suchen. Sowohl der ästhetische als auch der politische Anspruch der meisten dieser Stücke reicht nicht an ihre Vorgänger oder Nachfolger heran.

Lyrik

Die lyrische Tradition weist im 17. Jahrhundert ebenfalls neue Tendenzen auf. Am Hofe kommt es zu Anfang des Jahrhunderts zu einer Glanzphase der Poesie, die sich etwa in den Werken der *metaphysical poets* ausdrückt. Ihre komplexe, bildreiche Sprache bedient sich oft ausgedehnter Metaphern. Eine gegenläufige Tendenz, die sich weniger okkult und elitär gibt, wird als *cavalier poetry* bezeichnet, also als **höfische Dichtung**. Unter dem Einfluss von Ben Johnson schreiben diese Dichter stärker von klassischen Formen geprägte Werke, die jedoch in ganz weltlicher Manier eine nahezu hedonistische Lebensauffassung vertreten. John Milton dichtet in *Paradise Lost* (1667) den biblischen Sündenfall und die darauf folgende Heilsgeschichte in epischer Breite nach: Das Werk zählt zu den literarischen Höhepunkten des Jahrhunderts.

Epik

Dass nicht alle Erzählwerke dieser Epoche sich so komplexer Themen widmen, zeigt einer der größten Bucherfolge aller Zeiten: Izaak Waltons *The Compleat Angler* (1653), der als philosophische Anleitung zum Angeln verstanden werden kann und seit über 350 Jahren beständig Leser findet.

Die Kolonien

Obwohl durch die Landung der Puritaner mit der Mayflower 1620 die Besiedelung von Nordamerika neuen Aufschwung erfährt, läuft das literarische Schaffen in der Kolonie noch sehr zögerlich an. Bedeutsame Texte aus dem 17. Jahrhundert beschäftigen sich oft mit religiösen und politischen Themen, die aus dem Prozess der geographischen und später nationalen Selbstfindung entstehen.

14.5 Das 18. Jahrhundert

Das 18. Jahrhundert liefert gerade englischen Literaturhistorikern in verschiedenen Bereichen spannende Entwicklungen: In den Anfang des Jahrhunderts fällt die Entstehung des englischen Romans; am Ende des Jahrhunderts entwickelt sich mit der Romantik ein grundsätzlich neues Kunstverständnis.

In den seit 1776 unabhängigen Vereinigten Staaten entsteht zudem eine eigene literarische Tradition, die mit dazu beiträgt, dem neu geborenen Staat eine eigene Identität zu verschaffen.

Roman

Mit zunehmender Alphabetisierung der Bevölkerung und wachsendem Wohlstand der aufstrebenden Mittelklasse, die in ihrem Freizeitverhalten auch die Kunstgepflogenheiten der Oberschicht nachzuahmen sucht, ist ein Umfeld geschaffen, das für die Lektüre von längeren Erzähltexten ideal geeignet ist. Das gesteigerte Bedürfnis nach realistischen Darstellungen der Welt befriedigt sich an einer veränderten Darstellungsform: Der Roman ist geboren.

Bis zum 17. Jahrhundert sind die beliebtesten Prosatexte vor allem fantastische Romanzen *(romances)*, in denen ritterliche Männer im Kampf mit Fabelwesen die Herzen reiner Damen für sich gewinnen. Diese höfische Liebe wird in platonisch reiner Distanz genossen und eben nicht ausgelebt. Aphra Behns bereits erwähnter Proto-Roman *Oroonoko* (1688) liefert dafür ein gutes Beispiel; der Erfolg von Elizabeth Haywoods *Love in Excess* (1719) zeigt dagegen, dass es durchaus auch ein Lesepublikum für Geschichten gibt, die es mit der vorherrschenden Sexualmoral weniger ernst nehmen.

„Das Muster": Robinson Crusoe

Rein formal liefert dann ein neu aufkommender Texttyp (das englische Wort für **Roman**, „novel", bedeutet Neuheit) den Lesern andere Muster. Daniel Defoe stellt mit *Robinson Crusoe* (1719) eine Vorlage bereit, die zugleich als die Geburtsstunde des englischen Romans gilt. Sein Held ist kein Königssohn, seine Erlebnisse sind alle vorstellbar und die erzählte Geschichte ist nicht mehr dem altbekannten Fundus der mythischen Erzählungen entnommen. Zudem lehnt sich die Sprache stark an das tatsächlich gesprochene Englisch an; der Protagonist tritt als Individuum hervor.

Romantik

Ähnlich wie der Roman mit den tradierten Erzählformen bricht, ändert sich auch der Ton der Lyrik. Hatte im 17. Jahrhundert der Klassizismus noch eine an antike Muster angelehnte formale Strenge propagiert, so bereiten die satirischen Lyriker des 18. Jahrhunderts, eine neue Einstellung zur Lyrik vor.

Der neue Künstlertypus

In der zweiten Hälfte des Jahrhunderts entwickelt sich mit dem empfindenden, genial-schaffenden Dichter der Romantiker ein neuer Typus des Künstlers. Hatte sich diese Entwicklung bei William Blake erst angedeutet, so wird schließlich mit der Veröffentlichung des von William Wordsworth und Samuel Coleridge gemeinsam verfassten Gedichtbandes *Lyrical Ballads* (1798) eine neue Epoche in England eingeläutet. Inspiriert von Entwicklungen in Deutschland und Frankreich vertreten die beiden Autoren eine neue lyrische Form. Sie schreiben Gedichte, die sich in oft alltäglicher Sprache mit dem englischen Leben und der englischen Natur befassen.

Amerika

Die kontinentalen Entwicklungen haben im 18. Jahrhundert auch direkte Auswirkungen auf die literarische Situation in Nordamerika, vor allem bis zu dessen Abspaltung vom Mutterland am 4. Juli 1776, der als Unabhangigkeitstag bis heute begangen wird.

In dieser Phase kommt auch die amerikanische Literatur zu einer ersten Blüte. Werke wie Thomas Paines *Common Sense* (1776) liefern ein philosophisches Fundament für die sich entwickelnden Unabhängigkeitsbestrebungen des jungen Landes.

Benjamin Franklins *Autobiography* (1791) gehört ebenso zu den wichtigen Texten, die ein amerikanisches Bewusstsein formen, wie die umfassenden Berichte von J. Hector St Jean de Crèvecœur über das ländliche Leben in der neuen Welt, veröffentlicht als *Letters from an American Farmer* (1782).

Die europäische Strömung der Romantik produziert in Nordamerika als Transzendentalismus ähnliche Tendenzen, allerdings zeitlich verschoben erst ab dem frühen 19. Jahrhundert.

14.6 Das 19. Jahrhundert

Spätromantik und Schauerroman

Die Romantik wirkt in das neue Jahrhundert noch mit hinein. Als Gegentendenz zu der alles rational auflösenden **Aufklärung**, der zunehmenden Wissenschaftlichkeit und Entmystifizierung der Welt, widmet sich der Schauerroman den unerklärlichen Vorgängen in Spukschlössern, den verbotenen, diabolischen Begierden der menschlichen Psyche und der streng tabuisierten Sexualität.

Der weibliche Roman

Die sprichwörtliche Prüderie der Viktorianer, die selbst Stuhlbeine züchtig verhüllen, geht meist mit einer scheinheiligen Doppelmoral einher, die Männern Freizügigkeiten erlaubt, die sie Frauen vorwirft. Überhaupt wird im 19. Jahrhundert die Situation der Frau zunehmend thematisiert, was auch an der wachsenden weiblichen Leserschaft liegt.

In den Romanen von Jane Austen, bei den Brontë-Schwestern und in den Werken von George Eliot wird die Situation der Frau im 19. Jahrhundert, die sich stets in Abhängigkeit von der Männerwelt befindet, durchweg kritisch dargestellt. Dabei kommen jedoch, etwa in Jane Austens *Pride and Prejudice* (1813), nach wie vor Rollenbilder der Frau zur Geltung, die vor allem in der Ehe die weibliche Lebensaufgabe erfüllt sehen.

Realismus und Naturalismus

Der Realismus entsteht als Gegenreaktion zu der als zu idealistisch und verklärt empfundenen Romantik.

In der zweiten Jahrhunderthälfte entwickeln sich zwei gegenläufige Tendenzen. Auf der einen Seite propagieren Realismus und Naturalismus eine größere Nähe zur tatsächlichen Lebenswelt; auf der anderen Seite zelebriert der Ästhetizismus die Abkehr von der Welt.

Die oft schrecklichen Lebensumstände des neuen Industrieproletariats verhelfen nicht nur den Ideen von Karl Marx, der mit Friedrich Engels 1848 *Das kommunistische Manifest* veröffentlicht, zu großer Bekanntheit, sie tragen auch dazu bei, dass sich die Literatur in einer neuen Welle von utopischen und dystopischen Romanen fiktive Auswege aus der Lebenskrise sucht.

Die großen sozialen und weltpolitischen Veränderungen am Jahrhundertende treten dann ebenfalls in literarischen Werken zu Tage. Der Wandel der Geschlechterrollen und das Verhältnis des britischen Weltreichs zu seinen Kolonien tritt verstärkt in den Vordergrund.

Ästhetizismus

Anders als Realisten und Utopisten suchen die Anhänger des Ästhetizismus, allen voran Oscar Wilde, in der reinen Schönheit den Sinn der Kunst. Die Lyrik des Fin-de-Siècle ist während der 1880er- und 90er-Jahre von einer Endzeitstimmung bestimmt, die sich dadurch auszeichnet, dass man in dekadenten Eskapaden einen neuen Reichtum der lyrischen Erfahrung zu finden hofft. Zugleich versucht man, in Metaphern des Untergangs, Abends oder Herbstes das nahende Ende auszudrücken. Die Antwort des Ästhetizismus auf Tod und Untergang ist stets die Schönheit und das Artifizielle.

Die Freude an der Künstlichkeit der Sprache drückt sich auch in Wildes Aphorismen und paradoxen Wortspielen aus.

In der Hinwendung zum Symbolcharakter der Sprache, die nun immer stärker als von der Wirklichkeit getrennt existierend begriffen wird, deutet sich schon die starke Auflösung des Sprachlichen während Moderne und Postmoderne an. Sowohl die philosophischen Arbeiten von Friedrich Nietzsche, der wie Oscar Wilde 1900 stirbt, als auch die linguistischen Erkenntnisse von Ferdinand de Saussure bereiten in unterschiedlichen europäischen Ländern den großen sprachlichen Wandel *(linguistic turn)* in den literarischen Formen des 20. Jahrhunderts vor.

Amerika

Die Phase um die Jahrhundertmitte, von 1830 – 1870, gilt als die erste Hochphase der amerikanischen Literatur. Sie entwickelt sich aus der europäischen Romantik, nimmt jedoch eigene Züge an. Neben dem literarischen Vorbild aus Europa fordert auch die beeindruckende Naturlandschaft des neuen Kontinents eine ästhetische Behandlung. Thoreau und Emerson begründen den Transzendentalismus, der für ein individuelles und intuitives Erleben der gottgegebenen Natur eintritt. Die Gründung des weltweit ersten Nationalparks, des Yellowstone Parks im Jahre 1872, fällt ebenfalls in diese Zeit.

14.7 Das 20. Jahrhundert

Im 20. Jahrhundert lassen sich vor allem die Moderne und die Postmoderne unterscheiden.

Moderne

Die Moderne (im Englischen auch als „High Modernism" bezeichnet) beginnt am Anfang des 20. Jahrhunderts und findet ihren Höhepunkt in den Jahren zwischen den beiden Weltkriegen. Zwei der wichtigsten Autoren sind James Joyce und Virginia Woolf.

Beide Autoren entwickeln den Roman durch eine stärkere Fokussierung auf die Innenwelt der Figuren weiter. Bewusstseinsstrom und innerer Monolog verschaffen die Möglichkeit, das meist zerrissene Innenleben der Figuren direkt darzustellen.

Das englische Drama erhält neue Impulse und erwacht aus den Jahrzehnten seiner relativen Unbedeutsamkeit. In der Tat tritt die Moderne stärker als die meisten früheren Epochen als eine europäische, wenn nicht sogar globale Erscheinung auf, die mit dem Zweiten Weltkrieg ihren Schlusspunkt erhält.

Postmoderne

Der englischsprachige Nachkriegsroman steht unter dem Zeichen der Postmoderne. Vor allem amerikanische Autoren lassen sich neue experimentelle Erzählformen einfallen, die oft das Erzählen selbst thematisieren. Der Verlust des Glaubens an große sinnstiftende (Lebens-)Einheiten – ein zentrales Merkmale der postmodernen Befindlichkeit – findet somit auch direkt Eingang in die Struktur der Literatur. Zugleich entdeckt die Postmoderne die Allgegenwart des Erzählens und stellt die Geschichte als ein textliches Konstrukt dar.

Postkoloniale Literaturen

In der Literatur der Gegenwart nehmen vor allem auch Autoren aus den ehemaligen Kolonien sowie Migranten eine zentrale Position ein. Ehemals unterworfene Kulturen erheben nun selbst ihre literarische Stimme und setzen sich gegen den Vormachtsanspruch der ehemaligen (europäischen) Kolonialherren zur Wehr. Dabei kommt es, in postmoderner Manier, auch zur Nach- und Umdichtung kanonischer Texte.

Die Tendenz, in der Literatur die Heterogenität einer Gesellschaft auszudrücken, tritt generell stärker in den Vordergrund.

Innerhalb Englands haben Kazuo Ishiguro, Hanif Kureishi und Monika Ali große Bedeutung gewonnen. Ihre Texte porträtieren das Großstadtleben von Menschen, die aufgrund ihrer Abstammung, Klassenzugehörigkeit oder auch sexuellen Orientierung am Rande der Gesellschaft leben (müssen).

Eine ähnliche Funktion übernehmen in den USA die Afroamerikanerinnen Alice Walker, Toni Morrison, die asiatisch-amerikanische Schriftstellerin Maxine Hong Kingston, der kubanisch-amerikanische Autor Oscar Hijuelos, oder indianische Autoren wie Louise Erdrich. In diesen Werken stehen oft Fragen nach der persönlichen, ethnischen aber auch nationalen Identität im Vordergrund.

Die nach wie vor nicht problemfreie Integration von Menschen mit Migrationshintergrund schlägt damit auch in der Literatur direkt zu Buche.

Mit dieser neuerlichen Betonung der Bedeutung des historisch-gesellschaftlich-politischen Hintergrundes des Literatursystems, zu dem außer den Autoren natürlich Verleger, Buchhändler und Käufer mit all ihren politischen und ideologischen Erwartungen gehören, kehrt dieser Überblick zur englisch-amerikanischen Literaturgeschichte wieder zu seinem Ausgangspunkt zurück.

Überblick

Literatur ist immer ein Spiegel der gesellschaftlichen Gepflogenheiten, aber auch ihrer Unzulänglichkeiten und ihrer Umbrüche und Entwicklungen. Um literarische Texte inhaltlich sinnvoll begreifen und einordnen zu können, ist es unerlässlich, sich mit literaturgeschichtlichen Besonderheiten vertraut zum machen. Literatur will und muss im Kontext verstanden werden und die Erläuterungen in diesem Kapitel sollten Ihnen dabei dienlich sein. Es ist empfehlenswert, als nachfolgenden Schritt Ihre prüfungsrelevante Literatur nun in den literaturgeschichtlichen Kontext zu stellen.

Glossar

Das folgende Glossar ist in drei Bereiche aufgeteilt: *Grammar*, *Talking Points* und *Interpreting and Writing*.

Grammar

Adjektiv

Eine Wortart, der Wörter wie *good*, *clever* oder *necessary* angehören, die typischerweise auftreten:

- attributiv vor Substantiven in → Nominalphrasen >> **a *clever* idea,**
- prädikativ nach Verben in → Prädikaten >> **They are *clever.***

Viele Adjektive sind außerdem:

- steigerbar >> **good – better** (Komparativ) **– best** (Superlativ),
- durch *very* modifizierbar >> ***very clever.***

Adverb

Eine Wortart, der in der traditionellen Sprachbeschreibung Wörter recht unterschiedlicher Art zugerechnet werden,
die sich schlecht in andere Wortarten einordnen lassen. Man kann drei typische Gruppen von Adverben unterscheiden:

- Bestimmte Adverben können → Adjektive oder → Verben modifizieren >> ***very* clever, ... as we saw *clearly* ...**
- Bestimmte Adverben können die Satzkonstituente → Adverbiale realisieren und sind dabei in ihrer Position relativ frei >> **She met him *there*. *Then* they went *home*.**
- Manche Adverben haben eine textstrukturierende Funktion >> ***Furthermore*, artists who are also critics are especially likely to make vivid comments on the methods and techniques of old art.**

Adverbiale (adverbial)

Mit (das) Adverbiale wird eine → Funktion im Satz bezeichnet. Ein Adverbiale kann durch eine Adverbphrase, eine Nominalphrase >> **this morning**, Präpositionalphrase >> **up the hill** oder durch einen *clause* >> **After it had stopped raining, ...** realisiert werden.

Aktiv – Passiv

Ein Aktiv-Satz wie >> **The police arrested the suspect** und der korrespondierende Passiv-Satz >> **The suspect was arrested (by the police)** beziehen sich auf denselben Sachverhalt. Die *by*-Phrase im Passivsatz ist grammatisch nicht notwendig. Bei der Passivierung werden die Nominalphrasen verstellt. Ein Aktivsatz wie >> **He had an accident** bietet sich also für den Fall an, wenn das Objekt neue oder wichtige Information darstellt (und das Subjekt schon bekannt ist). Im umgekehrten Fall, wie in >> **His car was buried by huge masses of snow**, bietet sich die Passivkonstruktion an, die das Neue, Interessante an den Schluss stellt, also dort, wo meist das Gewicht des Satzes liegt.

Artikel

Eine traditionelle Wortart, die eine Untergruppe der → *Determiner* bildet:

- bestimmter Artikel >> **the**
- unbestimmter Artikel >> **a, an**

Aspekt (aspect)

Die deutsche (umgangssprachliche) Konstruktion >> **Ich bin am Lesen** entspricht in etwa der Bedeutung von >> **I am reading**. Dieser Aspekt wird *progressive* genannt. Der Beispielsatz steht im *present progressive*. >> **The dog has disappeared** zeigt mit *have* + *past participle* den Aspekt, der als *perfective* bezeichnet wird, zusammen mit *present tense*, also gesamt *present perfect*. In der

Bedeutung ist dieser Satz vergleichbar mit „Der Hund ist weg“: ein gegenwärtiger Zustand usw., aber mit Nennung eines Ereignisses, das zu dem jetzigen Zustand geführt hat. Beide Aspekte können miteinander (und mit einem Tempus) kombiniert werden >> **I've been shopping all day / I'd been shopping all day.**

clause

→ Satz

determiner

Eine Bezeichnung für die Verwendung von Wörtern, die in Nominalphrasen die Art der Referenz (Bezug auf eine bestimmte Person oder Sache, auf eine Menge / Klasse, etc.) bestimmen und vor der *premodification* des *head* der Nominalphrase stehen:

>> ***the* books, *these* exercises, *this* country, *all these* stupid questions, *their* books**

>> ***Most* graduates move away from *the* town where they've been studying when they start work.**

Mit wenigen Ausnahmen (*a, an, every, the, no*) können *determiners* auch als → Pronomen verwendet werden.

Funktion

Die gängigen Funktionen im Satz (clause) sind **S**(ubjekt), **O**(bjekt), **A**(dverbiale) und der **V**(erbalkomplex), für den es unterschiedliche Definitionen und Bezeichnungen gibt. Daher die Satztypen, z. B.

SV >> **Susan is reading.**

SVO >> **Susan is reading a book.**

SVA >> **Susan lives over there.**

Die Funktionen werden durch Phrasen (Ein-/Mehrwortphrasen), aber auch durch *clauses* realisiert >> **How you can stand all this** (Subjekt) **makes me really wonder.**

Hilfsverb

Eine Bezeichnung für die Verwendung der Verben *be, do* und *have* zur Bildung bestimmter Konstruktionen:

- **The book *was* put on the table.** (Passiv)
- **She *has* not been to Paris.** (Perfekt)
- ***Did* you ever go to Paris?** (yes-no question)

Konjunktion

ist der Oberbegriff für zwei Typen von Funktionswörtern:

- Koordinierende Konjunktionen verbinden zwei gleichrangige Bestandteile eines Satzes zu einem größeren Bestandteil desselben Ranges:
  Angela and Gordon (zwei Nominalphrasen bilden eine größere Nominalphrase)
  >> **She did her homework *and* then went to the cinema.**
- Subordinierende Konjunktionen leiten einen „Nebensatz“ ein, der als Konstituente im übergeordneten Satz fungiert:
  >> ***After* doing her homework, she went to the cinema.**
  >> **Most graduates move away from the town where they've been studying *when* they start work.**

Modalverb

Ein Verb, das über keine Flexionsform verfügt: *can, could, may, might* etc.

Noncount nouns (auch *uncountable nouns* genannt)

Substantive wie *water, ice, homework, advice, information*, die keine Pluralform haben, werden *noncount nouns* genannt (in Wörterbüchern oft auch als „U“ bezeichnet, im Unterschied zu *count nouns*, wie *book – books*. Ein *noncount* Substantiv erscheint auch nicht zusammen mit *a/an* und zeigt Einschränkungen in der Verbindung mit dem bestimmten Artikel *the*.

Objekt

Eine Nominalphrase (oder ein *clause*) steht in der Regel nach dem Verb. >> **He didn't give me the paper** enthält zwei Objekte, **me** (indirektes Objekt), **the paper** (direktes Objekt. Beide Arten von Objekten können (im Prinzip) zum Subjekt eines entsprechenden Passivsatzes werden (**I ...; The paper ....**). Das indirekte Objekt ist dasjenige, das bei der Umstellung der Objektphrasen ein *to* (auch *for*) erhalten muss: **... the paper to me**. Das indirekte Objekt bezeichnet häufig ein Lebewesen.

Phrase

Unter *phrase* versteht man die Bausteine des Satzes (*clause*). Minimal bestehen *phrases* aus einem Wort (dem sog. *head*), wie etwa *water* in >> **Nowadays, water is expensive**. Nach der Wortart der *heads* werden die einzelnen Phrasen benannt, hier: *water* = Nominalphrase, *is* = Verbalphrase, *expensive* = Adjektivphrase, *nowadays* = *Adverbphrase*). Maximal können Phrasen ziemlich lang sein, z. B. in >> **More than a hundred people, who had been on a day trip to France** *(*bis hierher die Nominalphrase*)*, **had to be rescued**. Wie ersichtlich, können Phrasen nach links und nach rechts vom *head* erweitert werden, z. B. >> **poor people, may have come, very silly, all cars with a catalytic converter**: links vom *head* steht die *premodification*, rechts davon die *postmodification*. Nominalphrasen können links, außer durch Adjektive, auch durch *determiner* erweitert werden, vgl. **several of the young children**. Weiteres siehe → Funktion.

Prädikat

Eine Bezeichnung für den Teil eines Satzes, der zusammen mit dem Subjekt das Zentrum des Satzes bildet. Das Prädikat umfasst einen Verbalkomplex, dem mehrere Hilfsverben und ein Verb angehören können:
>> **She *has been reading*.**
Objekte, Prädikative und nicht-weglassbare Adverbiale zählen ebenfalls zum Prädikat.
>> **She *had not read the text*.** >> **He *gave her the book*.** >> **She *put the book on the table*.**

Prädikativum (auch *subject complement/ object complement*)

Bezeichnung für eine nach ihrer Funktion bestimmte Konstituente im Satz, die Teil des Prädikats ist und sich auf das Subjekt oder ein Objekt bezieht und dieses charakterisiert.
>> **She is *a teacher/clever*.**
>> **They considered him *a suitable candidate*.**
>> **She called him *Gordon*.**

Präposition

Ein Funktionswort, das nicht alleine stehen kann und mit anderen Phrasen zusammen Präpositonalphrasen bilden kann:
>> **They were *in London*. She had not seen him *since then*. They agreed *on the proposal*.**

Pronomen

Eine Wortart, deren Mitglieder als *head* einer Nominalphrase fungieren können:
>> ***They* are clever. *What* was *that*? *She* didn't know *that herself*.**
>> **Most graduates move away from the town where they've been studying when *they* start work.**

Relativadverb

Ein wh-Adverb, das einen Relativsatz einleitet
>> **Most graduates move away from the town *where* they've been studying when they start work.**

Relativpronomen
Ein Pronomen, das einen Relativsatz einleitet
>> **... she was the first person *who* made me realise that acting was more than just speaking and doing.**

Relativsatz (relative clause)
Ein Relativsatz bezieht sich mithilfe eines Relativpronomens oder Relativadverbs auf die vorangehende Phrase. Man unterscheidet zwischen restriktivem oder notwendigem Relativsatz *(restrictive/defining relative clause)* einerseits und nicht-notwendigem, nicht-restriktiven Relativsatz (non-defining, non-restrictive) andererseits. Der notwendige Relativsatz hat die Form *X who/which – that ...*, der nicht-notwendige ist *X, who/which ....,*
>> **Frogs, which are amphibians, lay eggs:** dieser nichtnotwendige Relativsatz nimmt an, dass *which are amphibians* ein dem Hörer bekanntes Faktum ist – „ja" „bekanntlich" – und die (mathematische) Menge der Frösche nicht verändert wird.
>> **Animals that are amphibians lay eggs:** Der notwendige Relativsatz etabliert eine Untermenge zum Vorgehenden, d.h., es handelt sich um *solche* Tiere, *diejenigen* Tiere, *die* ... Bei Übersetzungen aus dem Englischen ist zu beachten: Da der Unterschied zwischen den beiden Typen im Deutschen formal nicht gekennzeichnet werden muss, ist es sinnvoll, z.B. „ja, bekanntlich" oder „solche ... die; diejenigen ..., die" zu verwenden.

Satz (sentence, clause)
Ein *sentence* beginnt mit einem großen Buchstaben und endet in der Regel mit einem Punkt. >> **My mother was late(.)** ist ein *sentence* und gleichzeitig ein *clause*.
>> **My mother was late, because she had missed the bus(.)** ist ein *sentence* mit zwei *clauses*.

Subjekt
Eine Nominalphrase (oder ein *clause*), in der Regel am Anfang des *clause*, das denselben Numerus hat wie die Verbalphrase. Zur Identifizierung ist eine *tag question* hilfreich
>> **Most cars remained undamaged, didn't they?** (*they = most cars*, Subjekt).

Substantiv
Eine Wortklasse, der Wörter wie *person, house, university* und *democracy* angehören, die typischerweise folgende Formen haben:
- Singular *(university)* und Plural *(universities)*
- Grundform *(university)* und Genitiv *(university's)*

Substantive kommen typischerweise als Köpfe von Nominalphrasen vor:
>> **Most *graduates* move away from the town where they've been studying when they start *work.***

Tempus (tense)
→ Zeit

Uncountable noun
→ Noncount

Verb
Eine Wortklasse, der Wörter wie *go, laugh, put, be* angehören, die sich durch folgende Eigenschaften auszeichnen:
- Tempusformen für Präsens und Präteritum
  >> **go, goes – went**
- s-Form in der 3. Person Singular Präsens
- Partizipien mit *-ing* und häufig *-ed*
- können in Verbindung mit Hilfsverben Aktiv- und Passivkonstruktionen bilden. >> **She put the book on the table – The book was put on the table.**

Zeit
Unter Zeit *(time)* wird üblicherweise all das verstanden, was man mit „wann?“ erfragen kann. In der Verbalphrase werden grammatische Kategorien realisiert, die zu Vergangenheit, Gegenwart oder Zukunft, auch auf Dauer, Bezüge herstellen. Bei diesen Kategorien handelt es sich um die sog. Tempora *(tenses)*: (*present tense* wie in >> **I walk** und *past tense* wie in >> **I walked**). Nun kann man die Zeitbezüge der *tenses* formulieren, z. B., dass das *present tense* Zukünftigkeit ausdrücken kann, oder umgekehrt, welche Zeit-Vorstellung mit welcher *tense* ausgedrückt werden kann, z. B., dass ein vergangener abgeschlossener Vorgang mit *past tense* ausgedrückt wird. Diese Unterscheidung zwischen Zeit und Tempus ist sinnvoll, um nicht sagen zu müssen „Die Zukunft wird durch die Gegenwart ausgedrückt“. Die beiden Tempora können alleine vorhanden sein *(simple)* oder mit → Aspekt kombiniert werden.

Talking Points

American Constitution
The Constitution of the USA, which came into effect in 1788, is one of the most groundbreaking political documents ever written. It laid the foundations for democracy in the newly independent country by enabling the citizens to elect their politicians; it also established the way in which the country was to be governed. This included setting up three individual branches of government: the Legislative Branch (Congress), the Executive Branch (the President and Vice-President) and the Judicial Branch (the courts, including the Supreme Court). Each branch was given a certain amount of power over the other two – referred to as the system of checks and balances – to prevent one branch from becoming too strong. Several amendments have been made to the Constitution since it was first drawn up, the most famous being the first ten amendments, known as the Bill of Rights. These include fundamental democratic rights such as freedom of speech.

American Dream
At the core of the “American Dream” is the idea that someone from a disadvantaged background can start with nothing and work their way up to become a wealthy citizen of good social standing. Today, when the gap between rich and poor is wider than ever, this “dream” may be almost impossible to realise.

Black Lives Matter
The “Black Lives Matter” movement was started in 2013 after a number of black people were killed by white police officers. It started on social media and raises awareness about the treatment of African-Americans by the police. It also supports other groups that suffer discrimination, such as black LGBTQ people, disabled people and women.

Brexit
On 23 June 2016, a referendum was held on whether Britain should leave the European Union. Just under 52 % of voters voted for what became known as "Brexit", i. e. "Britain's exit" (from the EU). It is an issue that has divided the country like no other in recent times. Britain now has to negotiate with the rest of the EU for favourable terms for leaving, including how much it will have to pay in the "divorce bill", as it is known. Still under discussion is whether there will be a "soft" Brexit, i. e. the country would still be part of the European single market, or a "hard Brexit", where it would not. The current schedule for Brexit would see Britain leaving the EU in 2019.

British Commonwealth/Commonwealth of Nations
Several former British colonies now belong to the Commonwealth, an association of states that was originally formed to maintain both economic and cultural ties between these nations. The heads of the Commonwealth countries still meet today, and there are various exchange programmes and events, such as the Commonwealth Games. However, many of these states now have very little in common.

British Empire
Between the 16th century and the mid 20th century, Britain ruled colonies throughout the world, from Africa and the Americas to the Southern Pacific. Some of these colonies gained their independence long before the others (e. g. the North American colonies, which became the USA, signed their Declaration of Independence from Britain in 1776). Many other colonies, such as India or Rhodesia (now Zimbabwe), did not become independent until after the after the Second World War, often after many years of bitter protest.

British Parliament
The British Parliament is made up of the House of Commons and the House of Lords. The politicians with seats in the Commons (the Members of Parliament, or MPs), are elected directly by the citizens of Britain and are responsible for the day-to-day running of the country, making laws and debating current issues. The members of the House of Lords are able to make changes to laws before they are passed, or even delay the passing of a law for up to 12 months, but they are not involved in daily political life.

Civil Rights Movement
From the early 20th century, several organisations began to work towards ending segregation and discrimination against ethnic minorities in the USA. Some of them, such as the Southern Christian Leadership Conference (founded by Martin Luther King, Jr.), relied on peaceful protests, whereas others, such as the Black Panther Party, were prepared to use violence to achieve their goals. One of the most famous events connected with the movement was the March on Washington in 1963, where as many as 500,000 people demonstrated peacefully for civil rights. The movement made significant contributions towards reducing prejudice, but also cost many lives, memorably those of Martin Luther King, Jr., and Malcom X, both of whom were assassinated for demanding equal rights for all races.

Class
Class still plays a significant role in Britain today, even in an age where a person's achievements are generally seen as more important than the kind of family they were born into. A person's class is usually clear based on factors such as the way they speak or where they were educated. The fact that the country is still, effectively, run by the upper classes,

often leads to tension. People born without many advantages in life accuse the government, for example, of being out of touch with reality and therefore not doing enough for its poorer citizens.

Genetic engineering
Scientists have discovered ways to change the genes of certain organisms with the intention of improving them. One use of genetic modification, as it is also known, is to make plants resistant to disease and therefore easier to grow. It could also be used to alter human genes, e.g. to remove genes that cause certain diseases. Although there are benefits, genetic engineering is controversial for ethical reasons.

Global warming
The temperature of our planet is rising, caused by factors such as the cutting down of forests, or the large increase in pollutants in the Earth's atmosphere. This change in climate has a knock-on effect on all kinds of things: for example, the ice cap at the North Pole is melting, leading to a rise in sea levels. This in turn contributes to natural disasters like flooding. It is important to take action before it is too late; however, many people continue to deny that our climate is changing.

Globalisation
Globalisation is the worldwide integration of economic, financial and communications systems, connecting people throughout the world and affecting rich and poor, developed and developing countries alike. Many things are easier because of it, such as international communications, but there is also a downside. If, for example, one country's economy is in decline, this can have a knock-on effect on other countries that depend on it for trade. In addition to this, people from developing countries are more likely to experience the negative effects of globalisation than those from wealthy countries.

Global village
This term implies that the whole world now effectively lives closely together, as if in a village. People are more mobile, goods, money and services can be moved around the world, in some cases instantly, and the internet allows communication at a speed that was hardly imaginable even a few decades ago.

Immigration
The USA has always attracted immigrants from around the world. They came for a variety of reasons: to escape religious persecution, poverty or war, to make their fortune in the gold fields, or to realise their dreams in the land of opportunity. Often, the reality was very different, with immigrants forced to live in slums, work long hours for little pay, and suffer prejudice and discrimination. Assimilation was easier for some groups that for others, e.g. the white Protestant northern Europeans who arrived in the 19th century had fewer problems than the Asian or Latin American immigrants who came later. Throughout the 20th century, immigration laws became stricter, greatly limiting the number of visas available to prospective immigrants each year. The issue of illegal immigrants is highly controversial. While some politicians would like to give long-term illegals and their families the right to stay, President Donald Trump has pledged to deport all illegal immigrants.

Manifest Destiny
This term was coined in 1839, at a time when there were very few people living in the central and western areas of the US. The government wanted the whole country to be settled, to secure the USA's status as a nation. It was seen as America's "manifest", or clear, destiny to push back the frontier – the border between the civilised east and the wilderness – until it reached the Pacific Ocean. Many

families, known as pioneers, headed west to make a new life for themselves. This concept is also the root of American patriotism. People believed that God wanted America to become the greatest nation in the world, and that expanding to the west was fulfilling this destiny.

Media and society

The media influences our society in a large variety of ways. Many of these are good. For example, we have more access to current affairs than ever before, instantly, through online news services, and can find information with a few clicks. Social media allows us to keep in touch with family and friends and share ideas. However, the very nature of the internet makes it easy for people to spread false information, or "fake news", so it is important to check facts.

Monarchy

Britain is one of the few countries in Europe that is still a monarchy. Nowadays, the Queen's role is mainly ceremonial: although she is Head of State, she does not have any political power. However, she signs all bills before they become law. Opinion on the value of the monarchy in Britain today is divided. While many people believe that the Royal Family still has a relevant role to play in representing the country, others see it as an out-dated institution that has no place in the modern world and costs the tax-payer too much money.

Multicultural society

Today's societies are no longer homogenous, as they usually were even up to the mid 20th century. Nowadays, there are a large number of people from different countries and ethnic backgrounds living in any given Western country. This is both due to migration and, in recent years, to large numbers of refugees fleeing troubled countries in hope of a better life. A large variety of cultures can both enrich a society and lead to social tension, especially if newcomers are seen as being reluctant to integrate.

Post-colonial societies

Countries such as India and Australia, which were once under British rule, had to develop as nations in their own right after the British left. This was not always easy. Although they had gained political independence, economic independence did not automatically follow, plus there were often difficulties in forming a government without the guidance of the colonial power. It took time for these countries to develop and establish their own identity.

Puritans

The Puritans were the first European colonists of what would become the USA. They were a group of English dissidents who disagreed with the direction the Church of England was taking. They wanted to keep the Church simple and "pure", and were persecuted for their beliefs. Therefore, they decided to leave England to start a new life far away, where they could practice religion in their own way. They also believed that hard work and self-discipline would be rewarded by God in the form of wealth, an attitude that can still be seen today in the US in the form of the Protestant work ethic.

Renewable energy

It is no longer possible to deny the fact that burning fossil fuels, such as oil, greatly contributes to greenhouse gas emissions, which in turn are a significant factor in global warming. It is therefore important for the future of the planet to make far greater use of renewable energy sources. These include wind farms and solar power, and the continued development of, for example, cars that run on electricity rather than on petrol.

Scottish independence
The idea that Scotland could become independent from the rest of the UK is not new. Political parties such as the Scottish National Party (SNP) had campaigned for a referendum on the subject for years; this finally took place in September 2014. The result was that the citizens of Scotland voted to remain in the UK by a margin of 55% to 44%. One of the concerns that led people to vote against independence at the time was that Scotland would have to leave the European Union, thereby losing all the benefits of membership. However, now that Britain as a whole has voted to leave the EU, calls are being made, led by the SNP, to hold a second referendum on independence.

Terrorism
The threat of terrorism is a major concern in the world today. In addition to the many suicide bombings that have become all too common in the Middle East and parts of Asia, in recent years there has been a sharp increase in terrorist attacks in western countries. The methods that governments choose to try and stop such attacks are often controversial. For example, some use the threat of terrorism as a reason to increase the number of surveillance cameras in towns, or to pass laws giving the police the right to tap phones and read private messages. Others would prefer the more extreme solution of deporting any migrants from Middle Eastern countries. Opponents of these methods argue that there is no way to guarantee complete safety for ordinary citizens, and that increased surveillance is an invasion of privacy of the kind predicted by George Orwell in his dystopian novel "1984".

Interpreting and Writing

Act
A major division in a play, usually subdivided into → scenes.

Action
Action is what happens in a fictional text. There may be → internal action and → external action.

Advertisement
(advert (BE), short form "ad") – It tries to sell a product, a service, an idea or a candidate. The purpose is to persuade people to do something.

Aestheticism
Period in the history of English art (1880 – 1900). Following the honesty of → Realism, aestheticist artists focused on beauty, trying to celebrate the power of art to create a sensual, pleasant experience. Oscar Wilde is a major representative.

Allegory
Stylistic device that uses personified ideas in order to present an abstract concept, i. e. when Death, Time, or Friendship appear as figures in a play. The late medieval drama *Everyman* provides good examples.

Alliteration
Alliteration is when neighboring words begin with the same letter in order to produce a rhythmic effect.

Alternate rhyme
Type of → rhyme that consists of alternating rhymes: >> **abab cdcd.**

American Revolution
Period in the Anglo-American history (1775 - 1783) that established the independence of the United States from Britain. The declaration of independence (4th July 1776) is celebrated every year.

Amphibrach
Lyrical → foot consisting of one unstressed, one stressed and one unstressed syllable.

Anapaest
Lyrical → foot consisting of two unstressed and one stressed syllable.

Anaphora
Lyrical device, the repetition of a word at the beginning of a line or a sentence.

Antagonist
The enemy or counterpart to the protagonist.

Argumentative text
Argumentative text is used to convince the reader of the author's opinion (e.g. speeches, essays, editorials, ...).

Aside
Presentational device in dramatic texts, when a character says something that, by convention, is inaudible to others present. It not only provides insight into a character's thoughts and feelings, it also gives the audience an advantage in knowledge, leading to → dramatic irony.

Assonance
Type of → rhyme that consists of identical vowel sounds only.

Authorial narrative situation
Type of narrative in which the narrator is not part of the events narrated, has insight into the thoughts and feelings of the characters, knows about the past and the future, and comments on the narrative from an external, authorial position; → first-person narrative situation, and → figural narrative situation

Ballad
Narrative poem that tells a heroic, romantic, tragic, or comic story; intended to be sung.

Beiseitesprechen
→ aside

Bildungsroman
Subgenre of the novel sometimes also called "novel of development;" presenting a protagonist who rises from simple beginnings to a position of respectability. Examples are: **Charlotte Brontë's** *Jane Eyre* (1847), **Charles Dickens's** *David Copperfield* (1849 – 1850), and **James Joyce's** *A Portrait of the Artist as a Young Man* (1916).

Blank verse
Type of language, often in dramatic texts, that is structured by → metre, but not rhymed.

Botenbericht
→ messenger report

Briefroman
→ epistolary novel

Bürgerkrieg, amerikanischer
→ Civil War

Caesura
Break in the middle of a poetic line.

Caption
Words underneath a picture or cartoon.

Chain rhyme
Type of → rhyme that consists of three lines, the first and last rhyming, the middle line forming the embracing rhyme for the next group of three lines >> **aba bcb cdc.**

Character
The people in a fictional text are the characters.

Characterization
The way in which the characters are presented to the reader/audience.

Chiasmus
Syntactical aspect that reverses the sequence of sentence elements, for instance subject, verb/ verb, subject; often found in poetry.

Civil War
Period in American history (1860 — 1865) that began with the secession from the Union of Southern states and later lead to a bloody military conflict (over 4 million dead and wounded) between the North and the South, ending with the victory of the Northern states.

Climax
The part of the plot in which suspense reaches its peak/highest point.

Closet drama
Drama written for private reading, not for performance on the stage.

Column
An article that appears on a regular basis in a magazine or a newspaper. It can be humorous or serious. It always expresses the opinion of the writer, not the magazine or newspaper it is published in.

Comedy
A subgenre of drama written often in low style that features common people who are exposed to ridicule, often ending happily.

Comic relief
Feature of literary texts, often in tragic drama, where a character creates a moment of laughter in order to counterbalance the overall serious tone.

Commercial
→ Spot commercial

Commonwealth
Period in English history (1649 – 1660). Following the English Civil War and the execution of Charles I, England saw the regime of Oliver Cromwell (succeeded later by his son), experienced religious tolerance but also the closing of its theatres by the Puritans.

Commonwealth of Nations
Association of around 50 nations that once were or still are governed by Britain.

Consonance
Type of → rhyme that consists of identical consonant sounds only.

Dactyl
Lyrical → foot consisting of one stressed and two unstressed syllables.

Dark Age
→ Middle Ages

Descriptive Text
Describes the characteristics of living things or objects, focusing on the physical side of things.

Dialogue
Form of speech in dramatic texts, when different characters are on the stage, more than one of them contributing to the conversation.

Direct characterization
→ explicit characterization

Discourse
The way a narrative is organised, presented, put in order, in short: narrated.

Discourse time
The time that it takes to read (or tell) a narrative; rarely the same as → story time.

Documentary
A film or television programme that gives facts and information about a subject. It consists of or is based on official documents, using pictures or interviews with people involved in real events.

Drama
A → play, usually fictional but sometimes based on actual events (e.g. historical drama). Is written to be performed and usually divided into → acts which are subdivided into → scenes.

Dramatic irony
Feature of literary texts that involves different levels of knowledge, in particular a moment where a character is not aware of the consequences of a word or deed, other characters (or the audience), however, already foresee or know the future consequences.

Embracing rhyme
Type of → rhyme that consists of a → rhyming couplet embraced by two rhyming lines
>> **abba cddc.**

Enjambment
Continuation of a syntactical unit beyond the end of a poetic line into the next line.

Enlightenment
Period in the history of English and European thought (17th – 18th century) that emphasised the power of the intellect. Influential British representatives are **Francis Bacon, Thomas Hobbes, David Hume,** and **John Locke.**

Epanalepsis
Lyrical device, repetition of a word, interrupted by at the most two words.

Epic
Long narrative poem that celebrates the heroic deeds of its protagonist in a sublime style.

Epigram
A short and witty saying that makes a strong, critical statement.

Epipher
→ Epistrophe

Epistolary novel
Subgenre of the novel in which the plot is conveyed through a series of letters. **Samuel Richardson's** *Pamela* (1740) is an early example.

Epistrophe
Lyrical device, the repetition of a word at the end of a line or sentence.

Erlebte Rede
→ free indirect discourse

Erzählte Zeit
→ story time

Erzählzeit
→ discourse time

Essay
Type of prose text that discusses a particular topic from a highly subjective point of view, offering personal insight without claiming to be a scientific discussion. **Francis Bacon, Jonathan Swift,** and **Henry David Thoreau** are key practitioners of the form.

Euphemism
Using gentle words instead of regular expression to soften a maybe harsh circumstance or situation.

Exaggeration
A strong overstatement

Experiencing I
An aspect of the narrator in a → first-person narrative situation; refers to a narrator who is currently experiencing the events, not yet knowing what the outcome will be. Often the narrator will be speaking from a privileged position later in time, thinking back about his or her own past experiences; → narrating I.

Explicit characterization
The reader/audience is being told by the narrator, another character or the character himself/herself what sort of person the character is.

Expository text
The author analyses a complex matter in an objective way.

External action
Description of what characters do and of the events taking place.

Falling action
The part of the plot where suspense is reduced.

Feature film
(also called movie, motion picture or just film) A full-length film, usually between 70 and 120 minutes long.

Feature story
Deals with one or more individual cases in order to make a general point on something.

Figura etymologica
Lyrical device, use of two words derived from the same etymological root, for instance "to *do* great *deeds*".

Figural narrative situation
Type of narrative in which there is no perceptible narrator; the events are told in a passive way, through the eyes of often changing characters, also called → focalisers; → authorial narrative situation and → first-person narrative situation.

First-person narrative situation
Type of narrative in which the narrator (who is often also the protagonist) is part of the events, does not have insight into the thoughts and feelings of the other characters; → narrating I and → experiencing I; → authorial narrative situation and → figural narrative situation.

First-person narrator
The first-person narrator is part of the story and refers to himself/herself as "I".

Flashback
Is the description of an important scene that took place in the past but is important for the plot.

Flat character
A flat character has only one or two significant traits and thus represents a single quality and is a minor character.

Focaliser
A character in a narrative that uses a → figural narrative situation whose perspective is presented for at least part of the narrative; often used in conjunction with → interior monologue or → free indirect discourse.

Foot
Smallest unit of recurrent grouping of syllable stress in a poem, for instance → iamb.

Foreshadowing
Also known as anticipation; is when the narrator hints at later events.

Formal language
Register which is used in texts that are official.

Free indirect discourse
Literary technique for presenting the inner mind of a character. A free indirect discourse presents the thoughts and feelings of a character using the present tense and first-person pronouns but keeping the conventions of literary language; → psycho-narration and → interior monologue.

Free verse
Type of language, often in dramatic texts, that is not structured by → rhyme or → metre.

Gattung
→ Genre

Gedankenbericht
→ psycho-narration

Genre
Description of a type of literary text that shares a number of characteristics with other texts; a textual strategy agreed upon by writers and readers. Basic genres are **poetry**, **drama**, and **prose narratives.**

Gothic fiction
Subgenre of the → novel or → romance, popular during → Romanticism. The gothic novel uses a medieval or often European setting, featuring supernatural events, haunted castles, ruins, or monasteries; places its characters in threatening scenes evoking horror or terror; and emphasises emotions over rationality. **Horace Walpole's** *The Castle of Otranto* (1764) started the tradition in Britain; **Mary Shelley's** *Frankenstein* is a popular example.

Heroic couplet
Two rhymed lines of text written in an iambic pentametre.

Iamb
Lyrical → foot consisting of one unstressed and one stressed syllable.

Imagery
When language is used beyond its normal meaning, e.g. dictionary definition.

Implicit characterization
The reader/audience has to find out what sort of person the character is, based on what he/she says and does.

Indirect characterization
→ implicit charaterization

Industrial Revolution
Period in English history, beginning around 1830, during which the technological advancements (steam engine, railways, factories etc) led to a major change in the lifestyles of the population, leading also to a sizeable migration from rural into urban areas, creating a huge working class.

Informal language
Register employing the conventions of spoken language – may make use of slang and colloquialisms.

Innerer Monolog
→ interior monologue

Intensive reading
The detailed, in-depth reading of a text in order to recognise and completely understand the overall structure, stylistic devices and content.

Interior monologue
Literary technique for presenting the inner mind of a character. An interior monologue is not part of the narrative situation but rather a switching into the actual thought processes of a character, using the present tense, first-person pronouns, and the often disconnected sentence fragments that are typical for thoughts that have not yet been transformed into written language; → free indirect discourse and → psycho-narration.

Internal action
What is going on in the minds of the characters.

Intertextuality
Literary device in → postmodern texts that connects two texts, for instance through direct quotation, through the adoption of plot devices or through the insertion of already existing characters, for instance in **Tom Stoppard's** *Rosencrantz and Guildenstern Are Dead* (1966).

Irony
Uses words in a meaning opposite to their literal meaning.

Jambus
→ iamb

Kernel
A part of a narrative that provides crucial information for the → plot; → satellite.

Kurzgeschichte
→ short story

Lesedrama
→ closet drama

Limited point of view
Is found with the first-person narrator. The reader's view is limited by what the character "I" in the story experiences and shares with the reader. Can also be found with a third-person narrator, when he/she keeps to the experiences of one or two characters.

Literal
The actual, rather than figurative, meaning of the words.

Lyrical I
The "voice" in a poem, the person speaking, the subjective centre of experience; not to be confused with the author. Called explicit lyrical I if stated directly; otherwise: implicit lyrical I.

Major character
Central character; he/she plays an important part, but is not the main character/ protagonist.

Mauerschau
→ teichoscopy

Messenger report
Presentational device in dramatic texts, when a messenger comes onto the stage to narrate events that happened off-stage, often in order to avoid the portrayal of excessive violence or scenes involving too many people, for instance a battle; → teichoscopy.

Metafiction
Type of literary discourse in which a piece of art makes obvious its own constructedness, i. e. a novel that discusses the novel as an art form or has an intrusive narrator who questions the very idea of novel writing, as in **John Fowles's** *The French Lieutenant's Woman* (1969).

Metaphor
Rhetorical device that compares two ideas, putting one word for another and transferring part of the meaning, for instance "she is an angel".

Metonymy
Rhetorical device that compares two ideas, putting one word for another to which it is closely related, for instance "to read Shakespeare", putting the author for his work.

Metre
Description for a type of line in poetry, stating the number of times a particular → foot is repeated; example iambic pentametre.

Middle Ages (Mittelalter)
Period in English history between the departure of the Romans and the beginning of the Renaissance.

Middle English
Variety of English spoken between 1066 and the Renaissance (beginning around 1500). As a result of the Norman invasion, English changed dramatically, getting rid of most of the verb conjugations and noun declensions. Also, the influence of French is highly obvious in the vocabulary, with numerous loan words adopted into English. **Geoffrey Chaucer's** *Canterbury Tales* (approx. 1386) is an example.

Modernism
Period in the history of English art (approx. 1890 – 1945). Modernism was marked by a sense of disorientation, influenced by political developments (World War I) and the realisation that the traditional art forms are not longer adequate for addressing the reality of "modern" life. Often, modernist artworks are marked by a significant break with artistic traditions and they present life as a chaotic, fragmentary, and isolating experience.
Virginia Woolf, T. S. Eliot, John Dos Passos, and **James Joyce** are key practitioners.

Monologue
Form of speech in a dramatic text, when one character gives a longer speech, addressing other characters on the stage.

Narrating I
An aspect of the narrator in a →first-person narrative situation; refers to a narrator who is telling the story at a later point in time, giving the narrator the benefit of hindsight, making it possible to comment on earlier moments while knowing the outcome. The narrating I will often talk about him or herself at an earlier stage, also called →experiencing I.

Narrative Prose
Short stories, novels, etc

Narrator
The person who tells the story.

Neoclassicism
Period in the history of English art (17th – 18th century) that draws its formal and stylistic inspiration from Greek and Roman antiquity. **John Dryden's** work is an example.

Neutral language (register)
The style you can find in most novels, articles, letters, etc

News story
Also news items, news reports; it never expresses an opinion but presents facts on recent events.

Non-fictional text
Refers to the real world and can be used as form of information, persuasion.

Novel
Type of narrative dominant since the early 18th century, marked by its social realism, its focus on characters and events that could in fact exist; as opposed to →romance. **Daniel Defoe's** *Robinson Crusoe* (1719) was the first realist novel in England.

Old English
Variety of English spoken until 1066. As a Germanic language, Old English has a fully developed case system, complex endings, and verb conjugations similar to modern German. For modern readers, Old English is only comprehensible after special study. **Beowulf** is the best known Old English text.

Omniscient narrator
A third-person narrator who has an unlimited point of view.

Parallelism
Syntactical aspect that repeats the sequence of sentence elements, for instance subject, verb / subject, verb; often found in poetry.

Play
→Drama

Plot
The structure of action. A set of events which are connected and are usually centered on a main problem or differing conflicts.

Poem
Fictional text structured by lines and rhythm. The lines are often grouped in →stanzas.

Poetic justice
Feature of literary texts that demands that good deeds be rewarded and that the villain be punished.

Point of view
The perspective the story is told from.

Polyptoton
Lyrical device, repetition of a word in different forms, for instance "called" (simple past) and "calls" (third person singular, present tense).

Postcolonial literature
Description for the works by authors who write from a formerly colonized country, often dealing with the history of colonialism, the struggle for independence, the cultural domination of the West, or in celebration of indigenous artistic traditions. Examples are **Chinua Achebe's** *Things Fall Apart* (1958), **Salman Rushdie's** *Midnight's Children* (1981), **Nadine Gordimer,** and **J. M. Coetzee.**

Postmodernism
Period in the history of English art (1945 —). Following Modernism, Postmodernism has been described as a continuation or a break with Modernism. In postmodern art, the history of a particular art form is ironically quoted and playfully redefined. Artists are highly interested in the process of production, making their art a comment about art (→ Metafiction). Works by **Peter Shaffer, A. S. Byatt,** or **John Barth** are examples.

Poststructuralism
Method of literary analysis (also called deconstruction) that supersedes → structuralism and, in contrast to the earlier movement, does not believe in the existence of underlying ordering principles. Poststructuralists focus on a text's contradictions, logical breaks, and the overall instability of words, which they believe do not have stable meanings.

Protagonist
The main character, hero (male) or heroine (female).

Psycho-narration
Literary technique for presenting the inner mind of a character.
A psycho-narration is part of the narrative situation, uses the same narrative past and third-person pronouns when referring to the character; the language and style is that of "normal" literary prose; → free indirect discourse and → interior monologue.

Pun
Wordplay. Words with different meanings or sounding the same can be deliberately used.

Realism
Period in the history of English art (1840 – 1880). Following the radical changes that the → Industrial Revolution caused in England, artists started to get interested in the lives of average people, portraying in plain style simple people and their worries, for example in **George Eliot's** *Middlemarch* (1871—1872).

Register
Level of language used in a text: formal, neutral, informal, slang.

Renaissance
Period in English (and European) history after the end of the Middle Ages, marked by a rebirth of classical learning and the arts of antiquity as well as by technological advances (book printing, gun powder etc.).

Restoration
Period in English history after the → Commonwealth. With the crowning of King Charles II in 1660, the monarchy was restored in England and the theatres reopened.

Rhyme
The similarity of the sound of two or more words or parts of words.

Rhyme scheme
Grouping of → rhymes in a → stanza creating a recurring pattern, for instance >> **abba abba.**

Rhyming couplets
Type of → rhyme that consists of two subsequent lines >> **aa bb cc.**

Rhythm
The arrangement of stressed and unstressed syllables in a line.

Rising action
The part of the plot where suspense is built up.

Romance
Type of narrative dominant in the Middle Ages and still popular today, marked by fantastic features such as ghosts or dragons; as opposed to → novel.

Romanticism
Period in the history of English art (1780 – 1830) that emphasised the role of artists, the power of the imagination to represent the deeper significance of a sublime nature. It started as a counter-movement to the rationalism of the → Enlightenment. Important artists are **William Wordsworth** and **Samuel Taylor Coleridge.**

Satellite
A part of a narrative that does not provide crucial information for the → plot; → kernel.

Scanning
Looking through a text quickly to find the key words, then reading the section in which the key words occur, in order to find specific, important information.

Scene
A subdivision of an → act in a → play. It can also be a smaller part of action without a change of place or time.

Setting
Place, time and atmosphere of the → plot.

Short story
Type of short narrative that typically presents a single plot with a moment of crisis, has few characters who are flat and barely developed, and spends little to no time on setting, description etc. The writings of **Edgar Allan Poe** are popular examples.

Simile
A comparison between two things which are different by using the words "like" and "as".

Skimming
Quickly looking through a text to find the key topics.

Slang
Very informal language and can indicate that a character is part of a social group, a background, an age group.

Soliloquy
Form of speech in a dramatic text, when only one character is on the stage, giving voice to his thoughts and feelings.

Sonnet
Lyrical subgenre, traditionally a love poem, written in 14 lines. Established by the Italian poet Petrarca, who divided a sonnet into two groups of eight lines (octave) and six lines (sestet); the English or Shakespearean sonnet often has three quatrains and a heroic couplet.

Speech
Spoken text delivered to an audience.

Speech bubble
Used in cartoons in order to visualize direct speech.

Spondee
Lyrical → foot consisting of two stressed syllables.

Spot commercial
Television advertisement occupying a short break during or between programmes. It is sponsored or paid for by an advertiser.

Stanza
Groups into which lines have been arranged.

Story
1) The content (or "what") of a narrative; → discourse. 2) The chronological sequence of elements in a narrative; → plot.

Story time
How long it takes for the events in a narrative to "really" take place; can cover many years, even centuries; rarely the same as → discourse time.

Structuralism
Method of literary analysis derived from linguistics that believes that texts are the realisations of underlying ordering principles, i. e. that all fairy tales draw from a basic group of plot elements that they realise into concrete narratives.

Symbol
An object that stands for another matter, event or thing.

Synecdoche
Rhetorical device that compares two ideas. A part is taken for the whole, or a general term for a subordinate word. Example >> **To take up the sword,** meaning **to go to war.**

Tail rhyme
Type of → rhyme that consists of changing → rhyming couplets followed by a line ending in a repeated sound pattern >> **aab ccb ddb.**

Teichoscopy
Presentational device in dramatic texts, when a character directly comments upon events that are happening off stage, invisible to the audience, often in order to avoid the portrayal of excessive violence or scenes involving too many people, for instance a battle; → messenger report.

Thesis
An idea or opinion/ view which is being discussed in a formal way, usually by an author of an argumentative text.

Third-person narrator
A third-person narrator is not a person in the story and refers to the characters as "he", "she" or "they" or uses their names.

Three Unities
Dramatic convention, derived in parts from Aristotle, that demands that a play have one plot, one setting, and takes place within 24 hours.

Tragedy
A subgenre of drama written in high style that features a hero who commits a mistake and is punished for it at the end of the play.

Trochee
Lyrical → foot consisting of one stressed and one unstressed syllable.

Unlimited point of view
Found with the omniscient narrator entering into character's minds and moving around, not following any one character.

Utopian novel
Subgenre of the novel that presents an ideal, often future, society as a means to criticise the present; negative utopias (also called dystopias) present a future in which the ills of the present have deteriorated into catastrophe. Famous utopias are **Edward Bellamy's** *Looking Backward: 2000 – 1887* (1888) and **William Morris's** *News from Nowhere* (1890); dystopias are **Aldous Huxley's** *Brave New World* (1932) or **George Orwell's** *Nineteen Eighty-Four* (1949).

Vergleich
→ simile

Word scenery
Feature of dramatic texts, involving the creation of a sense of location exclusively through words, not through an actual stage set.

Zäsur
→ caesura

Stichwortverzeichnis

A

B

C

D

S

T

Bildnachweis:
alamy images, Abingdon/Oxfordshire: Greg Balfour Evans 62.
fotolia.com, New York: f11photo 76.
Getty Images, München: Azman Jaka Titel.
Palm, Peter, Berlin: 65.
Picture-Alliance GmbH, Frankfurt/M.: dpa/S. Parsons 47.
Imaginechina/Gao yuwen 110.
toonpool.com, Berlin, Castrop-Rauxel: Riemann 201.
ullstein bild, Berlin: Roger-Viollet/A. Harlingue 67.
Visum Foto GmbH, Hannover: Panos Pictures 111